복지국가 쟁점 2

/

사회보장 분야별 과제

이 도서의 국립중앙도서관 출판예정도서목록(CIP)은 서지정보유통지원시스템 홈페이지(http://seoji.nl.go.kr)와
국가자료종합목록 구축시스템(http://kolis-net.nl.go.kr)에서 이용하실 수 있습니다.
CIP제어번호: CIP2020050777(양장), CIP2020050780(무선)

복지국가 쟁점

2

사회보장 분야별 과제

사회정책연구회 엮음

한울
아카데미

머리말

앞서 출간된 『복지국가 쟁점 1: 전환기의 이슈와 대안』에서는 현재 한국 복지국가가 직면하고 있는 거시적인 복지 이슈들을 분석해 보았다. 이번 책 『복지국가 쟁점 2: 사회보장 분야별 과제』에서는 시각을 좁혀서 한국의 사회보장 분야별 이슈들을 분석했다.

제1장 "사회적경제와 사회정책"은 한국에서 사회적경제는 정부의 사회복지 행정에 협력하는 과정에서 취약계층의 일자리를 창출하는 조직으로 자리매김하게 되었다고 분석하고 있다. 하지만 사회적경제에서 일은 소득 창출의 의미뿐만 아니라 공동체 참여와 상부상조라는 의미를 가진다는 점도 강조한다. 그리고 이러한 사회적경제의 의미가 한국에서 구현되기 위해서는 국가에 의한 소득보장이 전제되어야 한다는 점을 지적한다. 따라서 한국에서 사회적경제가 성공하기 위해서는 국가에 의한 소득보장이 선행되어야 한다.

국가에 의한 소득보장의 필요성은 제2장 "디지털 경제 발전과 사회 양극화 시대: 증대되는 정부의 역할과 혁신적 변화를 요하는 사회보호체계"에서도 강조된다. 이 장에서는 디지털 경제가 발전하면서 노동시장이 더욱 유연화되고, 비정규직 또한 증가하면서 소득 양극화 역시 증가할 것으로 전망한다. 그렇지만 디지털 경제의 발전을 통해 발생하는 소득 양극화의 정도는 국가별로 차이가 있다고 주장한다. 소득 양극화는 정부의 노력에 따라 다르게 나타나기 때문이다. 따라서 디지털 경제가 발전하는 과정에서 소득보장 분야에 정부의 개입이 어느 때보다 중요하게 되었다.

최저임금은 문재인 정부에서 소득보장의 주요한 수단으로 사용되고 있다. 제3장 "정책 도구로서 최저임금제에 대한 고찰: OECD 복지국가의 경험을 중심으로"는 문재인 정부의 최저임금정책을 분석했다. 최저임금의 완만한 인상은 고용에 영향을 미치지 않으며, 여성 노동자의 임금 수준을 개선하는 효과도 있다고 분석했다. 반면에 최저임금의 급속한 상승은 고용에 부정적인 영향을 미친다고 분석했다. 따라서 문재인 정부의 소득주도성장론은 지나치게 최저임금의 급속한 상승에 의존했다고 비판하며, 소득주도성장론은 사회보장제도의 확대와 같은 다양한 정책과 병행되어야 한다고 주장했다.

제3장에서 주장하는 바와 같이 한국에서는 다양한 분야에서 소득보장이 확대되어야 한다. 이런 의미에서 제9장 "최소자녀양육비 보상 수준과 기본권: 한국과 독일 비교"는 소득보장이 확대되어야 할 새로운 분야를 제시하고 있다는 점에서 의미가 있다. 지금까지 한국에서는 자녀를 양육하는 부모의 경제적 부담을 국가가 충분히 보장하지 않았다. 이 장은 기본권을 근거로 해서 자녀를 양육하는 부모에게 적절한 경제적인 보상을 해주어야 한다고 주장한다.

시민의 사회권 구현을 위해서는 소득보장 못지않게 사회서비스의 보장도 중요하다. 현대 사회와 같이 사회가 빠르고 다양하게 변할수록 사회서비스의 역할은 점점 더 중요해지고 있다. 한국 사회에서 1인가구의 빠른 증가는 그에 상응하는 사회서비스의 필요성도 증대시키고 있다. 비혼, 만혼, 이혼, 사별 등의 이유로 1인가구가 증가하고 있는 한국 사회에서 제4장 "1인가구 특성 및 사회복지정책 연구: 인천광역시를 중심으로"는 1인가구의 실태와 다양한 욕구를 측정했다. 1인가구의 인구사회학적 다양성에 비례해 1인가구의 욕구 또한 다양하다. 이 장은 청년의 경우 주거문제, 중년층의 경우 심리적·사회적 문제, 노년층의 경우 경제적 문제에 대한 욕구가 강하게 나타나고 있음을 분석했다. 1인가구의 이런 다양한 욕구를 충족할 수 있는 다양한 정책이 요구되고 있다.

제4장을 통해 알 수 있는 것과 같이 노인의 증가도 1인가구의 증가에 큰 기여를 하고 있다. 이와 관련해 제5장 "커뮤니티 케어 도입으로 노인 돌봄 연속성 측면에서 바라본 의료·보건·복지 서비스의 이용과 연계"는 한국에서 급속도로 증가하고 있는 노인을 대상으로 노인 돌봄의 연속성 측면에서 의료·보건·복지 영역의 서비스가 적절하게 제공되고 있는지를 분석했다. 연구 결과에 따르면 현재 의료·보건·복지 영역의 서비스는 노인의 욕구별로 적절한 서비스가 제공되지 못하면서 노인의 욕구 충족에 한계가 있는 것으로 분석되었다. 또한 의료·보건·복지 서비스 내에서 그리고 서비스 간의 연계가 부족한 것으로 드러났다.

사회서비스 분야에서 노인 분야 못지않게 중요한 분야는 보육 분야다. 제8장 "한국 보육정책에서의 쟁점 연구: 근로자와 사용자 개념에 대한 고찰을 중심으로"는 민간 위탁 국공립 어린이집의 보육 교직원과 아이돌봄지원사업의 아이돌보미의 근로자성에 대한 연구를 통해 이들의 근로자성이 인정되어야 할 필요성과 이것이 보육서비스의 질 향상과 연관이 있음을 분석하고 있다. 이 연구는 보육서비스 제공자의 노동권 보장 확대뿐만 아니라 보육서비스의 질 향상에도 기여할 부분이 있을 것으로 보인다.

문화복지정책을 분석한 제6장 "문화복지 쟁점에서 본 문화적 취약계층과 경제적 취약계층"과 이민자정책을 분석한 제7장 "이민자정책 패러다임의 수렴에 관한 탐색적 연구: 스웨덴, 프랑스, 캐나다를 중심으로"는 한국의 사회보장 분야의 영역을 넓히는 기여를 했다. 제6장은 지금까지 한국의 문화복지정책은 문화시설과 문화를 향유할 수 있는 기회를 늘리는 것에 초점을 맞춰왔다고 분석했다. 이에 대해 문화접근도를 향상하는 것도 중요하지만 문화복지정책에서는 문화에 대한 관심·흥미·욕구를 증진하는 것도 중요하다고 주장했다. 제7장은 이민자의 참여와 개인적인 책임을 강조하고, 사회 구성원 모두가 공유할 수 있는 공통의 문화와 이민국에 대한 충성과 일체감을 강조하는 시민통합정책이 세계 각국의 이민자정책에서 공통적으로 나타나고 있다고 분석했다. 이러한 이민자정책 패러다임에 대한 연구는 한국의 이민자정책의 방향을 설정하고 구체적 정책을 마련하는 데 시사점을 제공한다.

/ 차례

제 1 장

사회적경제와 사회정책

임 상 헌

1. 서론

한국에서 사회적경제가 시민사회와 정부에 알려진 것도 20여 년이 흘렀다. 생산공동체운동이 시작된 시기로 잡으면 30년 정도가 됐고, 자활공동체가 사회정책에 공식적으로 등장한 지 20년, '사회적기업육성법'이 시행된 지 10년이 넘게 흘렀다. 길지 않다면 길지 않은 시간이지만, 한국의 사회적경제가 아직 초창기라고 말하기에는 제법 긴 시간이다. 사회정책 분야에서 자활공동체, 사회적 일자리, 사회적기업, 마을기업, 협동조합 등 '공동체'와 '사회', '마을', '협동'이 들어가는 여러 사회적경제 조직들이, 복지국가의 강화를 주장하는 이들에게도 그리고 신자유주의적 복지를 주장하는 이들에게도 모두 대안으로 떠올랐다.

그러나 사회적경제가 어떠한 의미인지, 그리고 사회정책에서 사회적경제의 역할은 무엇인지에 대해서는 여전히 논란의 여지가 있다. 사회적경제는 공동체적·호혜적 경제 시스템이라는 의미와 함께 사회적 가치를 목적으로 하는 경제활동 조직이라는 의미도 있다. 또한 사회적경제는 공동체를 지향하면서도 구성원들의 자발적인 참여를 원칙으로 하고 있기도 하다.

이 장에서는 한국 사회정책에서 사회적경제가 가진 역할이 어떤 것인지에 대해 고찰하고자 한다. 한국에서 사회적경제는 지역에서 공동체를 만들어가는 시스템이라는 의미로 받아들여지면서도 실제로는 취약계층의 소득 창출을 위한 일자리를 만드는 경제조직의 역할이 강조되었다. 따라서 이 장에서는 왜 사회적경제가 사회정책에서 이러한 역할을 담당하게 되었는지, 그리고 그것의 문제점은 어떤 것인지에 대해 살펴본다. 그리고 지역공동체를 돌봄의 주체로 발전시키고자 하는 정책 방향이 사회적경제에서 어떤 의미가 있는지 살펴본다.

2. 사회적경제와 사회정책

'사회적경제'라는 용어는 한두 가지로 정의를 내리기 어려운 모호한 용어다. 영리 부문과 비영리 부문을 아우르는 서로 다른 주체들이 사회적경제라는 이름으로 불리고 있다. 심지어 사회적경제라는 말 자체도 하나로 통일된 용어가 아니어서 사회적기업social enterprise, 사회연대경제social and solidarity economy 등의 용어가 서로 다른 의미이면서도 비슷한 맥락에서 쓰이기도 하고, 사회적기업가social entrepreneur나 사회 혁신social innovation 같은 말도 사회적경제와 비슷한 분야에서 파생된 용어로 쓰인다. 드푸르니(Defourny, 2014) 같은 경우는 이 용어들의 영문 약자가 대개 'SE'가 된다는 점에 착안해 아예 SE라는 약자를 풀어쓰지 않고 단일 용어로 사용한다.

하지만 사회적경제라는 용어가 사용되는 맥락을 보면 주로 두 가지로 대별할 수 있을 듯하다. 하나는 사회적경제를 '경제 시스템'으로 생각하는 것이고, 다른 하나는 '경제활동 조직'으로 생각하는 것이다.

먼저, 사회적경제를 경제 시스템의 하나로 생각할 수 있다. 기존 문헌에서

그림 1.1 경제주체들의 경제 시스템과 사회적경제

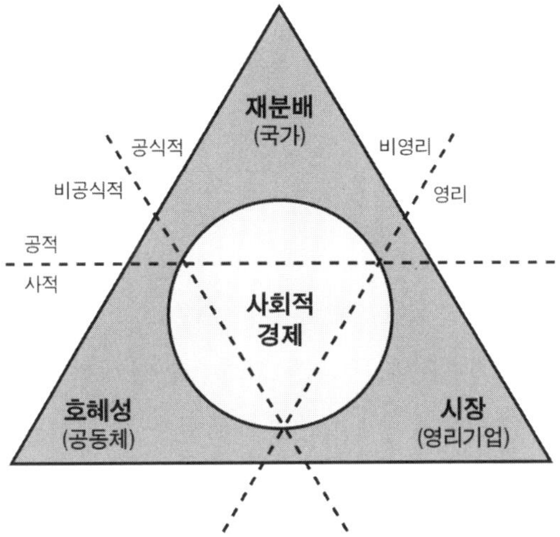

자료: Pestoff(1992: 25); Defourny and Nyssens(2014: 50).

주로 제시되는 것은 사회적경제가 국가와 시장, 공동체라는 세 가지 영역의 성격이 혼합된 하이브리드 조직이라는 것이다(Pestoff, 1992: 24~25; Defourny and Nyssens, 2014: 49~50).

이 구분은 칼 폴라니Karl Polanyi가 그의 책 『거대한 전환The Great Transformation』에서 말한 세 가지 형태의 경제를 가지고 나눈 것이다(Defourny and Nyssens, 2014: 49~50). 강제적으로 재분배를 하는 국가, 가격에 의해 거래가 이루어지는 시장, 호혜적인 교환을 하는 공동체라는 세 가지 경제주체의 성격을 함께 갖는 것이 사회적경제라는 것이다(Polanyi, 2001: 제4장). 하이브리드 성격이 강조되기는 하지만, 사회적경제가 국가의 재분배와 시장의 거래에 대한 대안으로서 호혜적 공동체, 사회에 착근된embedded 경제라는 의미로 받아들여지는 경우가 많은 듯하다. 마을 만들기나 도시재생, 커뮤니티 케어 등에서 사회적경제는 주민 참여를 통한 공동체 활성화를 이끄는 주체로서 거론되곤 한다. 〈그림 1.1〉은 세 경제주체들의 시스템과 사회적경제의 하이브리드 성격을 정리한 것이다.

다른 한편으로 사회적협동조합경제는 사회적 가치 실현을 목적으로 사업을 하는 경제활동의 주체라는 의미가 있다. 수익을 내기 위해 사업을 하되 투자자들의 이윤을 극대화하는 것이 목적이 아니라, 노동 취약계층의 경제·사회 활동 참여 기회 확대, 낙후 지역의 경제성장 촉진, 경제적 취약계층에 대한 사회서비스 제공, 친환경산업 추진 등 사회적 가치를 실현하는 것 자체를 목적으로 하는 조직체들을 사회적경제라고 부르기도 한다.

페르디난트 퇴니스Ferdinant Tönnies가 말한 공동사회Gemeinschaft와 이익사회Gesellschaft 개념을 빌려서 말한다면, 사회적경제는 공동사회를 지향하는 이익사회라고 말할 수 있다. 사회적경제가 경제 시스템으로서 호혜성의 공동체를 강조한다는 점에서는 공동사회에 가깝지만, 여러 종류의 사회적경제 조직들이 각각의 목적을 공유하는 멤버들로 조직된다는 점에서는 이익사회의 성격을 띠고 있다고 할 수 있다. 사회적경제 조직들 가운데도 공동체성을 더욱 강조하는 일부 생활협동조합이나 사회적 협동조합, 의료복지사회적 협동조합 등은 공동사회에 더욱 가깝다. 그리고 개별 사업체의 사회적 목적을 더욱 강조하는 일부 사회적기업이나 소셜 벤처, 자활기업 등은 이익사회에 더욱 가깝다고 할 수 있다.

물론 이 두 가지 의미가 완전히 구분되는 것은 아니다. 예컨대 협동조합은 각각이 하나의 법인체이며 그 목적과 참여자에 따라 생활협동조합, 노동자협동조합, 생산자협동조합, 사회적 협동조합 등으로 구분된다. 그러나 그 운영 원리는 조합원들의 연대성을 강조하고 정책 결정에서 평등을 강조하는 등 대안적인 경제 시스템의 성격을 띤다. 또한 여러 종류의 참여자들이 다중이해관계자 협동조합multi-stakeholder cooperative을 조직해 하나의 조직으로 뭉치기도 한다. 물론 모든 사회적경제 조직들이 협동조합식 시스템을 따르고 있지는 않다. 자활기업과 사회적기업, 소셜 벤처 등의 과반수는 개인사업장이나 주식회사 같은 영리기업의 형태를 띤다. 그러나 이들도 지역 내 사회적경제 네트워크를 통해 서로 연결됨으로써 전체적으로 공동체적 연대를 강조하는 사회적경제 생태계를 만들어나가고자 한다는 점에서 보면 사회적경제를 대안적 경제 시스템으로 인정한다고 할 수 있다.

그렇지만 한국에서 사회적경제는 지역공동체나 호혜성을 중심으로 하는 경제 시스템이라는 의미보다는 두 번째 의미, 즉 사회적 가치 실현을 목적으로 하는 경제활동 조직체라는 의미가 강한 것으로 보인다. 이는 한국의 사회적경제가 지역이나 직능과 같은 공동체 단위에서 자발적으로 성장하기보다는 국가의 복지정책이나 노동정책의 정책수단으로서 법적·제도적 기반을 가지고 발전했기 때문이다. 사회적경제와 관련이 되는 법률들, 즉 '국민기초생활보장법', '사회적기업육성법', '협동조합기본법' 등은 호혜성의 경제 시스템에 대한 것이라기보다는 자활기업, 사회적기업, 협동조합 등 사회적경제 조직에 해당하는 법인 형태에 대해 규정하고 있다. 이는 현재 논의되고 있는 사회적경제기본법안도 마찬가지다. 어떤 형태의 사업체들이 '사회적경제 기업'이라는 범주 안에 들어갈 수 있는지, 그리고 어떤 식으로 이러한 사회적경제 기업들을 지원할지에 대한 내용이 기본 법안의 주요 골자다.

사회적경제의 여러 목적 가운데 정부가 주도하는 사회정책에서 사회적경제가 실현할 가장 두드러진 사회적 가치는 바로 일자리 창출이다. 즉, 노동취약계층 및 경제적 취약계층의 소득 창출 수단으로서 일자리를 늘리는 것이다. 사회적경제에서도 자활기업이나 소셜 벤처는 창업을 통해 일자리를 창출하는 방식에 해당한다. 취업을 통한 일자리 창출도 물론 중요한 방식이다. 사회적기업들 가운데 가장 큰 비율을 차지하는 것은 일자리 제공형 사회적기업이다. 협동조합은 물론이고 마을기업에서도 고용 창출은 조직의 목표 가운데 하나다.

물론, 사회서비스 제공도 사회적경제의 중요한 역할로 꼽히고 있다. 하지만 이조차도 사회서비스 제공 자체의 의미만 가지는 것이 아니라 사회서비스 분야를 발전시켜 이 분야의 고용을 확충한다는 의미를 가진다. 예컨대 간병은 자활 부문의 5대 표준화 사업 가운데 하나다. 이는 경제적 취약계층에 무료 간병 서비스를 제공한다는 의미도 있지만 자활사업단 혹은 자활기업에서 일하고 있는 경제적 취약계층, 특히 여성들에게 소득 창출을 위한 일자리를 제공한다는 의미도 지닌다. 공동체 내에서 '협동노동'을 한다기보다는 일자리 창출 기능을 가진 광의의 '일자리 제공형 사회적기업work integrating social enterprises: WISE'에 해당한다.

그럼에도 불구하고 사회적경제는 여전히 공동체의 호혜성을 원리로 하는 경제 시스템이라는 의미로 사용되고 있다. 특히 주민 참여를 이끌어내는 데 사회적경제를 그 통로로 여기는 경우가 많다. 마을 만들기 같은 지역 기반 사업을 하거나 현재 추진되고 있는 커뮤니티 케어와 같이 지역을 기반으로 한 주민공동체적 복지 시스템을 시행하는 데 학계와 관계 모두 자연스럽게 사회적경제를 대안으로 꼽는다(김은정, 2015: 170~171; 김용득, 2018: 511; 문혜진, 2018: 17~18; 보건복지부, 2019: 21~22).

그렇다면 한국의 사회적경제는 어떻게 해서 노동·경제 취약계층의 소득 창출을 위한 일자리 사업의 성격을 가지게 되었을까? 그럼에도 불구하고 한국의 사회적경제가 지역공동체를 중심으로 하는 대안 경제 시스템으로서 널리 인정받게 된 이유는 무엇일까? 그것은 아마도 생산공동체운동이라는 도시 낙후 지역을 기반으로 한 자발적 노동자협동조합운동으로 시작한 사회적경제가 정부의 자활 사업과 사회적 일자리 창출 사업을 맡게 되면서 생긴 정체성의 모순에서 발생한 듯하다.

3. 일자리 창출과 사회적경제 조직

한국에서 사회적경제의 출발은 도시 낙후 지역의 대안적·자발적 주민공동체 운동이다. 오늘날 한국에서 작동하고 있는 사회적경제의 기원은 대개 1980년대 말부터 1990년대 초중반까지 이루어졌던 생산공동체 운동에서 찾는다. 보편적인 공공부조정책이나 연금정책이 미흡하거나 아예 존재하지 않는 상황에서 도시 빈곤 지역의 건설노동자나 방직노동자, 주부들을 일종의 노동자협동조합으로 묶어 지역공동체를 조직해 생활공간을 마련하려 한 것이 생산공동체운동이다(최인기, 2012: 112~113; 박종렬, 2004: 334; 김정원·황덕순, 2016: 147).

1990년대와 2000년대를 거치면서 복지국가가 확대되고, 그 과정에서 복지재정의 급속한 확대와 복지 확대로 인한 근로유인 저하를 막고자 하는 정부의 동기와 맞물려서 사회적경제는 정부의 생산적 복지의 일익을 담당하게 된다. 민주화와 경제발전이 계속되던 1990년대 중반 '삶의 질 세계화'의 일환으로 민간과 함께하는 '생산적 복지'가 추진되면서 생산공동체운동이 복지정책의 하나인 자활 역할을 담당하게 되었다. 먼저, 1995년에 자활시범사업이 시행되면서 대도시 지역에 자활지원센터 5곳이 지정되었다. 그러다 1998년에 발생한 동아시아 경제위기로 실업자가 급격히 증가하면서, 장기실업자에 대한 자활 대책으로 자활공동체 설립이 주목을 받게 되었다. 2000년에 '국민기초생활보장법'이 입법되면서 자활은 조건부 수급자들의 탈수급을 담당하는 법적인 제도로 자리 잡게 되었다. 이후 사회적경제는 국민기초생활보장 수급자를 넘어 다양한 종류의 노동 취약계층을 대상으로 일자리를 (특히 사회서비스 분야에서) 마련하는 '사회적 일자리' 사업으로 이어졌고, 이것이 사회적기업으로 발전했다.

이러한 점에서 일종의 자발적 협동노동의 개념과 소득 창출을 위한 임금

노동 혹은 자영업 창업의 개념이 결합된 것이 현재의 사회적경제라고 볼 수 있다. 한국에서 사회적경제가 사회정책의 주요 행위자 가운데 하나로 성장하게 된 계기는 국가가 책임을 지고 주도하는 복지국가의 미비다. 연금이나 공공부조와 같은 소득보장정책도 미비했고 공공부조 수급자들이나 차상위 계층에 대한 자활정책 또한 미비했던 1990년대 후반과 2000년대에 세계화와 경제위기 그리고 양극화에 대응해야 했던 정부에게 공공의 성격을 띠면서도 민간에 속해 있는 제3섹터는 재정적 부담과 정당성의 부담이 작은 대안이 되었다. 그리고 생긴 지 얼마 되지 않아 자금도 부족하고 경험과 조직도 미비한 사회적경제 섹터에서도 정부와의 협력은 마다하기 어려운 것이었다. 자발적으로 조직된 생산공동체들은 경험이 부족하고 자금과 조직력이 부족해 대부분 설립 후 몇 년 안에 문을 닫았으므로, 정부의 자금과 행정력을 동원할 수 있다면 조직을 꾸려나가는 데 큰 도움이 될 수 있었다. 즉, 정치적으로 민주화가 이루어지고 경제적으로 위기가 닥쳐 실업이 증가하는 상황에서 근로유인을 감소시키지 않고 정부와 민간이 협업하는 방식의 복지정책을 추진하려던 정부에게 제3섹터의 생산공동체운동은 매력적인 대안이었고, 자금·행정력·참여자가 필요했던 제3섹터에게 복지정책의 자활 분야 담당은 유용한 선택지였다.

그러므로 한국의 사회적경제는 지역공동체로서 자본주의에 대한 대안운동의 성격으로 출발했지만, 이후 복지국가 발전 과정에서 한편으로는 사회정책의 일부인 자활을 사회적경제의 원리로 발전시키려는 정책옹호집단으로, 다른 한편으로는 그러한 정책을 직접 수행하는 경제활동의 주체로 발전했다. 이 과정에서 중앙정부나 지방자치단체와 더욱 밀접한 협력관계를 맺고 법제화를 통해 발전했다. 이와 관련하여 한편에서는 제3섹터인 사회적경제에 대해 국가의 영향력이 강하다고 비판도 하지만, 다른 한편으로 생각해보면 사회적경제 참여자들이 정부와 국회 안팎에서 사회적경제의 제도적 기반을 마련하는 데 영향을 미쳤다. 사회적경제의 법제화가 자주 그리고 많이 이루어졌다는 사실에 대해서 정부의 강한 규제라고 볼 수도 있지만, 사회적경제가 정부의 정책 결정에 미치는 영향력이 강하다는 증거로 생각할 수도 있다(Lim and Endo, 2016).

다만 그렇기 때문에 사회적경제의 발전 방향이나 사회정책에서의 역할에 대해서, 그리고 여러 종류의 사회적경제 조직들의 활동 범위에서 정권의 성격이나 중앙 부처들 사이의 역학 관계에 크게 영향을 받는 측면도 있다는 점은 부인하기 어렵다. 또한 보편적 복지와 사회적 시민권의 관점에서 보면 국가가 담당해야 할 사회정책, 특히 공공부조에 해당하는 자활을 사회적경제라는 자발적 민간 부문이 떠맡게 되었다는 비판을 받을 수도 있다. 한국의 사회적경제 발전은 미흡한 복지국가 발전, 그리고 노동의 탈상품화보다는 생산적 복지를 실현하려는 발전주의적 복지국가 기조와 관련이 있다. 협동노동을 강조하는 생산공동체운동이 일종의 자영업 혹은 소기업 창업으로 탈바꿈하고 사회적경제 조직들 거의 대부분이 고용 창출을 목적으로 하는 기관이 된 이유는 공공부조나 연금과 같은 급여들이 미흡해 저소득층과 고령층 등이 소득을 얻기 위해 취업이나 창업을 해야만 하는 상황과 맞물려 있다. 공공부조와 공적 연금 등이 확대되지 않는 한 공동체성을 강조하든 호혜성을 강조하든 사회적경제는 여전히 저소득 취약계층의 소득 창출을 위한 취업과 창업의 장이 될 것이다. 그런데 취약계층의 소득 창출은 복지국가의 책임이다. 따라서 사회적경제가 이에 관해 적극적인 역할을 담당하는 현상은 복지국가의 취약성을 보여주는 것이기도 하다. 그러한 의미에서 복지국가와 제3섹터의 사회서비스 공급 참여는 서로 상충한다는 견해가 있다(노대명, 2016: 279; Evers, 2004: 5).

어쨌든 지금까지 사회정책에서 사회적경제가 맡은 역할이 주로 일자리 창출이었다는 점을 부정할 수 없다. 특히 저소득 노동 취약계층에 소득 원천으로서 일자리를 제공하는 것이 사회적경제의 주된 기능이었다. 자활 부문에서는 조건부 수급자의 취업 및 창업을 지원하고, 사회적기업이나 마을기업, 협동조합과 같은 기타 사회적경제 분야에서도 노동 취약계층에 임금노동의 기회를 제공하는 것이 주된 역할이다. 나아가 비영리의 성격이 가장 강한 사회적 협동조합의 주된 역할들 가운데 하나도 일자리 제공이다. 전체적으로, 일자리를 통해 소득을 확보함으로써 자활이 가능하도록 만드는 것이 사회정책에서 사회적경제가 맡은 역할이다. 사회서비스 분야 역시 이러한 일자리를 공급하는 주요 주체다. 이를 '포용적inclusive'이라고 표현할 수도 있겠지만, 신자유주의적 '재상품화recommodification'라고 표현할 수도 있다. 한국의 경우 복지국가가 저발전하면서 탈상품화decommodification 자체가 별로 이루어지지 않았으니 새삼스럽게 재상품화라고 이야기하기도 어렵겠지만, 어쨌든 노동시장에서 '피라미드의 기단부base of the pyramid'를 취업과 창업 시장에 끌어들이는 역할을 사회적경제가 맡아왔던 것은 사실이다. 예컨대 자활 부문의 5대 표준화 사업도 이러한 의미에서 시장을 개척한 측면이 있다. 채산성이 부족해서 민간기업이 뛰어들지 않을 것이라고 생각되는 부문에 일자리를 개척해 조건부 수급자들의 창업을 가능하게 한 것이다(보건복지부, 2001). 사회서비스 제공도 사회서비스를 육성해 이 분야의 일자리를 창출한다는 의미가 있으며, 지역발전도 지역 주민들에게 일자리를 제공한다는 의미가 있다(보건복지부·행정안전부·국토교통부, 2018).

그래서 사회적경제의 성과를 평가할 때 소득을 위한 일자리 창출이 평가 기준이 되는 경우가 많이 있다. 자활 부문의 경우 자활센터를 평가하는 기준들 가운데 하나가 창업에 성공한 자활기업 수이고, 사회적기업이나 협동조합의 경우 중요한 기준들 가운데 하나가 취업에 성공한 사람의 수다. 물론 사회적경제 조직을 각각의 특성별로 구분해 성과를 보려고 하기도 한다. 예컨대 서울특별시 사회적경제지원센터(2016: 49~60)는 사회적경제 조직들을 '질 좋은 일자리 창출·유지 미션 지향 사회적경제 조직', '노동 통합형 사회적경제 조직', '사회서비스 제공형 사회적경제 조직', '지역사회 만들기 미션 지향 사회적경제 조직' 등 네 가지 유형으로 구분해 각각의 성과 평가지표를 만들었다. 그럼에도 불구하고 사회적경제에 대해 정부가 기대하는 기능 가운데 가장 먼저 그리고 가장 자주 언급되는 것은 역시 고용 창출을 통한 실업 및 빈곤 문제 해결이다(일자리위원회, 2017).

사회적경제가 공동체에 대한 멤버들의 참여와 책임을 강조한다는 것을 생각한다면, 일할 수 있는 권리의 보장은 사회적경제의 중요한 기능 가운데 하나일 것이다. 그러나 임금노동이나 창업 등을 위한 일자리 마련이 사회적경제가 지향하는 일자리인가에 대해서는 의문을 제기할 수 있다. 현재 사회적경제 조직들은 지역에 착근되어 공동체를 회복하고 호혜성의 규범을 새로운 경제 원리로 자리 잡게 하려고 노력하고 있다. 협동노동을 도입하려고 하기도 하고 타임뱅크를 실험하기도 한다. 이는 지역 내 공동체적 돌봄을 실현하는 데서 사회적경제가 단지 사회서비스 분야에서 임금노동 일자리를 창출하는 것을 넘어서 일 자체에 대해 새로운 공동체적 개념을 부여하려는 노력과 이어진다.

'일자리'의 의미 변화는 지금 일어나고 있는 경제 및 산업 구조 전체의 변화와도 깊은 관계가 있다. 경제성장의 둔화와 2차 산업에서 서비스업으로의 전환은 한국에서만 일어나는 현상이 아니다. 2008년에 불어닥친 금융위기 이후, 서구의 복지국가들은 불평등을 줄여야 한다는 목소리에 압박을 받고 있다. 하지만 신자유주의를 대체하는 새로운 패러다임은 아직 등장하지 않았고 복지예산의 절감은 여전히 화두가 되고 있다. 그리고 소득원 마련을 위한 정책에서 여전히 노동이 주요 수단이 되고 있는 상황에서 일자리 마련은 중요한 정책 과제가 되고 있다(Hemerijk, 2017: 28).

그러나 소득원으로서 노동을 통한 복지가 얼마나 유효할지에 대해 의문이

잃고 있다. 먼저 사회적경제는 영리를 조직의 목적으로 삼지는 않지만 어쨌든 영업 활동을 통해 수익을 창출해 소득을 얻는 것을 추구한다(Defourny, 2014: 26~27). 그런데 사회적경제의 주체이자 대상이 되는 노동 취약계층은 수급자 및 차상위계층, 고령자, 경력 단절 여성 등 말 그대로 자본주의적 노동시장에서 생산성 있는 노동력으로서 경쟁을 하는 데 어려움이 있는 사람들을 이야기한다. 현재도 이미 산업구조의 변화에 따라 양질의 일자리는 확대되지 않고 소득이 낮고 불안정한 비정규직과 자영업이 확대되고 있다. 또한 인공지능 기술의 발전에 따라 일자리가 더욱 줄어들 것이라는 전망도 있고, 자본주의 경제가 앞으로도 계속 성장할 수 있을지에 대한 회의가 제기되기도 한다. 이에 대해 요즘 기본소득 같은 방식이 대안으로 논의되고 있다.

이러한 상황에서 사회적경제가 노동시장의 취약계층에 임금노동 일자리를 제공하는 것이 지속 가능한 방식인가에 대해 의문이 들 수 있다. 또한 이것이 사회적경제의 정체성에 부합하는가에 대한 의문도 제기될 수 있다. 개인의 이익 극대화와 상품화, 시장경쟁을 경제의 핵심 원리로 삼는, 더 나아가 인간의 본성으로 전제하는 자본주의에 대해 사회와 공동체를 강조하며 호혜의 경제를 대안으로 제시하는 사회적경제가 어떤 식으로든 취약계층의 노동 상품화에 동참하는 데 대해 비판이 제기될 수 있다. 만일 저소득층의 소득 보전이 목적이라면 국가에 의한 보편적 복지국가가 더 적절한 방안일 수 있다. 근로 능력 여부를 떠나서 수급자를 창업시장에 밀어 넣는 것은 가혹한 일이 될 수 있으며, 복지의 일환인 자활은 국가가 책임지는 것이 맞다는 것이 한국자활센터협회가 지역자활센터를 사회적경제의 일환으로 넣는 데 반대하는 이유 중 하나다(한국지역자활센터협회, 2014).

그러한 의미에서 '일'이라는 것을 자영업이나 임금노동처럼 소득을 얻어 생계를 이어나가기 위한 노동labor의 개념으로 한정 짓는 것이 아니라, 아렌트(Arendt, 1998)가 제시한 다른 종류의 활동activity인 작업work과 행위action까지도 포괄하는 개념으로 보고(최영준, 2019: 60), 일자리 제공을 이러한 다양한 종류의 일에 참여하게 함으로써 사회에 기여하고 자아를 실현하는 통로로 삼게 할 필요가 있다. 최영준(2019: 60)은 이를 노동시장 안팎에서 '자유안정성'을 증진하는 방법으로 소개하고 있다. 그리고 이것이 호혜성과 상부상조의 경제, 사회에 착근되는 경제를 원리로 하는 사회적경제에도 더 적합할 것이다. 엔도(Endo, 2018: 13~15)는 일본의 한 협동조합 참여자들에 대한 연구를 통해 사회적경제 참여가 단순히 생계를 유지하기 위한 노동 차원을 넘어, 동료들과 의사소통을 하고 서로가 사회와 공동체에 대해 가지는 의미를 주고받으며 '공동의 세계common world'를 만들어가는 '행위action'의 장을 제공하고 있음을 밝히고 있다.

최근 들어 사회적경제를 일자리 창출 조직으로 보기보다 지역의 주민공동체를 활성화하는 대안적인 시스템으로 발전시키려는 움직임이 이루어지고 있다. 시민사회에서 사회적경제를 이끌어온 활동가들은 일찍부터 이러한 노력을 해오고 있었지만, 정부와 지방자치단체에서도 지역에서 사회적경제 생태계를 구축하고 주민자치형 돌봄을 추진하는 데 사회적경제 네트워크가 일익을 담당하도록 하기 위한 정책을 수립하고 있다. 정책의 추진을 준비하는 단계에서 앞으로 사회적경제가 공동체에서의 '일'의 의미를 어떻게 정립할지, 그리고 지역 주민의 공동체를 만들어나가는 데 어떠한 방식으로 참여할지에 대해 생각해 볼 필요가 있을 것이다.

4. 주민자치적 돌봄과 사회적경제 시스템

현재 지역공동체를 중심으로 하는 사회 혁신이 추진되고 있다. 한편으로는 지역자활센터를 사회적 협동조합으로 전환하려는 유형 다양화 사업이 추진되고 있다. 2015년부터 보건복지부는 지역자활센터를 사회적 협동조합으로 전환하는 시범사업을 벌이고 있다. 현재까지 지역자활센터 9개소가 사회적 협동조합으로 전환되었다. 이와 같은 전환을 통해 지역의 사회적경제 네트워크에 더욱 적극적으로 참여함으로써 사회적경제 조직들과 협력을 돈독하게 한다는 보고가 있다(백학영 외, 2018: 288~290). 다른 한편으로, 커뮤니티 케어에 대한 사회적 협동조합의 참여를 촉진해 주민자치형 돌봄을 발전시키려 하고 있다. 또한 정부와 지방자치단체는 사회적경제 조직들이 이러한 공동체적 경제를 실현하는 데 필요한 비용을 스스로 마련하는 것을 돕는 방법으로, 자체적인 공제협동조합 같은 마이크로 금융 조직들이 양성화될 수 있는 법적·제도적 근거를 마련함으로써 이들의 활동을 지원할 수 있고 또 부족한 자금과 행정력을 지원할 수 있다. 서울시에서 추진하고 있는 '사회적경제 2.0'도 사회적경제와 주민이 가까워지고 주민공동체와 함께 일할 수 있도록 하고, 그 자금을 마련하기 위해 사회적경제 공제조합이나 크라우드펀딩과 같은 사회적경제 자체적인 마이크로 금융조직을 활성화하는 방안을 포함하고 있다(서울특별시, 2019).

사회적경제가 고용 창출이나 창업에서 벗어나 공동체와 케어 쪽으로 이동하는 것은 의미 있는 움직임으로 볼 수 있다. 노동시장의 기단부에 있는 취약계층에게 초점을 맞춰 다른 기관보다는 그나마 괜찮은 일자리를 마련해 주는 역할만을 담당하는 것보다는, 호혜성의 원리가 지배하는 새로운 공동체적인 경제구조를 발전시켜 여러 사회집단에 속한 사람들이 함께 참여하고 일하면서 서로의 가치를 인정하는 것이 사회적경제가 추구하는 '일'의 의미에 더 맞을 것이다. 단순히 임금과 소득 창출보다는 사회적 가치 창출을 목적으로 하는 것이 사회적경제에 더욱 알맞다. 일본의 노동자협동조합에서 추진하고 있는 협동노동의 개념이나 지역공동체가 중심이 되는 이른바 '좋은 돌봄'도 임금노동의 일자리로서 클라이언트에게 일방적인 케어를 제공하는

식의 개념을 벗어나서 지역공동체에서 서로를 돌보는 개념으로 생각할 수 있다(보건복지자원연구원, 2015).

그러나 정부와 관계를 맺고 있는 제도화된 사회적경제에서, 그리고 공공부조나 연금과 같은 소득보장과 관련된 복지가 미흡한 상황에서는 커뮤니티 케어도 소득 창출을 위한 고용과 연관될 가능성이 있다. 앞에서도 '일'의 의미를 살펴봤지만, 고령자 같은 보통 서비스를 받는 사람들로 규정되는 사람들이 커뮤니티에 주체적으로 참여하고 활동하는 것이 커뮤니티 케어의 의미가 될 수 있다. 일본노동자협동조합연합회 소속인 히로시마 북부 지역복지사무소의 슬로건 "'부탁합니다'에서 '수고하셨습니다'로"가 이를 잘 보여준다(日本労働者協同組合連合会, 2016: 34). 김은정(2015: 155)도 현재 사회적 케어에 대한 논의가 케어 '대상자'에 대한 표준화된 서비스 제공과 "돌봄 당사자가 스스로 돌봄욕구를 해결해 나가는 공동체적 방식"을 별개의 것으로 보고 있다고 지적한다. '일'의 의미에 대한 사회적경제의 유연한 해석이 정부의 사회정책 방향에 따라 '일자리 창출'의 의미로 경직될 가능성이 있다.

또한 사회적경제의 원칙인 자발성과 복지국가의 원칙인 보편성 사이에 갈등이 있을 수 있다. 한편으로 국가가 주도하는 지역공동체 중심의 돌봄 시스템에 사회적경제가 전달기관으로 참여하는 것은 일자리 창출과 마찬가지로 사회적경제가 스스로의 목적을 지향하고 자발적인 참여가 이루어지는 것을 어렵게 만들 수 있다. 바로 이 점이 사회적경제에서 주로 문제가 제기되는 지점이다. 자발적으로 참여한 구성원들이 자율성을 가지고 이끌어가는 것을 원칙으로 하는 사회적경제 조직이 보편적 복지정책을 수행하는 서비스 전달기관이 됨으로써 자율성을 잃을 수 있다는 우려가 있다. 사회적경제의 핵심은 역시 참여, 그것도 자발적 참여다. 그리고 그러한 참여는 공동체에서 이루어진다. 자발적 참여로 이루어진 공동체에서 그들이 자발적으로 설정한 목적과 프로젝트를 이루기 위해 움직이는 것이 사회적경제다. 생활협동조합의 핵심은 소비자의 참여이고, 노동자협동조합의 핵심은 노동자들의 참여다. 생산공동체가 자활복지에 참여하면서 국민기초생활보장법에 따른 법정 기관인 자활센터로 발전한 이후 사회적경제 조직으로서의 정체성과 자활복지를 제공하는 복지기관으로서의 정체성 사이에서 결국은 사회적경제 조직으로 인정받기보다 복지기관으로 남는 쪽으로 기울게 된 것은 보편적 복지와 자발적 참여 사이에 딜레마가 발생할 수 있음을 보여주는 예라고 할 수 있다. 사회적경제 조직이 정부가 주도하는 보편적 복지 프로그램의 시행자로서 자리매김하는 것은 어떤 면에서는 이들의 자율성과 충돌할 수 있다. 정부가 강압적으로 하지 않는다 하더라도 이전에 마음에 맞는 사람들끼리 하던 일이 정부 정책에 포함되면 지역사회 전체에 대한 보편성 문제가 생긴다. 나준식 민들레의료복지사회적협동조합 이사장도 커뮤니티 케어에 대한 발표에서 이 점을 지적하고 있다.

> 마음 맞는 사람들끼리 이해하고, 공감이 있는 사람들 사이에서 일어났던 일들이 과연 지역사회에서 보편성을 얻을 수 있을까? 우리 스스로는 해내지 못했고, 정치적인 변화에 의해서 이제 판이 열린 것이다. 그런데 우린 준비되어 있지 않은 거다. 우리끼리는 해왔지만, 더 큰 판이 열렸을 때 어떻게 할지 준비가 안 되어 있다. 그래서 결합하는 방법을 고민하게 되는 거다(한국사회적경제연구회, 2018).

그리고 다른 한편으로, 자발성을 원칙으로 하는 사회적경제가 국가가 추진하는 복지 시스템의 주역이 될 경우 자발적 참여자인 내부자들insiders과 그렇지 않은 외부자들outsiders로 나뉘어 보편성의 실현이 어려워지는 문제가 발생할 수 있다. 사회정책을 시행하는 데 대상의 범위 문제는 중요하다. 누군가를 고의적으로 소외하거나 차별해서가 아니라 자발적인 공동체에서의 자발적인 참여라는 특성을 고려하면 해당 공동체의 멤버로서 참여하는 사람들과 참여하지 않는 사람들 사이에 구분이 생기는 것은 필연적인 일이다. 다양한 시민들이 참여하여 함께 어우러지고 생각을 나누는 것 자체가 사회적경제가 성취하려는 사회적 가치의 하나라고 할 수 있다. 그렇다면, 마을 만들기든 커뮤니티 케어든 간에 어떤 프로젝트에 사회적경제가 참여한다는 것은 주민들의 자발적인 참여를 북돋운다는 의미를 가질 것이다.

의료, 케어, 고용 창출 등 사회적경제 조직이 제공하는 사회서비스에 소비자로 참여할 수 있는 기회는 열려 있는 편이다. 그러나 사회적경제에 멤버로서 참여하여 일을 할 수 있는 길은 그리 넓지 않은 듯하다. 협동조합이나 소셜 벤처, 사회적기업과 같은 사회적경제의 법적 공식 조직을 창업하거나 근로 취약계층에 해당하여 자활 부문이나 사회적기업과 같은 곳에 임금노동자로 취업하는 등 사회적경제 분야에 취업이나 창업이 아니라 말 그대로 공동체나 자원봉사 개념으로 참여를 하기에는 그 문호가 열려 있지 않다. 그리고 참여 기회에 대한 정보를 얻는 일도 쉽지 않다. 일반 시민들을 대상으로 하는 사회적경제 참여 기회는 주로 사회적경제나 인문학, 건강 등에 대한 강좌들이다.

참여하지 않는 사람들이 생기는 이유 가운데 한 가지는 사회적경제가 잘 알려지지 않았다는 사실이다. 2018년 한국소비자원이 조사한 바에 따르면, (예비)사회적기업, 협동조합, 자활기업, 마을기업 등 사회적경제 기업을 이용한 경험이 없는 사람들 가운데 사회적경제에 대해 들어본 적이 없거나 들어는 보았으나 잘 모른다고 대답한 비율이 78.6%에 달했다. 자활기업과 마을기업의 경우에는 사회적경제 기업을 이용한 경험이 있는 사람들 가운데도 들어본 적이 없거나 들어는 보았으나 잘 모른다고 대답한 비율이 각각 76.7%와 75.5%에 달했다(한국소비자원, 2018: 3). 사회적경제에 대해 아는 사람이 적은 상황에서 사회적경제가 지역공동체를 활성화하는 역할을 수행하는 것은 어려운 일이다. 따라서 지역 차원에서 사회적경제의 존재와 활동을 알리는 노력이 필요하며, 사회적경제 활동을 외부로 확장하는outreach 일이 더욱 강조될 필요가 있다.

그러나 사회적경제에 대한 홍보가 참여 문제를 모두 해결하는 것은 아니다. 모든 사람이 공동체의 삶을 선호하는 것은 아니다. 여기서 한 가지 문제를 발견할 수 있다. 개인주의 성향이 강해지는 이익사회에서 공동체적 조직과 문화를 중심으로 하는 공동사회를 지향하는 사회적경제를 통해 보편적인 사회서비스를 공급하는 것이 어느 정도 유효성을 가질 수 있는지 생각해 볼 필요가 있다.

사회적경제에도 공급자가 있고 수요자가 있다. 사회적경제의 대의는 공급자와 수요자가 나뉘는 것이 아니라 모두가 공동체에 참여하여 공급자도 되고 수요자도 되는 것이다. 협동노동은 이러한 의미를 담고 있는 개념이다. 그런데 이것은 자발적이어야 한다. 공동체 활동에의 참여가 자발성을 잃을 경우에는 개인의 사적 영역에 대한 침해가 될 수 있다. 물론 국가가 복지 공급의 주체가 되고 시민들은 사회적 시민권으로서 복지에 대한 권리를 갖는 복지국가에서도 시민들이 복지의 공급자와 수요자 역할을 함께 하는 것이라고 볼 수 있다. 왜냐하면 시민들은 최소한 세금과 사회보험료를 통해서 복지 비용을 부담하기 때문이다. 그리고 이와 같은 비용 부담은 강제로 이루어진다. 그러나 사회적경제와의 차이점은 납세자로서의 시민이라는 정체성과 수급권자로서의 시민이라는 정체성이 뚜렷하게 구분된다는 것이다(Endo and Lim, 2017). 공동체에의 참여와 특히 기여를 강제하는 것은 문제가 될 수 있다. 그러나 기여하는 바가 없이 단지 수요자 역할만을 가지게 된다면 무임승차자free-rider이거나 시장경제에서의 소비자가 될 것이다.

그런 의미에서 커뮤니티 케어나 자활 등 사회적경제가 역할을 하고 있는 복지 분야에서 현재 개혁이 추진 중인 주민자치회와 협력을 하는 것도 하나의 방법이 될 수 있다. 복지에서 사회적경제는 주민공동체의 강화와 주민 참여라는 측면에서 각광을 받는다. 하지만 앞에서 살펴본 대로, 특히 경제 시스템이라기보다는 경제조직으로서 사회적경제의 공동체는 엄밀히 말하면 사회적경제에 자발적으로 참여한 멤버들 사이의 공동체라고 할 수 있다. 물론 다른 경제주체들에 비하면 공동체와 호혜성에 대한 의식이 강한 편이지만 그것이 곧바로 주민공동체, 지역공동체를 의미하는 것은 아닐 수 있다. 분명히 사회적경제를 연결하는 네트워크의 허브로서 사회적경제지원센터가 이미 여러 지역에서 활발히 활동을 하고 있다. 하지만 주민자치 자체를 목적으로 하는 기관이 활성화되어 사회적경제 조직들과 이들의 네트워크가 이 자치기관과 협력할 수 있다면, 주민자치적인 사회정책은 더욱 활성화될 수 있을 듯하다. 최근 추진되고 있는 주민자치회 시범사업은 민주적이고 폭넓은 주민 참여를 발전시키고자 하는 의미를 가지고 있다(서울특별시, 2018).

주민 참여형 사회복지를 발전시키는 일에서 사회적경제는 종종 언급되지만 주민자치위원회는 별로 제기되지 않는다. 심지어 '주민자치형 커뮤니티케어'에 대한 논의에서도 주민자치위원회 혹은 주민자치회는 주목을 받지 못한다. 이것은 아마도 이전의 주민자치라고 하는 것이 주민공동체를 대표하는 대표성을 가지는 제도인가에 대해서 의문이 제기될 수 있기 때문일 것이다. 주민자치위원회는 위원이 충원될 때 충원 소식이 널리 홍보가 되고, 선거나 추첨 등의 민주적인 방식을 통해 충원되기보다는 동장이 지역의 명사들을 대상으로 임명하는 방식으로 충원되어 인력 풀이 제한된다는 문제가 제기되었다. 그러나 2018년부터 시작된 서울형 주민자치회 시범사업에서는 주민자치위원회를 주민자치회로 이름을 바꾸고 주민들이 자치회나 자치회의 분과에 참여할 수 있는 기회를 넓히며 자치위원들을 추첨을 통해 선발하는 등 주민자치회가 주민공동체의 대표성을 확보하기 위한 제도개선이 이루어지고 있다. 또한 주민자치회에 주민 참여 예산과 행정사무에 대한 권한을 부여하고 확대하고 있다(서울특별시, 2018: 10~11, 15).

이미 주민자치회의 커뮤니티 케어 참여는 국토교통부과 보건복지부, 행정안전부가 체결한 업무협약에 나와 있다. 여기에서 주민자치회는 행정안전부 소속으로서 주민 수요를 발굴하는 역할을 하는 것으로 되어 있다(행정안전부·국토교통부·보건복지부, 2018: 2, 4). 보건복지부는 여기에서 더 나아가 주민자치회의 커뮤니티 케어 분과에서 주민 참여를 통해 '이웃 케어'를 실천하도록 만든다(보건복지부, 2019: 4, 81). 그런데 여기에서도 사회적경제 조직은 지방자치단체와 직접적으로 컨소시엄을 구성하는 것으로 되어 있다(보건복지부, 2019: 21, 22).

주민자치회에 주민들의 참여를 확대하고 예산과 행정에 더 큰 권한을 부여하는 방향으로 개혁이 이루어지는 만큼 지역 사회적경제 네트워크가 주민자치회와 협력을 하는 것은 사회적경제가 자발성을 유지하면서도 지역의 주민공동체를 이루는 데 기여할 수 있는 하나의 방안이 될 것이다. 또한 주민자치회의 문호가 넓어지는 만큼 사회적경제의 멤버들이 주민자치회에 적극적으로 참여하여 주민공동체와 사회적경제 공동체를 연결하는 끈의 역할을 하는 것도 사회적경제를 통해 주민자치를 활성화한다는 정책 목표를 실현하는 데 도움이 될 수 있을 것이다.

물론 주민자치회가 사회적경제 조직이나 지방자치단체를 대체할 수 있는 대안이라고 하는 것은 아니다. 주민자치의 한계는 직장이나 다른 일도 많은 주민들이 주민공동체의 일에 전념하는 것은 쉽지도 않고 바람직하지도 않다는 것이다. 주민자치회가 직접 케어의 제공이나 커뮤니티 케어의 사무를 담당하게 된다면, 이러한 업무에 전념할 수 있는 사람들, 즉 다른 직장이나 업무가 없는 사람들만이 주민자치에 참여할 수 있게 되고 그렇지 않은 사람들은 실질적으로 주민자치에 참여할 수 없게 된다는 문제가 생긴다. 그러나 그렇다고 해서 지역 공무원과 사회적경제가 양자 간에 협력하여 주민자치형 커뮤니티 케어를 담당한다면 이것은 주민 자치가 없는 주민 자치형, 주민 커뮤니티가 없는 주민 커뮤니티 케어가 될 것이다. 주민자치회는 다양한 목적과 참여자들을 가진 사회적경제 조직들의 활동이, 그리고 다양한 사회적경제 조직들을 연결하고 이들의 협력을 촉진하는 사회적경제 네트워크 기관들이 지역 중심의 커뮤니티 케어에 안정적으로 기여하게 하는 닻의 역할을 할 수 있다. 그러면서도 공무원에 의한 관료적 통제보다는 주민공동체 내부에서의 협의와 협력을 통해 활동이 이루어지게 할 수 있을 것이다.

5. 결론

한국에서 사회적경제는 지역에 연대성과 호혜성을 바탕으로 하는 공동체를 만들어나가는 운동으로 시작했지만, 정부의 사회복지 행정에 협력하고 법제화가 되는 과정에서 경제 및 노동 취약계층의 일자리를 마련하는 조직들로서 자리매김한 측면이 있다. 공적 연금이나 공공부조에 의한 소득보장이 미흡하고 적극적 노동시장 정책도 미비한 상황에서 사회적경제 부문이 취약계층의 취업과 창업을 담당한 것은 나름대로 큰 의미가 있다. 그러나 사회적경제가 자본주의 시장경제에 대한 대안적인 경제 시스템으로서의 의미도 있다는 점을 생각하면, 일이 소득 창출로서의 의미만이 아니라 공동체 참여와 상부상조라는 의미를 가진다는 점도 더욱 강조할 수 있을 것이다.

현재 정부와 지방자치단체가 추진하고 있는 주민자치형 돌봄 같은 사업들은 사회적경제가 개별 경제활동 조직의 집합체를 넘어 대안적 시스템으로서 지역공동체를 발전시키는 데 기여하는 계기를 마련할 수 있다. 그 안에서 일에 대한 새로운 접근도 시도할 수 있을 것이다. 그러나 사회적경제가 다양한 목적을 가진 자발적인 멤버십을 가진다는 점에서 보면, 지역 주민들에게 보편적으로 적용되는 사회정책에서 주도적인 역할을 담당하는 것이 그 자발성과 충돌할 수도 있다는 점을 감안해야 한다. 사회적경제 조직들이 자발성을 유지하면서도 지역공동체 발전의 방향을 함께 설정하고 협력할 수 있게 하는 사회적경제의 지역 네트워크를 발전시키고, 이 사회적경제 네트워크가 지역 주민들의 자치 자체를 목적으로 하는 기구인 주민자치회 등과 협력하며, 또한 사회적경제 구성원들이 주민자치 조직에 적극적으로 참여하는 것이 사회적경제의 자발성과 사회정책의 보편성을 조화하는 방법의 하나가 될 수 있을 것이다.

마지막으로, 사회적경제의 발전을 위해서는 복지국가의 발전이 필요하다는 점을 이야기하고 싶다. 공동체와 호혜성에 기반한 '일'의 의미의 실현은 복지국가에 의한 소득보장이 없이는 이루어질 수 없다. 그리고 공공의료나 돌봄의 기반이 미흡하여 민간 기관들 사이에 경쟁이 이루어지는 상황에서는 사회적경제가 주민공동체 발전에 기여하기는 어려울 것이다. 한국의 사회적경제가 사회정책에 자리매김한 배경에는 복지국가의 발전이 미흡했다는 점이 있는 것은 부정하기 어렵지만, 앞으로 사회적경제가 사회정책에 참여하면서 자발성과 공동체성을 실현하는 데는 복지국가에 의한 소득 재분배와 사회서비스의 공공성 증대가 큰 도움이 될 것이다.

제 2 장

디지털 경제 발전과 사회 양극화 시대: 증대되는 정부의 역할과 혁신적 변화를 요하는 사회보호체계

안종순

1. 기술 발전과 변화하는 노동시장

세계경제포럼WEF 창시자 슈바프Klaus Schwab 회장은 2016년차 포럼의 주제로 '4차 산업혁명'을 제시하며 과거 산업혁명이 전 세계 경제 지도를 획기적으로 바꿔놓은 것처럼 모든 산업 분야에서 4차 산업혁명발 변화가 동시다발적으로 일어날 것이라고 전망했다.[1] 빅데이터, 사물인터넷IoT, 3차원3D 프린터, 스마트카, 바이오테크놀로지 등의 미래 산업이 태동한 지 오래되었고 이미 글로벌 산업의 주도권은 구글과 애플, MS, 페이스북 같은 소프트웨어SW 플랫폼 기업들로 넘어갔다(≪뉴스토마토≫, 2016.5.11). 이러한 추세를 감안하면 그러한 예고는 충분히 설득력이 있다. 4차 산업혁명은 노동력과 효율을 기반으로 한 기존 제조업 대량생산 체제의 붕괴를 초래하는 한편, 지식(아이디어)

1 "세계경제포럼이 말하는 4차 산업혁명은 3차 산업혁명을 기반으로 디지털과 바이오, 물리학의 경계를 허무는 기술 융합이다. 새로운 비즈니스 모델이 부상하고 기존 플레이어들도 창조적 파괴로 혁신을 추구하게 된다"(≪뉴스토마토≫, 2016.5.11).

과 기술을 기반으로 제조의 플랫폼화,[2] 산업 간 융합이 일어날 것이라는 전망이다. 다시 말하자면, 구글과 애플, 페이스북 같은 플랫폼 기업들이 앱개발사, 영업대행사, 제조사 등 다양한 사업자들과 협업 관계를 맺어 수익을 추구하는 플랫폼 비즈니스가 주요 경제 형태가 된다는 이야기다(이미 애플이 수많은 개발자들과 앱 생태계를 구축한 다음 아이폰을 내놨던 바 있다)(고덕성, 2016). 이러한 플랫폼 비즈니스는 임금근로보다는 특수형태근로나 자영업 일자리를 만들 가능성이 매우 높다. 최근 1인 방송 유튜버와 같은 온라인 콘텐츠 크리에이터의 급성장이 이러한 추세를 잘 보여준다. 소규모 제조사가 대기업의 제품 개발과 생산을 돕고, 기술을 소유한 자영자 또는 특수형태고용 종사자(프리랜서 포함)가 앱 개발이나 영업 대행을 맡게 될 것이다. 또한 3D 프린터의 개발로 1인 창업도 가능해졌다는 점도 고기술 서비스업에 종사하는 자영자의 증가를 예고한다(김도균 외, 2017). 제조업도 1인 창업으로 가능해진 것이다.[3]

기술이 발달하면서 1·3차 산업, 즉 농수산업과 서비스업이 동시에 이루어지고 2·3차 산업, 즉 제조업과 서비스업이 동시에 일어나는 산업들 간 융합이 성행할 가능성이 높다. 농산물을 직접 생산하여 인터넷을 통해 생산자가 직접 유통하는 것은 이미 흔한 일이다. 3D 프린터를 이용한 1인 창업은 제조와 유통과 판매를 동시에 가능하게 하므로, 1인 자영자가 제조업과 서

2 "스마트공장, 제조연구실(Fab-lab) 등 제조의 플랫폼화는 기업 간 협력 패러다임의 변화를 가져오게 된다. 대기업은 개발과 마케팅을 위한 플랫폼을 구성해 운영하고, 중소기업은 플랫폼에 참여해 제품 개발 초기부터 협력하는 형태가 보편화될 것이다"(≪뉴스토마토≫, 2016).

3 "3D 프린터는 기존 제조업의 제조·생산공정 자체를 뒤바꿔놓을 핵심 기술로 꼽힌다. 시설설비 등 초기투자 부담이 줄어드는 만큼 제조업의 진입장벽이 낮아지고 맞춤형 소량생산이 가능해진다. 이는 그간 대기업 중심으로 펼쳐진 소품종 대량생산 체제의 해체를 필수적으로 동반한다"(≪뉴스토마토≫, 2016).

비스업을 병행하는 융합 업종이 성행할 수 있다. 인공지능·로봇산업이 주가 되는 4차 산업혁명은 1·2·3·4차 산업이 축적된 형태의 융합 산업시대를 이끌 것이다. 1·2·3차 산업에 인공지능과 사물인터넷이 결합하여 새로운 산업으로 진화하는 것이다. 3D 프린터를 이용한 창업이 더욱 활발해지면 3D 프린터로 만든 제품들을 온라인을 통해 주문을 받고 드론 또는 무인자율주행 트럭을 이용해 무인택배서비스를 제공하는 날이 머지않아 보인다. 앞으로 많은 기업들이 인공지능 산업에 투자할 것이고, 알고리즘으로 자동화된 기계노동이 공장과 사무실의 인간노동을 더욱 과격하게 대체할 것으로 전망된다(전명산, 2016). 결국 대기업이 인공지능과 같은 고도의 기술을 이용한 로봇기계 생산 및 기술개발에 집중하고 소기업들은 일반 소비자들의 기호와 소비재 생산에 집중하게 된다면, 대기업의 고용 창출 능력이 크게 둔화되는 반면에 소기업 또는 1인 창업의 기회는 커질 것이다. 또한 대량 생산된 물품보다는 소량 판매의 다양하고 독특한 물품을 보다 선호하는 소비자의 욕구에 부응하여, 그러한 물품이나 서비스를 제조하고 유통하는 일을 동시에 담당할 소규모 자영업자나 특수형태고용 종사자들의 증가를 초래할 가능성이 높다. 고용 창출도 이들에 의해 주도될 수 있다. 그러나 기술 발달을 이용한 서비스의 유통 및 개발을 담당할 인력이 제대로 준비되어 있지 않은 것이 우리의 현실이다.

언론 매체에서는 인공지능AI의 발달로 20년 안에 직업의 거의 절반이 사라질 것이라고 내다보았다(김필규, 2016). 스포츠 중계 기사나 증권 시황 등을 인공지능이 맡게 될 것이라는 이야기가 진작 나왔고, 미국의 경우 이미 로봇 저널리즘이 시작되었다(김도균 외, 2017). 로봇이 기존 직업의 대부분을 대체할 것이며 곧 인간을 능가할 것이라는 우려가 많은 가운데, 혹자는 이는 지나친 기우에 지나지 않는다고 말한다. 왜냐하면 지난 세기에 기술 발달과 함께 기존의 많은 직업들이 사라졌지만 새로이 창출된 직업도 많다는 것이다(신한슬,

2016). 가령, 스마트폰의 등장으로 스마트폰 앱 개발자나 디자이너 같은 전문직이 출현했다. 뉴스 기사로 주목할 만한 사례는 공유차량서비스를 인터넷과 연결하여 콜택시업을 하고 있는 우버Uber라는 회사의 행보다. 우버가 자율주행트럭 스타트업인 오토Otto를 인수했고 스웨덴 자동차회사 볼보Volvo와 함께 자율주행차량 개발에 투자함으로써 무인 택시 또는 무인 트럭 시대가 머지않았다는 소식이다(연합뉴스, 2016.8.19). 우버 측은 큰 비용과 법적으로 골치 아픈 인간 운전자에 대한 의존을 줄일 것이며, 수백만의 운전사가 일자리를 잃더라도 자율주행차량은 비용 절감을 위해 필요하다는 입장이다. 자율주행차량 개발에 뛰어들고 있는 대부분의 다른 자동차회사 및 IT 업계의 입장도 마찬가지일 것이다. 이제 곧 택시운전사와 트럭운전사들의 일자리 수백만 개가 사라지리라는 전망은 누구나 쉽게 할 수 있다.

택시노조와 공유차량서비스 IT 업계와의 다툼이 보도된 바와 같이, '타다TADA'와 '쏘카Socar'와 같은 공유여객서비스 출현이 택시업계 일자리를 위협하기 시작했다. 한편으로는 인터넷 기술의 발달과 SNS 이용자들의 급증으로 핀테크와 P2P 산업이 크게 성장하고 있다. 이미 영국과 중국에서는 서비스업의 상당 부분을 차지할 정도로 성장하고 있다. 핀테크fintech란 금융finance과 기술technology이 합쳐진 말이고, 핀테크 산업이란 모바일, SNS, 빅데이터를 활용해 기존과는 다른 새로운 금융서비스를 제공하는 산업을 말한다(티스타일, 2016). 기존의 전통적인 금융회사가 담당했던 지급 결제, 대출, 투자 등을 인터넷은행이 맡고 모바일이나 SNS를 통한 개인 대 개인person to person/peer to peer 방식으로 크라우드 펀딩을 하거나, 모바일 결제, P2P 대출, 금융데이터 분석, 사이버 보안, 디지털 화폐, 자산 관리 등의 사업을 하는 것이 가능해졌다. 이러한 핀테크 산업을 선도하는 것은 창업기업startups인 경우가 대부분이다(정대, 2015.11.10). 핀테크 스타트업 육성정책과 더불어 핀테크 서비스업을 위주로 하는 스타트업이 더욱 증가될 전망이다. 결국 앞으로는 기존 금융회사의 창구 전담 직원 등 많은 임금 일자리가 사라질 것이다.[4] 이에 따라 새로이 창출되는 직업들 가운데 상당수가 임금근로보다는 1인 자영업이나 특수형태근로 형태로 출현할 가능성이 크다.

2. 기술 진보에 따른 한국 노동시장의 변화

로봇 성능의 급속한 향상으로 인해 대규모 제조업체 작업장에 산업용 로봇이 많은 일자리를 대체하고 있으며 택배업, 자재 관리, 가사도우미 등의 일자리도 대체할 것으로 예상된 바 있다(김세움, 2015). 또한 최근 자동차 업계의 핫이슈인 무인자율주행 자동차의 개발 및 상용화는 운수업 종사자에 상당한 영향을 미치리라는 점도 널리 알려진 바다. 이러한 기술 진보에 따른 노동시장의 변화는 한국도 예외는 아닐 것이다.

프레이와 오스본(Frey and Osborne, 2013)의 직종별·산업별 컴퓨터 대체 확률 추정 결과에 의하면, 미국의 경우 컴퓨터 대체 확률이 47%인 데 비해 한국은 향후 기술 진보에 의한 고용 대체 가능성이 전체 일자리의 57%다. 즉, 한국은 기술 진보에 보다 취약한 일자리 구조를 가진 것이다. 이는 한국의 경우 고위험군에 속하는 영업 및 판매 관련 직종이 차지하는 비중이 더 높고 저위험군인 교육, 법률, 의료 등의 고숙련 서비스직종 비중이 낮기 때문이다. 또한 컴퓨터로 대체될 확률이 가장 높은 업종이 농업, 임업 및 어업이고 그다음이 부동산업 및 임대업이다. 금융 및 보험업, 가구 내 고용활동 및 자가소비

4 한국에서도 디지털금융의 확산으로 이미 많은 시중 은행이 지점들을 폐쇄 및 축소하고 있다(≪경향비즈≫, 2019.12.29).

생산활동(가구 내 고용활동으로는 가사도우미 고용을, 자가소비 생산활동으로는 텃밭 농사를 예로 들 수 있다), 운수업, 숙박 및 요식업, 도매 및 소매업 순서로 대체 확률이 높다. 한국의 특수형태근로 종사자나 영세 자영업자는 컴퓨터로 대체될 가능성이 높은 고위험군에 속하는 업종들에 집중되어 있기 때문에, 이들의 일자리는 앞으로 더욱 불안정해질 수밖에 없다.

급속한 기술 발달이 일자리에 미칠 영향에 대해서 해외 전문가들의 의견은 양분되어 있다(김세움, 2015). 과거의 경험으로 볼 때, 기술 진보로 사라지는 일자리를 대체할 새로운 일자리가 얼마든지 창출될 수 있다는 시각과 정보의 디지털화로 활용 가능한 정보의 양이 폭발적으로 늘면서 기술 진보가 더욱 가속화되기 때문에 사라지는 일자리를 대체할 새로운 일자리의 창출이 쉽지 않을 것이라는 시각이 있다. 후자의 관점에서는 기술 진보가 일자리에 미치는 영향에 대응할 시간적 여유가 부족할 것이라고 본다. 전자의 경우 역시 기술 진보에 따른 단기 충격을 완화하기 위한 정책적 개입이 필요하다고 주장한다(Mokyr et al., 2015; 김도균 외, 2017). 이는 기술 진보에 따라 사라지는 일자리도 많고 새로이 등장하는 일자리도 많을 것이지만, 단기적으로 사라지는 일자리에서 대체되는 새로운 일자리로 잘 이동하도록 하는 정책적 대응이 필요하다는 이야기다. 한국의 경우 기계로 대체될 가능성이 높은 고위험군 업종인 금융 및 보험업, 운수업, 숙박 및 요식업 그리고 도매 및 소매업 등에 자영업자가 몰려 있다.

한편, 서비스 업종 가운데 컴퓨터 대체 가능 확률이 가장 낮은 업종으로 전망되는 대인서비스 업종인 공공행정, 교육 및 보건·복지 서비스업의 고용은 다른 선진 국가들에 비해 현저히 낮은 편이다. 당장은 이 대인서비스들 업종으로 전직이나 창업을 유도하는 정책적 전략이 필요하다. 단기적으로는 생산성이 낮은 서비스 업종에의 창업이나 전직을 줄여나가고, 장기적으로는 기술 기반의 창업(스타트업)이나 고기술·전문직 일자리에 전직이나 취업이 가능하도록 사회적 투자가 집중되어야 한다(김도균 외, 2017). 이로써 생산성이 낮은 서비스 업종의 일자리를 생산성이 높은 일자리로 대체하는, 서비스업의 구조적 변화를 이끌 수 있다. 결국 기술 진보에 따른 충격을 완화하기 위한 이러한 정책적 개입이 더욱 중요해진다. 이와 동시에, 기술 발전이 초래하는 일자리 수요와 공급의 불일치로 인해 실직과 빈곤이 증가하는 사회 양극화 문제에 대응하기 위해서는 소득보장 관련 제도를 마련하기 위한 사회적 대화가 반드시 필요하다. 이와 관련해, 유사한 주장을 한 한 보고서(장지연 외, 2017: 175~187)가 주목할 만한데, 최근 드론과 자율주행자동차가 사람이 하는 배달 업무를 대체하기 시작했지만, 일자리의 수요와 공급은 기술에 의해서 일방적으로 결정되지 않는다는 점에 유의할 필요가 있다고 한다. 즉, 인간이 더 많은 선택지를 갖게 될지의 여부는 우리가 만들어가는 '제도'와 이를 통한 노동자들의 협상력 수준에 달려 있다는 것이다. 그런 의미에서 대표성을 확보한 사회적 대화가 중요하다. 더 나아가 제도 마련을 위한 사회적 대타협이 필요하며, 이를 위해서는 정부의 역할이 매우 중요하다.

3. 디지털 경제 발전과 노동시장 유연화 그리고 사회 양극화[5]

먼저, 고도로 디지털 경제가 발달한 국가에서 노동시장 유연화에 따른 사회 양극화 수준이 높을 것이라는 가정에서 출발하여, OECD 국가들의 디지털 경제 수준과 비정형 고용 및 빈곤의 연관성을 따져 볼 필요가 있다. 〈표

5 상당 부분이 저자의 논문 "The politics of social pacts on income security in digital economies: Is government's role significant?", ≪한국사회과학연구≫, 제39권 제1호, 233~267쪽에서 발췌한 것이다.

2.1〉은 OECD 경제발전 국가들의 비전형 고용률과 소득빈곤율 그리고 디지털 경제발전 수준 지표로서의 연구개발지출GERD을 비교한 것이다. 노동시장 유연화의 정도를 나타내는 비전형 고용률을 살펴본 결과, 2013년 OECD 국가 전체 고용의 약 3분의 1이 비정규직 및 자영자와 같은 비전형 고용이었다. 그리고 1995~2007년에 거의 모든 고용 창출의 절반은 비전형 고용이었다(OECD, 2015). 같은 기간 OECD 국가의 비전형 고용 평균 성장률은 6.9%였다. 2007~2013년에는 평균 성장률이 1.8%로 감소했는데, 이는 북유럽 국가들에서 비전형 고용이 감소한 결과다. 그러나 이 기간에 서유럽 복지국가들에서는 비전형 고용이 계속 증가했다. 2013년 비전형 고용률은 네덜란드에서 57.6%로 가장 높았고 스위스 46.4%, 독일 38.7%, 오스트리아 36.1%로 나타났다. 이는 북유럽 국가들보다는 서유럽 국가들에서 노동시장의 유연화가 더욱 심화되었음을 보여준다. 한편, 비전형 고용 노동자들의 소득은 2012년 OECD 국가의 정규직 근로자의 약 50% 수준에 그쳤다(OECD, 2015). 이는 비전형 고용직의 비율이 높을수록 소득빈곤 수준이 높음을 시사한다. 이를 고려해 볼 때, 비전형 고용의 비중이 높은 국가, 특히 네덜란드의 경우 높은 소득빈곤율을 기대할 수 있다. 그러나 2014년의 OECD 소득빈곤 자료에 의하면 많은 서유럽 국가들에서 비전형 고용률이 높음에도 불구하고 상대적 소득빈곤율은 그다지 높지 않았다. 예를 들어, 네덜란드의 경우 7.7%에 불과했다. 반면에 비전형 고용률이 40% 수준인 미국의 경우에는 상대적 소득빈곤율이 두 배가 넘는 17.5%로 매우 높았다. 대부분의 북유럽 국가들에서는 비전형 고용률과 빈곤율 모두 상대적으로 낮은 편이다.

다음으로, 기술 발전과 밀접하게 관련되어 있는 디지털 경제의 지표로서 국내총생산GDP 대비 연구개발지출의 비중을 살펴보자.[6] 2014년 국내총생산 대비 연구개발지출 비율과 상대적 소득빈곤율을 국가 간에 비교해 보면, 연구개발지출 비중이 매우 높은 미국과 일본, 한국에서 상대적 소득빈곤율이

표 2.1 1995~2013년 국가별 비전형 고용, 상대적 소득빈곤 및 연구개발지출 비교(%)

국가	비전형 고용 성장률		2013년 비전형 고용의 비중	2014년 상대적 소득 빈곤율	2014년 GERD		
	1995~2007	2007~2013			연 성장률 (일정 물가, %)	% of GDP	OECD 전체에서의 비중 (USD PPPs)
덴마크	-7.38	-0.5	28.3	5.5	0.6	3.1	0.7
핀란드	3.39	-0.4	28.6	6.8	-2.8	3.2	0.6
노르웨이	4.62	-2.3	28.6	8.1	2.3	1.7	0.5
스웨덴	-0.04	-0.1	34.1	9.0	0.6	3.2	1.2
오스트리아	12.29	4.3	36.1	9.0	3.8	3.1	1.1
프랑스	8.42	1.7	33.9	8.2	0.8	2.3	5.0
독일	12.73	2.0	38.7	9.5	4.1	2.9	9.2
네덜란드	10.95	4.8	57.6	7.7	3.3	2.0	1.4
스위스	4.47	5.4	46.4	9.9	3.1	3.0	1.1
영국	-0.54	3.2	33.7	10.5	1.4	1.7	3.7
미국			40.4	17.5	3.1	2.7	38.7
일본			29.9	16.1	3.0	3.6	14.1
한국			33.8	14.4	6.9	4.3	6.1
OECD 평균/전체	6.9	1.8	36.6	11.7	2.3	2.4	100

주: 미국의 비전형 고용 비중은 2010년의 데이터로 대체되었음. '상대적 소득빈곤율'은 국가별 중위 소득의 50% 이상(세금/소득 적용 기점에서) 소득이 적은 인구의 비율을 의미함. GERD 통계자료에서 스위스는 2012년, 미국은 2013년 자료로 대체되었음. '구매력 지수(PPP)'는 국가 간 가격 수준 차이를 제거해 여러 통화의 구매력을 동일하게 하는 환율 변환 비율임(https://data.oecd.org/conversion/purchasing-power-parities-ppp. htm).
자료: OECD(2015); OECD(2018); US Government Accountability Office(2015).

매우 높다는 사실을 알 수 있다. 이는 디지털 경제가 발전할수록 빈곤율이 높아질 가능성이 있음을 의미한다. 특히 비전형 고용률이 비교적 높은 미국(40.4%)의 경우 OECD 전체에서 차지하는 연구개발지출 비중(38.7%)과 상대

6 기존 연구들에서는 디지털 경제의 지표로 연구개발지출비나 특허권 비중을(또는 둘 다) 제시하고 있다(Bogliacino et al., 2011; Coad and Rao, 2007; OECD, 2014).

적 소득빈곤율(17.5%)이 가장 높다. 그러나 서유럽 복지국가들 가운데 미국에 못지않게 연구개발지출 비중의 연성장률이 높은 오스트리아(3.8%), 독일(4.1%), 네덜란드(3.3%), 스위스(3.1%)는 비전형 고용이 높은 편에 속함에도 불구하고 상대적 소득빈곤율은 낮다(모두 8~10% 수준이다). 이는 곧 디지털 경제가 고도로 성장하고 있는 이 국가들에서 노동시장의 유연화에도 불구하고 소득 불평등 수준은 낮다는 것을 보여준다. 그렇다면 왜 그럴까? 디지털 경제가 고도로 발전한 미국을 비롯해 일본과 한국은 심각한 사회 양극화 문제를 안고 있는 데 반해 왜 이들 국가들에서는 그렇지 않은가 이 질문에 대한 답은 사회적 대화를 통한 소득보장에 관한 사회협약에 있을 수 있다. 각 사회 행위자들과 사회협약을 이룬 경험이 적거나 없는 국가들에서 디지털 경제 시대에 소득보장에 대한 사회협약에 도달하기란 더욱 어려울 것이다. 이는 독일과 네덜란드 그리고 미국의 사회협약의 역사적 경험에 의해 쉽게 증명된다. 세 국가 모두 비전형 고용률이 높은 디지털 경제 발전국가임에도 불구하고 미국에 비해 네덜란드와 독일에서 소득 불평등도가 낮은 이유를, 익히 알려진 네덜란드의 바세나르 협약과 독일의 하르츠 협약에서 찾을 수 있지 않을까?

노동조합, 임금, 정부 개입 및 사회협약 관련 자료를 포함한 국제정치자료 ICTWSS[7]를 통해 소득보장과 관련된 임금, 연금 및 사회보장에 관한 협약을 검토해 본 결과, 북유럽 복지국가들과 서유럽 복지국가들에서 주로 사회협약에 이른 것으로 나타났다(특히 핀란드와 네덜란드가 주목할 만하다). 반면 미국, 일본, 한국에서는 소득보장과 관련한 사회협약에 이른 경험이 드물었다. 소득 불평등 수준이 매우 높은 미국, 일본, 한국에서 사회협약 경험이 드물었다

7 ICTWSS 데이터베이스는 네덜란드 암스테르담대학교에서 생산하는 정치학 통계조사 자료로, 1960년에서 2015년 51개국의 국제 데이터를 포함하고 있다(Visser, 2016).

는 사실은 우리에게 시사하는 바가 크다. 소득보장과 관련한 사회적 대화를 통해 사회협약을 달성한 역사적 경험이 상대적으로 많다면, 디지털 경제발전에 따른 소득 불평등 문제를 해결할 수 있는 여지는 커질 것이다. 요컨대, 디지털 경제가 발전할수록 노동시장의 유연화와 소득 불평등이 심화될 가능성이 커짐에 따라, 이를 해결하기 위한 노력이 더욱 요구되고 있다. 결국 디지털 경제가 발전할수록 특정 국가에서 사회적 행위자 간의 사회적 협약을 성취하는 일이 무엇보다 중요해졌다고 할 수 있다.

4. 노사 간 권력 불균형이 증가하는 디지털 경제 시대, 정부의 역할 증대[8]

2016년 네덜란드 암스테르담대학교의 국제정치경제데이터를 분석해 보면, 1960년대부터 2010년까지의 소득보장 정책에 관한 협약은 사회민주주의 복지국가에 집중되어 있다는 것을 알 수 있다. 1990년대 이후 규제개혁 관련 협약이 조합주의 복지국가들에서 수십 년 동안 우세했다. 소수의 사례를 제외하고는 자유주의 복지국가에서는 사회협약이 거의 없었다. 또한 노동조합 가입률과 임금협상력이 지난 수년간 감소해 왔다. 이러한 감소는 전 세계적인 현상이다. 노동조합의 임금협상력은 특히 소득 불평등이 매우 높은 미국과 일본과 같은 보다 큰 규모의 디지털 경제 발전국가에서 매우 낮다. 노동조합 권력의 전 세계적인 약화 추세가 계속됨에 따라, 급속하게 성장하는 디지털 경제에서 사회 파트너들 간의 권력 불균형이 확대되거나 심화될 가능

8 각주 4)의 상당부분이 저자의 논문 "The politics of social pacts on income security in digital economies: Is government's role significant?", ≪한국사회과학연구≫, 제39권 제1호, 233~267쪽에서 발췌한 것이다.

그림 2.1 1990~2014년 임금교섭에 대한 정부의 개입

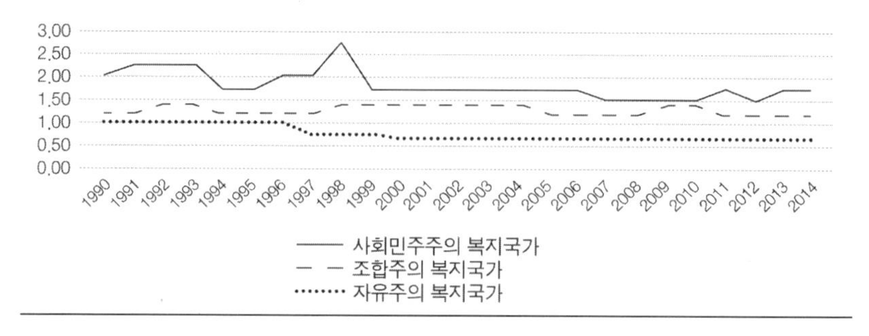

표 2.2 1960~2014년 디지털 경제 국가들의 임금교섭에 대한 정부 개입 수준과 사회적 행위자들의 사회적 협의 참여 방식(평균, %, 사례 수)

	국가	정부의 임금협상 개입 수준 (평균, 사례 수)	협약/합의 없음	정부, 연합노조, 고용주 단체의 협의에 의한 협약	고용주 단체 없이 노조와 정부에 의한 협약	노조와 고용주 간의 협상이 주가 되지만 강력한 정부의 개입에 의한 협약
사회민주주의 복지국가	덴마크	1.56(55)	90.9(50)	9.1(5)	-	-
	핀란드	2.96(55)	69.6(39)	16.1(9)	-	14.3(8)
	노르웨이	2.47(55)	90.9(50)	9.1(5)	-	-
	스웨덴	1.35(55)	98.2(54)	1.8(1)	-	-
	전체	2.09(221)	87.3(193)	9.0(20)	-	3.0(8)
조합주의 복지국가	오스트리아	1.07(55)	92.7(51)	7.3(4)	-	-
	프랑스	2.11(55)	98.2(54)	1.8(1)	-	-
	독일	1.26(55)	92.7(51)	7.3(4)	-	-
	네덜란드	2.67(55)	69.1(38)	23.6(13)	-	7.3(4)
	스위스	0.00(55)	100.0(55)	-	-	-
	전체	1.42(275)	90.5(249)	8.0(22)	-	1.5(4)
자유주의 및 동아시아 복지국가	영국	1.33(40)	90.9(50)	1.8(1)	7.3(4)	-
	미국	0.47(55)	100.0(55)	-	-	-
	일본	0.00(55)	98.2(54)	1.8(1)	-	-
	한국	3.26(55)	98.2(54)	1.8(1)	-	-
	전체	1.23(205)	95.8(159)	1.8(3)	2.4(4)	-

성이 더욱 커졌다. 이러한 불균형은 사회 파트너들 간 협의를 어렵게 하며, 그로써 소득 불평등을 더욱 악화시킬 수 있다. 예를 들어, 플랫폼 비즈니스의 경우에 앞으로 기업과 그에 경제적으로 종속된 노동자 사이에 힘의 불균형이 갈수록 커질 수 있다. 이들 사회적 행위자들 간에 힘의 균형을 이루기 위해서는 정부의 역할이 더욱 중요해진다. 1990년과 2014년 사이에 선별된 국가들의 임금교섭에 대한 정부 개입 통계를 분석한 결과 〈그림 2.1〉과 같이 2000년대 이후 정부 개입이 비교적 일정한 수준으로 안정화되었음을 알 수 있다. 흥미롭게도 임금교섭에 있어서 노동조합의 권한이 감소한 반면에 자유주의 복지국가에서보다 사회민주주의 및 조합주의 복지국가들에서 정부의 개입 수준이 훨씬 높다.

〈표 2.2〉에 제시된 통계자료에서 보듯이, 사회민주주의 복지국가에서 임금협상에 대한 정부 개입 수준이 평균 2.09로 가장 높고, 다음으로 조합주의 복지국가 1.42, 자유주의 복지국가 1.23 순서이다. 또한 미국, 일본, 스위스의 정부 개입 수준이 매우 낮은 것과 달리 핀란드(2.96)와 네덜란드(2.67)는 개입 수준이 높다. 이는 정부가 임금협상에서 중요한 역할을 했음을 뜻한다. 사회민주주의 및 조합주의 복지국가 대부분의 경우에 정부, 노동조합 그리고 고용주를 포함해 모든 중요한 행위자들이 협상에 참여한다. 특히 핀란드와 네덜란드의 경우 노조와 고용주 사이의 협의에 의해 협상이 많이 이루어지되 주로 정부의 적극적인 개입이 있었다. 영국의 경우는 고용주 단체의 참여 없이 협상이 이루어지기도 하는 유일한 사례다.

1) 독일과 네덜란드의 교훈

순트켄과 바이스하웁트(Soentken and Weishaupt, 2015), 헤메레이크와 페일(Hemerijck and Vail, 2006) 같은 학자들이 네덜란드와 독일 사례를 들며 국가의 역할이 변화했음을 주장하는 것에 주목할 필요가 있다. 네덜란드와 독일은 노사 관계에서 사회 파트너 간 협의의 전통이 강한 국가들이다. 그러나 독일은 1990년 통일 이후 사회 및 노동시장 정책의 일련의 개혁에 국가 개입을 증가시켰다. 독일 정부는 좌파와 우파 모두 개입주의적인 접근 방식으로 개혁을 추진했다. 동시에, 정부는 사회 파트너와 야당에는 신경을 쓰지 않았다. 네덜란드 역시 1990년대 이후 국가 개입이 두드러진다. 네덜란드는 1980년대 초에 사회 파트너들 간 임금(인상 완화)협정을 한 바 있고, 1990년대 초에 고용유연화 협정을 통해 사회 파트너들 간 협의의 전통을 오랜 기간 유지해 왔다. 즉, 잘 알려진 1982년의 바세나르 협약Wassenaar Accord과 1993년의 뉴코스 협정New Course Accord 등을 통해서다. 1990년대에는 노사정 삼자 간 협의의 실패를 경험하면서 네덜란드 정부는 독자적으로 적극적 노동시장정책을 추진하기 위해 사회보장과 노동시장정책에 대한 국가 개입을 확대했다. 가령, 네덜란드의 사회민주당 정부는 노사가 서로 협의를 이루지 못하고 대립하자 사회 파트너들을 의사결정에 포함하지 않고, 공공 부문 고용 관련 노사정위원회의 해체를 결정한다. 사회 파트너들 사이의 협의가 잘 이루어지지 않을 때 정부는 국가 개입을 증가시키는 전략을 펼 수 있다. 이는 사회적 파트너십 경험이 없는 자유주의 국가들에 시사하는 바가 매우 크다. 경제가 점점 더 디지털화되고 기업의 이익이 커짐에 따라 노동조합의 협상력이 감소하는 추세를 감안할 때, 사회 파트너들 사이의 권력 불균형을 조정하기 위해서는 정부의 개입이 증가할 수밖에 없다.

네덜란드 정부와 마찬가지로 독일 정부는 실업을 줄이기 위해 1990년대 후반에 일련의 정책을 주도적으로 시행했다. 국가는 모든 사회적 파트너와 독립적으로 이러한 정책을 수행했으며 독일 노동시장정책에 대한 사회 파트너들의 권한은 상당히 축소되었다. 더욱이 2000년대 하르츠 IVHartz IV의 개혁은 파트너십을 기반으로 한 자치 정부에 의존한 독일의 전통과 명확한 차이가 있음을 보여준다. 예를 들어 사회 파트너들, 노동조합과 고용주 협회는 전통적으로 실업보험제도에서 강력한 권한을 유지했다. 그러나 2005년 하르츠 IV 개혁은 이러한 전통을 근본적으로 바꿔놓았다. 특히 독일 정부는 실업수당 기간을 단축하고, 새로운 실업부조제도를 도입하는 등 독자적인 정책을 주도적으로 시행했다. 정부는 근로자와 고용주가 아닌 조세를 통해 재원을 조달하는 새로운 실업부조제도를 통해 국가 개입을 정당화함으로써 사회적 파트너의 참여를 감소시켰다. 요컨대, 독일과 네덜란드의 경험을 통해 볼 때, 1990년대 이후 경제불황기를 겪으며 이 두 조합주의 정치국가에서 국가의 역할이 강화된 것이 분명해 보인다.

지금부터는 하르츠 개혁 추진에서 일련의 정책들을 시행하는 데 정부가 어떤 역할을 수행했는지 구체적으로 살펴본다.

2) 독일의 하르츠 개혁

2000년대 초반 고실업에 시달리던 독일에서는 슈뢰더Gerhard Schröder 총리가 집권했고, 그 이후 어젠다 2010과 하르츠 개혁을 통해 노동·복지개혁을 단행했다(Hemerijck and Vail, 2006; 강유덕, 2015). 독일은 2000년대 중반부터 지속된 광범위한 노동개혁과 구조개혁으로 인해, 다른 유럽 국가들과는 달리 2008년 세계금융위기 기간에도 고용의 안정세를 유지할 수 있었다. 독일의 특이한 점은 다른 유럽 국가들과 달리 고부가가치 제품 중심 수출주도형 경제구조를 유지하고 있다는 것이다. 2011년 기준으로 독일의 제조업은 GDP의 21%를 차지하여 서유럽 국가들 중 가장 높다(OECD, 2014). 독일이 제조업 비중을 일정하게 유지하며 중국과의 경쟁에서도 수출시장에서 선전할 수 있었던 것은 고기술 분야에 특화된 산업구조와 노동생산성 향상에 기인한다고 보는 이도 있다(강유덕, 2015). 바로 이것이 혁신성장을 목표로 하고 있는 우리가 주목해야 할 점이다. 더욱이 이러한 독일의 사례는 수출주도형 경제 국가 중 하나인 한국에 시사하는 바가 크기 때문이다.

독일은 1989년 통일의 후유증으로 2000년대 중반까지도 고실업률(2000년대 초반 실업률 12%)에 시달리면서 '유럽의 병자'로 불리기도 했다(강유덕, 2015). 2002년 사민당과 녹색당의 중도좌파 연정을 기반으로 당선된 슈뢰더 총리는 신중도 노선을 표방하고, 노동·복지개혁의 일환으로 하르츠위원회를 설립해 장기실업 문제를 해결하기 위해 어젠다 2010을 추진하게 된다. 1999~2008년까지 독일의 연평균 경제성장률은 1.5%로 유로존의 연평균 성장률 2.0%를 밑돌았으나, 2000년대 중반을 기점으로 구조개혁 과정에서 내수가 억제되고 수출 위주의 경제로 재편되었고, 2010년대에는 3~4%대 경제성장률을 기록했다. 그 결과 초기에 실업률 하락과 임금 상승을 억제하는 효과를 거두었다. 하르츠 개혁(2003~2005년)은 메르켈 정부(기민-기사연-사민당 대연정)가 계승해 지속되었다. 다음 인용문을 보면 슈뢰더 정부가 어떻게 개혁을 단행했는지 좀 더 자세히 알 수 있다.

> 2003년 당시 독일의 실업률은 10.5%였으며, GDP는 전년 대비 0.4% 감소했다. 이에 슈뢰더 정부는 폴크스바겐Volkswagen의 페터 하르츠Peter Hartz가 지휘한 위원회가 제안한 공공고용서비스, 실업자 수당체계, 적극적 노동시장정책 체계 개혁안을 발표했다. 위원회 제안의 핵심 부분인 수당 개혁안이 의회 협상 단계에 있었다. 신규 수당 수혜자를 위한 서비스 이행구조에 대한 협상은 1년이 더 소요되어 2005년 1월에야 개혁이 전면 이행되었다. 2005년 실업률은 13%였으나 2006년부터 계속 하락하여 2014년에는 7.6%를 기록했다(Knuth, 2015).

많은 사람들이 독일의 2000년대 중반 노동시장을 포함한 광범위한 구조개혁이 오늘날 강한 산업 경쟁력을 기반으로 하는 독일 경제를 만드는 데 크게 기여했다고 평가하고 있는 반면에 비정규직 비중의 증가를 하르츠 개혁의 부정적인 결과로 지적했다. 시간제 고용[9]의 확대로 비정규직이 양산되었고[10] 실업자의 정규직으로의 편입이 저조해졌다. 독일 정부가 법정 최저임금제 도입, 파견 규제 강화 등의 조치를 실시한 것도 이러한 부작용을 극복하기 위한 것이다(강유덕, 2015).

독일 한스뵈클러재단 경제사회연구소WSI 전 소장 자이페르트Hartmut Seifert는 하르츠 개혁의 양적 효과, 즉 실질적 고용률 증가 효과는 적었다고 주장한다(Seifert, 2015). 풀타임 정규직 일자리를 미니잡mini-job과 미디잡midi-job으로 분할하여 재분배한 데 불과한 것이었다고 비판한 것이다. 다만, 그는 하르츠 법과 아울러 단체협약이 노동시장의 유연성을 높이는 데 행동의 여지를 넓혔고, 노동시간 자체의 유연성은 노동자 개개인의 직장과 삶의 균형을 맞추는 데 굉장히 좋은 방식이어서 노동자의 이해와도 맞아떨어졌기 때문에 안정적인 고용률을 유지할 수 있었다고 본다. 독일은 노동자와 사용자의 협의를 통해 경기가 어렵거나 상황이 어려워졌을 때 경우에 따라 노동자들이 일정한 권리나 보너스 등을 포기하는 대신에 사용자는 일자리를 보장(3~5년간)해 주는 노동 연대 혹은 일자리 연대가 있었다. 자이페르트는 이러한 고용 보장이 하르츠법 도입보다는, 단체협약을 통한 노동시간계좌와 노동시간 변화제도 운영, 그리고 무엇보다도 단기간 근로에 대한 정부의 보조금 지원 덕분이라고 주장한다.

9 월 400~800유로의 임금을 받는 시간제 고용[미니잡(mini-job), 미디잡(midi-job)으로 불림]을 지칭한다.

10 2013년 독일의 시간제 일자리 고용 비중은 22.4%로, EU 회원국 중 네 번째로 높았다.

독일의 수출 기업들은 저임금 동유럽 국가로의 생산시설 이전을 언급하면서 노조로부터 양보를 얻어낼 수 있었고, 글로벌 금융위기 때도 독일 정부와 산업계는 고용 유지를 위해 조업단축제도를 실시했다. 금속, 엔지니어링, 전자산업 등 24시간 가동하는 제조업 분야에 주로 도입된 일자리 나누기job sharing를 통해 전일제 근로자를 해고하는 대신 조업 단축으로 고용을 유지시켰다. 필요시 기존 임금의 최고 67%까지 연방고용청에서 지원하였다. 또한 조업단축 근로자에 대해 첫 6개월간 기업 부담의 사회보장비 절반을 환급해 주었으며, 7개월부터는 100% 환급하였다. 조업 단축 기간 동안 교육훈련 참여 시 지역고용청이 그 비용을 지원하였다. 그 결과, 독일의 실업률은 2008~2009년에 일시 상승했으나 이후 하향 안정세를 유지하였다(강유덕, 2015).

또한 자이페르트는 법정 최저임금 발효가 독일의 고용 개선에 기여했다고 주장한다. 독일은 임금 억제를 통해 글로벌 시장에서 대규모 수출 흑자를 달성하며 경쟁력을 높여왔다고 보는 이들도 있다. 임금 정체가 서비스 부문에서 가장 두드러졌고, 서비스 부문의 낮은 인건비로 인해 수출 제조업의 가격 우위가 실현되었다는 이야기다. 그러나 자이페르트는 오히려 더 높은 임금과 국내 소비 활성화를 통한 대안적 성장전략이 더 많은 고용을 창출하고 경제 불균형을 개선했을 것이라는 견해가 더 설득력이 있다고 주장한다. 독일은 스칸디나비아 국가들과 마찬가지로 사회적 파트너들의 단체교섭 자율권에 의존해 임금을 결정해 왔기 때문에 최저임금이라는 개념을 꺼렸다. 그래서 노동조합들이 법정 최저임금 의제를 도입한 이후에도 사회민주당과 기독교민주당 연립정부가 2013년에 이를 연대협약에 포함시켜 정부 사업으로 도입하기까지 몇 년이 더 소요되어 2015년 1월에서야 시간당 8.5유로의 법정 최저임금이 발효되었다. 하르츠법 도입 이후 결국에는 불안정 고용의 위험이 높아짐에 따라 정부가 노동조합으로부터 지속적인 압력을 받아 조정안을 내놓아야 하는 상황에 처하자, 이전에 철폐한 규제를 다시 도입하고 새로운 규제 장치를 마련해야 했던 것이다. 당시 신자유주의 경제학자들은 경제에 악영향을 줄 것이고 10만 명 이상의 실업자를 낼 것이라고 예상했지만, 그러한 예상과는 달리 2개월 후 고용이 증대하고 실업률은 줄었다고 한다. 비록 1년이 채 지나지 않아 평가된 것이었지만 평가 결과는 최저임금의 기대 효과가 있는 것으로 나왔다. 한국에서도 최저임금을 2018년 7560원에서 8560원으로 인상하자, 이와 비슷한 주장들이 쏟아졌다. 가령, 최저임금 인상이 고용에, 특히 자영업에 악영향을 미칠 것이라는 주장들이 난무했다. 자이페르트는 최저임금이 저임금 문제를 모두 해결하지는 못하겠지만 문제를 해결하는 데 큰 기여를 할 것이라고 주장한다. 한국에서 최저임금 인상이 중장기적으로 어떤 효과를 가져올지는 지켜볼 일이다.

한편, 크누트Matthias Knuth는 실업률 감소가 하르츠 개혁뿐만 아니라 연금개혁과 노동 연장과 같은 개혁에 기인했을 수도 있다고 지적했다. 그는 고령화가 단기적으로는 실업 문제의 해결책이 될 수 있다고 한다. 독일은 2006년 이후 생산가능인구가 감소해 왔고, 이와 동시에 실업률 역시 감소세에 들기 시작했다. 독일의 연금개혁은 1989년 이후 40년에 걸쳐 점진적으로 이루어져 왔고, 정권과 관계없이 개혁 방향은 그대로 유지되었다. 독일에서는 조기 퇴직으로 가는 다양한 경로의 축소, 그리고 2012년부터 시작해(출생 코호트당 1개월 연장을 통해) 2029년까지 법적 연금개시연령을 65세에서 67세로 높이는 개혁안이 실시되었다. 이러한 배경에서 55세 이상 근로자의 고용률이 2000년 37%에서 2015년에는 덴마크나 영국보다 높은 수준인 65%까지 상승했다. 이러한 점진적 퇴직제도로 인해 고령 근로자의 기존 일자리 유지 기간이 길어졌기 때문이다. 게다가 가장의 역할을 하는 고령의 여성이 남성과 마찬가지로 임금근로에 종사하는 경우가 이전 세대보다 많아졌다. 한국 역시 2019년 2월 기준으로 법적 육체노동자 정년이 60세에서 65세로 상향되었고,

보건복지부에서도 정년 연장에 대한 공론화를 이미 시작했다. 독일 사례가 생산가능인구 감소와 실업률 문제를 해결하는 데 있어 한국 정부의 방향계가 될 수 있음을 시사하는 대목이다.

요컨대, 독일의 사례가 우리에게 주는 교훈은 경기가 어렵거나 상황이 어려워졌을 때 노동자와 사용자의 협의를 통해 노동시간을 줄여 일자리 연대를 시행했으며, 비전형 근로가 증가함에 따라 정부가 고용과 소득 안정을 위한 보조금을 지원하고 새로운 실업보상제도를 도입하는 등 노동시장정책에 적극적으로 개입했다는 점이다. 즉, 사회 파트너들 사이의 협의를 통한 일자리 연대와 동시에 국가의 적극적 역할이 중요하다는 점을 보여주었다. 국가의 역할이 이처럼 중요해지는 시점에서 앞으로 우리는 혁신성장과 사회정책을 어떻게 조화해 나가야 할까? 지금부터는 이에 관해 자세히 다룬다.

5. 혁신성장과 변화하는 일자리 그리고 사회적 보호

WIPO[11]의 2017년 글로벌 혁신지수 발표에 의하면, 스위스, 스웨덴, 네덜란드, 미국, 영국, 덴마크, 싱가포르, 핀란드, 독일, 아일랜드, 한국이 상위권을 형성하고 있다. 한국은 상대적으로 혁신 투입에 대한 지수는 다소 정체된 반면에 혁신 성과 지수는 높고 개선되고 있는 경향을 보이고 있다(KISTEP, 2018a). 혁신 투입에 있어 한국은 인적자본·연구 부문은 세계 최고 수준의 경쟁력을 갖춘 것으로 평가되었으나(2위), 제도 부문(정치, 규제, 기업 환경)은 상

11 WIPO(World Intellectual Property Organization)는 코넬대학교, INSEAD, 프라이스 워터하우스 쿠퍼스(PwC) 등과 함께 약 130개국의 다양한 혁신 활동을 평가하는 글로벌 혁신지수(GII)를 집계하여 발표한다.

대적으로 낮은 순위(35위)를 기록했다. 혁신 성과와 관련해서는 전반적으로 우수한 성적을 거두었으나 지식 및 기술 성과에 비해 창조적 성과가 상대적으로 낮았다. 또 다른 중요한 지표로 눈여겨볼 만한 중요한 지표 중 하나로, 유럽연합 집행위원회의 기업산업총국에서 매년 발표하는 EIS European Innovation Scoreboard가 있다(KISTEP, 2017, 2018b). 유럽연합은 R&D 인력, 공공 및 민간 R&D 투자, 기업 활동, 특허, 논문 등은 물론이고 정책 우선순위, 분석 자료의 질적 수준 제고, 회원국 간 환경 차이, 디지털화와 창업 등의 주요 쟁점들도 반영해 2017년부터 개선된 체계에 의해 보고하고 있다. 2017년 유럽 국가들의 종합혁신지수EIS 평가[12] 결과, 2010년부터 2016년까지 6년 동안 혁신 성과는 노르웨이(15%p), 영국(12%p), 네덜란드(10%p)에서 10~15%p 빠르게 향상된 한편, 한국의 경우 종합혁신수준이 2010년(123%)에서 2016년(131%)까지 약 8%p가량 향상된 것으로 보고되었다.

한국과학기술기획평가원(KISTEP, 2017a, 2018b)의 분석에 의하면, 한국은 16개 지표 중 11개 지표에서 2010년 EU 회원국 평균(100%)보다 혁신 수준이 높은 것으로 나타났다. 여기에서 주목해야 할 부분은 제품 또는 공정 혁신을 갖춘 중소기업(96%), 마케팅 또는 조직 혁신을 갖춘 중소기업(88%), 다른 주체와 협력하는 혁신적 중소기업(20%)의 지표에서 EU 회원국 평균보다 혁신 수준이 낮다는 것이다. 특히 2010년에서 2016년 사이에 다른 주체와 협력하는 혁신적 중소기업 지표는 혁신 수준이 급격히 하락(-83%p)했고, 제품 또는 공정

12 종합혁신지수 산출은 유럽 지역 총 36개국의 혁신 활동을 4개 부문(혁신 여건, 투자, 혁신 활동, 파급 효과), 10개 항목(인적자원, 매력적인 연구 시스템, 혁신 친화적 환경, 재정과 지원, 기업투자, 혁신적 중소기업, 연계, 지식재산, 고용파급효과, 매출파급효과), 27개 지표로 평가한다(KISTEP, 2017). 비유럽권 주요 10개국에 대한 분석에서는 27개 지표 가운데 데이터가 존재하는 16개 지표를 활용했다.

혁신을 갖춘 중소기업(-7%p), 상표권(-7%p), 공공-민간 공동 논문(-4%p), 고등교육을 받은 25세~64세 인구(-3%p) 지표에서도 혁신 수준이 하락했다. 이는 중소기업에서 혁신이 더욱 이루어져야 하며, 인적자원에 대한 지원이 강화되어야 한다는 것을 의미한다. 더 나아가 중소기업이 일자리 창출을 주도해야 하며, 따라서 정부는 중소기업에 관련 지원을 집중해야 함을 시사한다. 앞서, 혁신 투입에 있어 한국은 제도 부문(정치, 규제, 기업 환경)의 수준이 상대적으로 낮다고 지적되었다.

한국에서 기존 운송서비스 택시업계와 새로운 서비스, 곧 공유경제를 기반으로 한 모빌리티 플랫폼 '타다' 기업 간의 소송이 있었다. 택시업계가 '여객자동차 운수사업법' 위반 혐의로 이 서비스를 제공하고 있는 기업 '쏘카'를 상대로 고소한 것이다. 이 신구 업계들 간의 갈등은 많은 것을 시사한다. 즉, 중소기업의 혁신 관련 규제와 기업 환경 그리고 정치적 환경을 보여주는 대표적인 사례다. 택시업계에서는 택시운전자를 보호하기 위해 공유차량운송서비스 제공 업체를 규제하기를 요구했다. 결국, 2020년 3월 국회가 '타다금지법'(여객자동차운수사업법 개정안)을 통과시키자 관련 업계 등의 거센 논란 속에 '타다 베이직' 서비스가 종료되었다(≪한국경제≫, 2020.4.10).

기존 산업의 노동자를 보호하기 위해 새로운 산업의 진입 또는 성장을 규제하는 것은 노동시장의 변화에 역행하는 것이며, 결국 미래 일자리 창출 및 혁신성장을 지연시킬 것이다. 그렇다고 기존 산업노동자의 실업을 초래하도록 그대로 둘 수는 없다. 한 대안으로 택시업계의 택시운전자가 공유경제의 신서비스 운전자로 흡수될 가능성도 거론되고 있다. 여기서 중요한 것은 정부의 중재 아래 신구 업계 간 협의를 이루어내도록 하는 데 있다. 이미 정부는 카풀(승차공유)서비스 제공에 대해 IT 기업 카카오Kakao와 택시업계 간 중재를 통해 사회적 타협을 이끌어낸 바 있다. 이러한 신구 기업들 간 혹은 기업과 노동자 간 갈등은 지속적으로 증가할 것이다. 이에 정부의 적극적 역할이 증대될 수밖에 없다. 한국 정부는 중간에서 적극적인 역할을 할 것임을 이미 밝힌 바 있다(≪뉴스1≫, 2020.1.3). 이러한 사례들은 또한 플랫폼 노동자가 확산될 것이며 이들에 대한 사회적 보호 문제가 사회적 이슈로 전면 등장하게 될 것임을 예고하고 있다.

1) 디지털 경제 시대, 플랫폼 노동의 확산

기술혁신에 따른 디지털 경제 시대가 도래하면서 노동시장 유연화의 가속화에 따라 디지털 특수형태고용 노동자의 확산이 전망된다. 한국노동연구원의 한 보고서(장지연 외, 2017)에 의하면, 한국을 포함한 선진 자본주의국가들에서 디지털 플랫폼[13]이 경제의 중심으로 떠오르면서 우리 사회의 프레카리아트precariat 또는 비공식 노동을 구성하고 있는 아웃소싱outsourcing이나 사내 하청, 특수형태고용, 프랜차이즈가 빠르게 증가하고 있다. 미국과 EU 15개국에서 전체 생산가능인구의 25~30%가 독립노동자로 매우 높은 수준을 차지하고 있다(장지연 외, 2017: 175~187). 미국의 경우에 주된 일자리로 독립노동을 하고 있는 사람은 전체 생산가능인구의 13%이며, 한국에서도 특수형태고용의 규모를 230만 명 이상으로 보고 있다. 그러나 한국의 플랫폼 노동은 다른 나라들과는 다른 특징을 갖고 있다고 지적한다.

우리나라의 이동서비스 플랫폼 경제를 살펴보면, 예컨대 배달, 퀵서비스, 대리기

13 "지역별 창고 시스템을 해체한 아마존의 온라인 유통망, 우버나 에어비엔비(Airbnb)처럼 시민사회의 자산과 노동을 동원하는 플랫폼, AMT처럼 개인의 시간을 분절화하고 재구성하는 크라우드 고용, 이 플랫폼들을 이용한 세 가지 유형의 비즈니스 모델이 대표적이다" (장지연 외, 2017: 175~187).

사에는 미국과 달리 중간 거간업체가 한층 더 존재한다. 왜냐하면 세 업종 모두 기존에 이미 존재하던 이동노동서비스에 플랫폼이 소개되면서 일반화되었기 때문이다(장지연 외, 2017: 175~187).

이 중간 거간업체들은 업종별로 다른 수준의 노동 관리와 소비자 관리, 주문업체 관리를 수행하면서 높은 서비스 건당 수익률을 챙기는 반면 노동자들은 플랫폼 업체의 착취에 노출되어 있으나 이들이 노조나 유사 협의체를 만들어 자신들의 이해를 방어하기는 어렵다고 한다. 플랫폼들은 흔히 업무위임자와 플랫폼 노동자 사이에 중재자로서 기능하면서 직접 대면을 통한 업무 지시나 평가, 징계 등이 이루어지는 경우가 없기 때문에 특수형태고용 노동자들이 고용관계를 주장할 근거가 약하다. 이들을 고용관계에 기반한 기존의 사회보장제도로 보호하기 어려울 수 있다는 얘기다. 그렇다면 근로자 개념을 넘어서는 사회보호체계가 하나의 대안이 될 수 있지 않을까?

2) 근로자 개념을 넘어선 보편적 사회보호체계

플랫폼 경제가 도래하면서 기업은 고용 안정과 사회보장비를 부담해야 하는 임금노동자의 수를 줄이면서도 높은 수준의 서비스를 산출하는 것이 가능해졌다. 기업은 막대한 이윤과 지대를 가져감에도 불구하고 노동에 대한 보호 책임은 없다. 소득과 고용이 불안정한 디지털 특수형태고용 노동자가 확산됨에 따라 사회 양극화가 심화될 것이다. 결국 플랫폼 노동자를 어떻게 보호할지가 우리의 시대적 과제로 떠올랐다. 프레카리아트의 확산, 특히 디지털 플랫폼 특수형태고용 노동자의 증가는 사회보험 사각지대의 문제, 즉 사회보험제도에서 배제되는 일군의 집단을 형성하는 문제를 초래한다(장지연 외, 2017: 28). 플랫폼 노동자와 그 외 특수형태근로 종사자는 현행 사회보험제도로 보호하기에는 한계가 있기 때문이다(장지연 외, 2017: 175~187). 한국의 경우에 특수형태근로 종사자의 극히 일부는 산재보험 적용 대상이지만 본인 의사에 따라 가입하지 않을 수 있으며 보험료 기여방식도 다른 임금근로자에 비해서 크게 불리한 구조다. 실업급여와 모성보호급여, 출산전후휴가급여, 육아휴직급여에서도 적용 대상이 아니다. 기존의 복지국가들이 이 문제에 어떻게 대응하고 있는지 살펴보면(장지연 외, 2017: 175~187), 가령 프랑스에서는 '엘-코므리법'에서 플랫폼의 사회적 책임을 도입하여, 개인사업주들(준종속근로자 개념 적용)에게 종속근로자보다는 낮은 수준의 보호를 제공하고 있다. 오스트레일리아는 '독립자영업자법'을 통해 자영업자의 계약 체결과 이행에서 불공정한 사례가 발생할 경우 이를 간소화된 절차를 통해 구제할 수 있게 함으로써 독립자영자를 보호하고 있다. 여전히 근로자성 개념에 기초해 기존 법체제 내에서 또는 중간 영역으로 확대하여 제한적으로 보호하는 데 머물러 있다고 볼 수 있다. 최근 한국에서의 논의도 마찬가지다.

디지털 특수형태고용 노동자가 확산되는 추세를 감안한다면, 근로자성 개념 확대를 통해 노동법 체계 내로 끌어들이거나 중간 영역을 인정해 보호하기보다는 노동법의 경계를 넘어서 보다 보편적인 사회보호법제를 만들어 사회적 보호를 확대하는 것이 보다 장기적인 방안일 수 있다. 최근 논의가 활발한 기본소득도 그 한 예다. 기본소득은 전통적인 임금노동자뿐만 아니라 모든 사람이 기본적인 소득보장을 받아야 한다는 것이다. 글로벌 기업 CEO를 포함해 많은 사람들이 기본소득을 지지하는 이유는 디지털 기술 발달에 따른 비즈니스 모델의 변화가 소득과 부의 불평등을 극도로 심화할 것이므로 사회적 보호체계에서의 대안이 필요하다는 데 공감하기 때문이다(장지연 외, 2017: 175~187). 기존 사회보장체계를 유지한 채 특별 목적세의 형태로든 또는 로봇세와 같은 형태로든 로봇을 많이 이용한 기업과 플랫폼 기업을 대상으로 로봇이나 네트워크를 이용해 벌어들인 이익에 대해서 추가적인 기여를 요구함으로써 보편적인 사회적 보호체계를 구축할 수 있다. 실제 프랑스는 2016년 구글에 16억 유로(한화로 2조 1000억 원)의 세금을 부과한 바 있다(*AFP BB News*, 2016.2.25). 사람을 고용하는 대신 로봇을 사용한 기업은 실업에 대한 사회적 책임이 있고 플랫폼 기업 또한 수많은 네트워크 이용자들에게 그 이익의 일부를 돌려줄 사회적 책임이 있다는 데에 사회적 공감대가 형성된다면 가능한 얘기다. 2017년 EU에서도 미국의 거대 정보기술(IT)기업 구글에 과징금 부과를 통해 제제를 시작한 이래, 2019년 3월 프랑스가 디지털세 부과법안을 공식 발표했으며, 2019년 6월 G20도 디지털세 도입에 잠정 협의함으로써 플랫폼 기업의 사회적 책임을 지우기 시작했다(≪매일경제≫, 2017.6.27; ≪헤럴드경제≫, 2020.10.12). 이처럼 플랫폼 노동에 대한 사회적 책임에서부터 시작해 플랫폼 이용자 전체에 대한 사회적 책임으로까지 점차 확대해 나간다면 노동자를 넘어선 보편적인 사회적 보호가 이루어질 수 있다.

요컨대, 노동시장 유연화에 따른 사회 양극화 문제를 해결하는 데 있어 현행 사회보장체계의 한계가 이미 드러난 현 시점에서 사회보장체계의 혁신적 변화는 필수불가결하다. 본격적인 4차 산업혁명 시대에 대비하여 근로자 개념을 넘어서는 보편적인 사회보호체계 구축이 시급하다.

제 3 장

정책 도구로서 최저임금제에 대한 고찰: OECD 복지국가의 경험을 중심으로

홍이진

1. 서론

소득주도성장에 관한 원래의 담론은 대부분의 국가에서 수요가 국내 소득에 의존하는 케인스주의 이후의 가정에 기초한 이론이면서 경제정책 전략이다. 유럽연합EU의 서구 국가들을 중심으로 복지국가 예산 삭감과 세계 시장의 재정화가 임금 수준에 하향 압력을 가하고, 그 결과 내수와 소비가 감소했다는 주장이 제기되어 왔다(Stockhammer and Onaran, 2013).

> 소득주도성장 전략은 '지속적인 임금 성장이 소비 성장을 통해 수요 성장을 촉진하고, 노동 절약을 유도하는 기술 변화를 기반으로 하는 생산성 성장을 통해 수요 성장을 촉진하는 완전 고용 성장 모델'을 확립하는 것을 목표로 한다. …… (그러므로) 임금 주도 성장 전략은 안정적이거나 증가하는 노동소득분배율을 유도할 것이다(Stockhammer and Onaran, 2013: 16).

실제로 고용과 생산성의 성장을 위해서 최저임금정책과 더불어 노동조합과 단체교섭기관 지원 입법 강화, 재정 투기 제한, 근로시간 단축, 부가가치세보다는 비재생 자원과 오염 대상으로의 과세 전환 등이 중요한 정책들로 적용된다(Stockhammer and Onaran, 2013: 16).

2017년 5월에 취임한 문재인 대통령은 임금주도성장 논의에서 소득을 차입해 불평등을 줄이겠다는 '소득주도성장' 또는 '포괄성장' 전략을 천명했다. 문재인 정부 집권 초반인 2017년 7월에 발표한 성장 전략을 보면 소득주도성장은 네 개의 정책 방향 ― 일자리 중심 경제, 소득주도성장, 혁신성장, 공정 경제 ― 중 하나였으며(김태일, 2018), 소득주도성장의 가장 대표적인 정책은 역시 최저임금 인상이었다(You, 2019; Kwon and Hong, 2019). 문재인 정부는 2017년 대비 최저임금의 수준을 16.4%(2018년), 10.9%(2019년)로 대폭 인상했으며, 2019년에 시간당 최저임금은 8,350원으로 설정되어 있다(최저임금위원회). 이와 같은 개혁은 고용 감소 없이 소비를 확대함으로써 경제성장을 도모하려는 의도였다(김태일, 2018).

하지만 2018~2019년까지 이루어진 정책 성과는 긍정적이지 못한 부분이 많다. 중소기업과 자영업계는 증가한 고용의 비용을 감당하기가 어렵고, 근로자를 내보내야 하는 상황 속에서 오히려 소득 격차와 실업률이 악화될 것으로 우려된다(You, 2019; 김태일, 2018). 문재인 정부에서 추진된 개혁은 단순화된 소득주도성장 전략에서 비롯한 최저임금정책의 추진을 통해 경제성장과 소비 증대의 달성을 기대하고 있다. 최저임금을 인상하는 데 어떤 장단점이 존재하는지에 대한 30년의 참조문헌이 존재하고 따라서 최저임금제가 고용에 미칠 수 있는 부정적인 영향이 충분히 논의되었음에도 이를 고려하지 않고 개혁이 시행된 셈이다(Belman and Wolfson, 2014). 한편, 최저임금을 선호하는 사람들은 최저임금 노동자들의 생활수준을 높이기 위한 수단으로 이 정책을 지지하고 있다. 또한 이 조치가 저숙련 노동자들의 일자리를 잃게 할 것이라고 우려하는 반대 입장도 있다(Dolado et al., 1996). 최저임금제 정책이 덜 성급하게 시행되었더라면, 아마도 더 잘 표현되고 기능적인 최저임금제 정책을 사용할 수 있는 여지가 만들어졌을 수도 있다.

다음 절에서는 최저임금제 논의의 틀을 정리하기 위해서 OECD 국가의 최저임금 수준과 인상 속도, 총고용률 및 청년고용률, 평균 연봉, 저소득층 비율, 남녀 임금격차 등 노동시장의 중요한 변수들의 상관관계를 정리하고 한국에 해당되는 정책적인 시사점을 정리해 본다.

2. OECD 회원국의 최저임금제 수준과 역사적 발전

OECD 국가들 가운데 법정 최저임금제를 실시하지 않는 나라는 스칸디나비아 5개국(덴마크, 핀란드, 스웨덴, 노르웨이, 아이슬란드)과 스위스, 이탈리아로 총 7개국뿐이다(김유선, 2014). 2015년 기준 최저임금제를 도입한 독일을 포함하여 OECD 회원국 36개국 중에서 28개국이 최저임금제를 실시하고 있다.

최근 들어 한국의 최저임금은 빠른 속도로 인상되었다. 하지만 여기에서는 OECD 국가들과의 비교를 통해 PPP 미국 달러로 측정된 절대적인 수준과 정규직 근로자의 평균 시급이 차지하는 비중을 살펴봤을 때의 상대적인 수준을 검토해 본다.

먼저, 절대적인 수준부터 OECD 데이터를 살펴본다. 〈그림 3.1〉에 2017년 기준 시간당 최저임금 수준이 정리되어 있다. 시간당 실질임금은 2017년을 기준 연도로 삼아 소비자물가지수를 감산하여 계산하고, 2017년 민간소비지출에 대해서는 구매력파티PPP를 이용해 공통통화단위USD로 변환한다(OECD, 2018).[1]

절대적인 관점에서 볼 때 한국은 스페인과 함께 시간당 최저임금정책을 채택하는 모든 OECD 국가들 중에서 정확히 중위권 위치에 있고, 이는 2017년

그림 3.1 2017년 시간당 최저임금 수준(PPP 미국 달러)

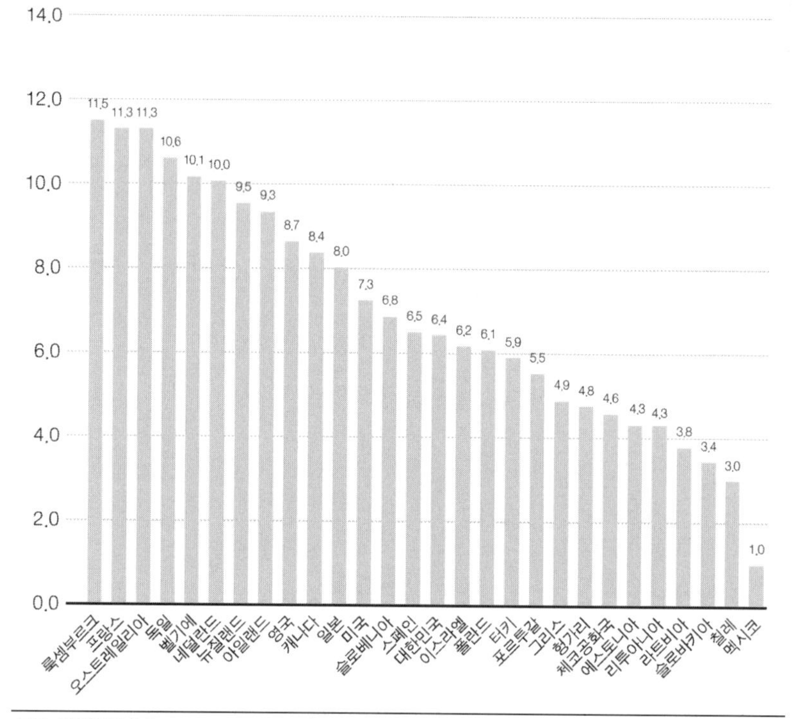

자료: OECD Statistics.

기준으로 평균처럼 보일 수도 있다. 그러나 최저임금의 실질 수준은 임금 구조와 생산성 수준이 다른 국가를 비교하는 데 적합하지 않을 수 있다. 비교의 상대적 형태를 수행하는 가장 일반적인 방법은 최저임금을 정규직 근로

1 앞서 언급했듯이 대한민국의 최저임금 수준이 2018년과 2019년에 대폭 증가했지만, 2019년 초반에 확인한 OECD 데이터는 이러한 내용을 반영하지 못하고 있었다. 하지만 적어도 2017년 기준으로 보았을 때 이미 평균 수준으로 설정되어 있었다는 사실을 확인할 수 있다.

그림 3.2 정규직 평균 임금 대비 최저 소득

터키	0.74
칠레	0.71
프랑스	06.2
포르투갈	0.61
이스라엘	0.59
슬로베니아	0.58
오스트레일리아	0.55
폴란드	0.54
영국	0.54
리투아니아	0.54
대한민국	0.53
헝가리	0.53
룩셈부르크	0.53
라트비아	0.48
그리스	0.48
슬로바키아	0.48
독일	0.48
벨기에	0.47
네덜란드	0.47
아일랜드	0.46
캐나다	0.46
일본	0.42
에스토니아	0.41
체코공화국	0.41
스페인	0.40
멕시코	0.40
미국	0.34

자료: OECD(2018).

자의 평균 수입의 일부인 카이츠Kaitz 지수—많은 경우에 모든 근로자가 최저임금법에 포함되지 않는다는 점을 감안해 가중치를 부여—로 사용하는 것이다. 이 조치는 소득대체율과 유사한 개념이다(Dolado et al., 1996).

〈그림 3.2〉는 카이츠 지수 측정에 관한 OECD 국가 전체의 최저 소득 개요다. 카이츠 지수를 관찰해 보면, 한국의 최저임금 소득대체율은 53%를 기록했는데, 이는 중위수 사례인 라트비아(48%)보다 약간 관대하고 룩셈부르크, 헝가리와 같은 수준이다. 한국은 OECD 국가 가운데 17위로, 고려 대상 국가 가운데 중위 교체율(48%)을 크게 웃돈 셈이다. 2018년과 2019년의 최

그림 3.3 2000~2017년 OECD 최저임금 수준(2017년 PPP 미국 달러 상회 가격)

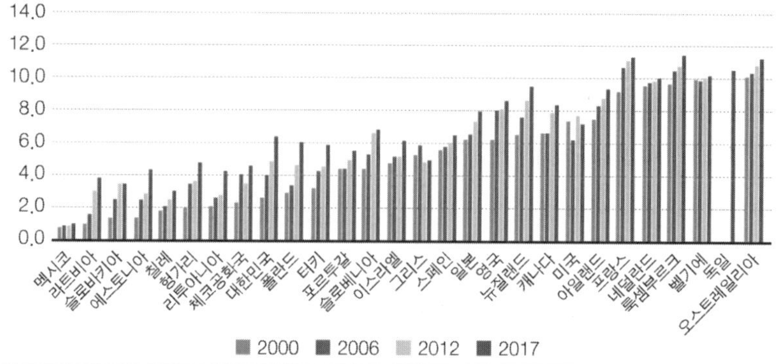

자료: OECD(2018).

저임금MW: Minimun Wage 상승에 이어 한국의 카이츠 지수가 훨씬 더 후한 수준으로 상승했다고 보는 것이 타당할 것이다. 그럼에도 2017년 기준 한국의 최저임금 수준은 절대적(PPP 달러)과 상대적(전일 근로자의 평균 소득수준 비율) 모두 상당히 평균적이었다.

2017년에도 눈에 띄는 것은 2000~2017년 사이 MW 수치가 높아진 속도였다. OECD 국가들 가운데 가장 빠른 성장세를 보인 나라인 한국은 2017년 고정가격으로 2.6달러에서 6.4달러까지 오르는 최저임금 수준의 성장 속도에서 실질적인 차이를 관찰할 수 있다. 이는 2000년 비슷한 수준에서 출발한 폴란드와 터키의 경우보다 더 높은 수준이다(〈그림 3.3〉 참조).

이러한 단순한 기술적 분석에서 볼 때, 한국 최저임금의 특성은 전체적인 수준이 아니라 오히려 상당히 평균적인 수준이며, 2000~2017년 그리고 2012~2017년에 급속한 성장을 이루었다는 것이다(〈표 3.1〉 참조). 에스토니아와 리투아니아의 발트족 국가들에 이어 한국은 최근 5년 동안 최저임금 인상률 3위(+32.83%)를 기록하고 있다. 또한 한국은 2000~2017년에 최저임금

표 3.1　2000~2017년 시간당 최저임금 수준 및 변화(2017년 PPP 미국 달러 상회 가격)

국가명	2000	2006	2012	2017	2000~2017년의 변화(%)	2012~2017년의 변화(%)
멕시코	0.9	0.9	0.9	1.0	10.83	9.32
라트비아	1.0	1.5	3.0	3.8	284.56	27.50
슬로바키아	1.3	2.5	3.4	3.4	154.40	0.00
에스토니아	1.4	2.5	2.8	4.3	202.32	53.15
칠레	1.8	2.1	2.5	3.0	65.23	22.29
헝가리	1.9	3.4	3.7	4.8	149.00	29.51
리투아니아	2.1	2.6	2.8	4.3	101.61	52.35
체코공화국	2.3	4.0	3.5	4.6	95.47	30.28
대한민국	2.6	4.0	4.8	6.4	147.89	32.83
폴란드	2.9	3.4	4.6	6.1	105.52	31.28
터키	3.2	4.3	4.6	5.9	83.05	28.93
포르투갈	4.4	4.4	4.9	5.5	25.91	12.07
슬로베니아	4.4	5.3	6.7	6.8	54.78	2.59
이스라엘	4.7	5.1	5.2	6.2	29.96	19.16
그리스	5.3	5.9	4.9	4.9	-8.13	0.37
스페인	5.5	5.8	6.0	6.5	16.71	7.63
일본	6.3	6.6	7.4	8.0	27.79	8.01
영국	6.3	8.0	8.1	8.7	38.18	6.62
뉴질랜드	6.5	7.6	8.6	9.5	45.99	10.99
캐나다	6.7	6.7	7.9	8.4	24.65	6.28
미국	7.3	6.3	7.7	7.3	-1.10	-6.33
아일랜드	7.5	8.3	8.7	9.3	23.40	6.14
프랑스	9.2	10.7	11.0	11.3	22.14	2.13
네덜란드	9.6	9.8	9.9	10.0	4.44	1.40
룩셈부르크	9.6	10.4	10.8	11.5	18.90	6.34
벨기에	10.0	9.9	10.1	10.1	1.62	-0.12
독일	-	-	-	10.6	-	-
오스트레일리아	10.1	10.4	10.8	11.3	11.22	3.92
평균	5	5.64	6.12	6.9	64.31	14.99

자료: OECD(2018).

에서 가장 높은 점수를 기록했는데, 이는 +147.89%다. 두 점수는 2000~2017년 OECD 평균 +64.31%, 2012~2017년의 평균 +14.99%와 비교했을 때 이들을 훨씬 상회하고 있다. 다시 말하면, 급속한 경제성장을 경험한 동유럽과 한국은 최저임금 문헌에서 가장 많이 거론되고 있는 서구 유럽과 미국 등 선진 자본주의와 상당한 차이가 있다.

3. 최저임금제의 수준과 변화 속도가 노동시장의 주요 변수와 연관성이 있는가?

방대한 경험적 문헌은 노동시장의 주요 변수에 대한 최저임금의 영향을 파악하려고 시도했다. 이 절에서는 일반적인 고용 효과, 저임금 노동자의 고용 효과, 임금 분포, 연령 간·남녀 간 임금 격차 축소 등을 중심으로 정리해 본다.

벨먼과 울프슨(Belman and Wolfson, 2014)은 미국, 영국, 캐나다, 오스트레일리아, 뉴질랜드와 서유럽에 관한 문헌에 초점을 맞춰 고용 효과에 관한 수백 가지의 경험적 연구를 검토했다. 그들의 메타 분석에 따르면, 고용에 대한 최저임금 효과를 보다 명확하게 평가하기 위해서는 3년에서 6년의 기간이 필요하지만, 최저임금의 적당한 상승은 전반적인 고용 수준에 뚜렷한 영향을 미치지 않는다는 것으로 나온다(Belman and Wolfson, 2014). 2018년까지의 문헌에 따르면, 최저임금의 소폭 증가는 저숙련 고용에서의 실업비용을 상쇄한다는 것을 알 수 있다. 이는 전반적인 고용 효과에 뚜렷한 영향을 주지 않는다(Schmit, 2013; Belman and Wolfson, 2014). 특히 최저임금이 증가하면 이직률이 감소할 수 있으며, 이는 고용주들에게 상당한 비용 절감을 의미할 수 있다(Schmit, 2013).

한편, 최저임금의 대폭 증가는 청년, 여성, 임시 및 시간제 근로자, 특히 위험에 처해 있는 저임금 근로자 범주에서 실업 효과를 촉발할 수 있다는 지적들이 많다(Belman and Wolfson, 2014). 연구 설계에 따라 추정치는 다른데, 일부 연구는 최저임금이 저숙련 고용 수준에 부정적인 영향을 미친다고 지적했고, 그 결과 미국 노동시장(Neumark et al., 2014)과 일본 및 한국(Marimpi-Koning 2018)을 포함한 다른 서구 선진국의 청년들에게 이러한 영향을 가할 수 있다고 나타났다. 이러한 발견은 한국 노동시장에 대한 여러 연구에서 발견된 것과 일치한다. 김대일(2012: 47)은 채용 억제 효과가 남성 청년층, 여성 고연령층, 5인 미만 영세 업체, 제조업 등에서 상당히 크게 나타난다고 지적하면서, 특히 최저임금을 지나치게 높게 설정하는 경우에 대해 "노동 수요 위축 부담이 대부분 신규 채용 위축으로 전가되고 있음을 의미하는 결과"를 제시했다. 최경수(2018)는 단순 기능 근로자의 취업의 어려움과 하위 30% 근로자의 지위 상승 욕구 약화 등을 최저임금의 부작용으로 꼽았다. 홍현기(2018)는 한국노동패널(2011~2016)의 분석에 따라 최저임금 인상은 비정규직 근로자의 고용유지율에 부정적인 영향을 미친다고 보고했다.

임금 분포와 관련해서 벨먼과 울프슨(Belman and Wolfson, 2014)은 서구 국가들의 경우를 언급하면서, 최저임금이 증가하면 저소득 노동자와 바로 그 위에 있는 노동자의 임금이 상승하여 남성보다는 여성에게 특히 긍정적인 효과가 나타나고, 전반적으로 모든 근로자의 평균 임금이 높아져 임금 격차가 낮아진다고 주장했다. 한국을 대상으로 분석한 이정민과 황승진(2018)의 연구는 최저임금이 시간당 임금의 불평등에 미치는 효과는 미미하게 긍정적이거나 거의 없는 것으로 보고했다. 오히려 근로시간까지 고려해 임금 분포를 다시 정의하면 최저임금 인상이 임금 불평등을 다소 악화할 수 있다는 결과가 나타났다.

최저임금이 저학력자에 대한 고용 전망을 악화하는지 또는 어떤 의미에서

표 3.2 주요 최저임금 변수와 노동시장 변수

변수명	정의
시간당 임금	2017년 PPP 미국 달러 가격
최저임금의 변화 1	2000~2017년 최저임금 수준의 변화(%)
최저임금의 변화 2	2012~2017년 최저임금 수준의 변화(%)
총고용률	2018년 4분기 고용률
청년고용률	2018년 4분기의 청년고용률(15~24세)
평균 연봉	2017년 PPP 달러 평균 연봉
저소득층 비율	2017년(또는 가장 최근의 데이터) 중간 소득의 3분의 2 미만을 벌어들인 근로자 비율
남녀 임금 격차	2017년(또는 가장 최근의 데이터) 남성 중위소득을 기준으로 남녀 중위소득의 차이. 데이터는 정규직 직원과 자영업자를 포함함.

자료: OECD(2018).

임금 분배를 개선하는지에 대해 또 다른 경험적 분석에 착수하는 것은 이 글의 한계를 벗어난 것이다. 다만, 보다 간단하게 다음과 같이 정리해 본다. 첫째, 절대 수준(2017년 시간당)과 지난 몇 년 동안 증가된 정도(2000~2017년, 2012~2017년)에서 별도로 최저임금을 고려한다. 둘째, 고용 수준, 임금 수준, 임금 불평등과 관련된 변수들과 전반적인 최저임금제 그리고 최저임금의 증가 속도 사이의 상관관계를 비교한다. 각 변수와 자료 출처는 〈표 3.2〉에 요약되어 있다.

〈표 3.3〉은 전체 고용률(2000~2017년)과 5년(2012~2017년) 사이에 변화한 속도와 전체 고용률, 청년고용률, 임금 수준(평균 연봉), 노동력 중 저소득층 비율, 남녀 임금 격차 등의 상관관계를 보여준다. 이러한 단순한 상관관계를 정리한 표에 따르면, 최저임금 관련 문헌에서 기술되어 있듯이 최저임금의 급속한 상승 자체가 최저임금의 높은 수준보다도 주요 노동시장 변수와 부정적인 연관성이 있는 것으로 보인다.

우선, 절대적으로 높은 최저임금 수준 자체가 빠른 최저임금 상승과 부정

표 3.3 주요 최저임금 변수와 노동시장 변수의 상관관계

구분	시간당 최저 임금	최저 임금의 변화 1	최저 임금의 변화 2	총 고용률	청년 고용률	평균 연봉	저소득 층 %	남녀 임금 격차
시간당 최저임금	1							
최저임금의 변화 1	-0.4969 (0.008)	1						
최저임금의 변화 2	- 0.4847 (0.010)	0.6816 (0.000)	1					
총고용률	- 0.2694 (0.166)	0.0797 (0.693)	0.0778 (0.700)	1				
청년고용률	-0.4537 (0.015)	-0.2403 (0.227)	-0.2108 (0.291)	0.617 (0.000)	1			
평균 연봉	-0.8776 (0.000)	-0.5461 (0.004)	-0.5751 (0.002)	0.2316 (0.245)	0.4904 (0.009)	1		
저소득층 %	-0.1657 (0.409)	-0.4082 (0.038)	0.2375 (0.243)	0.5085 (0.007)	0.1295 (0.520)	-0.1347 (0.512)	1	
남녀 임금격차	-0.2465 (0.206)	0.4303 (0.025)	0.3867 (0.046)	0.3959 (0.037)	0.1962 (0.317)	-0.1618 (0.420)	0.4677 (0.014)	1

자료: OECD(2018).

적으로 연관되어 있어, 높은 최저임금의 인상을 경험한 나라들이 반드시 노동시장을 더 평등주의적인 방향으로 개선하지는 않았음을 알 수 있다.

최저임금 수준은 높을수록 청년의 고용 증가 및 전체 평균 임금 인상과 긍정적인 관련이 있다. 그리고 통계적으로 유의미한 상관관계는 아니지만, 노동시장의 저임금 근로자 비율 감소와 임금 수준에서의 성별 격차 감소를 가져올 수 있다는 마이너스 계수가 있다.

반면에 최저임금 수준의 급격한 상승은 반대 방향으로 가는 상관관계를 보여준다. 통계적으로 유의미한 상관관계는 아니지만(계수가 부정적인 관계를 시사함에도 불구하고), 빠른 최저임금의 인상은 청년고용률이 감소하는 상황과

연관될 수 있다. 그리고 최저임금의 수준이 빠른 속도로 증가할수록 낮은 평균 임금 및 높은 남녀 임금 격차와 연관된다. 2000~2010년대의 최저임금 수준의 증가율로만 보았을 때, 저임금 노동과의 관련성이 통계적으로 유의미하게 나타난다. 이는 저숙련 고용과 최저임금 사이의 절충trade-off이 존재할 수 있음을 시사하는 내용으로 해석할 여지가 있다(Neumark et al., 2014; Marimpi-Koning, 2018).

이 글은 각 변수들의 인과관계를 설명할 의도는 없다. 하지만 이 단순한 상관관계 표는 관대한 최저임금 수준 자체가 임금 분포의 불균형이나 청년과 여성의 취업에 어려운 요소로서 적용되는 것이 아니라는 점을 확인해 준다. 오히려 감소된 고용 기회와 임금 구조의 불평등과 관련한 문제는 OECD 국가 중에서 최저임금의 속도가 가장 빠르게 증가한 나라에 해당되는 것으로 보인다. 벨먼과 울프슨(Belman and Wolfson, 2014)이 주장하듯이 최저임금의 대폭 증가가 노동시장에 해로울 수 있다는 점은 여기에서의 경험적인 데이터를 통해 다시 한 번 확인할 수 있다.

4. 한국 노동시장정책 개혁에 대한 정책적 함의 및 결론

최저임금에 관한 경험적 문헌에 따르면, 최저임금의 신중한 인상은 전반적인 고용률에 직접적인 영향을 미치지 않고 여성의 전반적인 임금 수준과 근로 기회를 개선하는 데 기여할 수 있다. 그러한 차원에서 최저임금은 편익이 분명하고 비용이 적기 때문에 견고한 정책 도구로 여겨질 수 있다. 하지만 근로장려세제EITC나 빈곤자를 대상으로 하는 바우처 등 다른 정책 도구를 대체할 수 없기 때문에 이들과 함께 각 조치의 기능을 살리면서 이용할 필요가 있다(Belman and Wolfson, 2014). 더 문제가 되는 것은 최저임금 수준의 급속한 변화인데, 증가의 속도가 잘 조정되지 않으면 앞서 지적한 바와 같이 고용 수준의 저하와 임금 분배 구조의 불평등을 촉발할 수 있다.

최저임금과 관련된 외국 문헌들은 다양하게 양적연구로 정리되어 있어서 도움이 되지만, 신자유주의 개혁에 따라 노동소득분배율의 쇠퇴가 뚜렷했던 서구 선진 자본주의국가 경험에 관해 최저임금 문제를 다루는 경향이 있다. 이는 2000~2017년 사이에 한국이나 동유럽에서 전체 임금 수준과 최저임금이 빠른 속도로 상당히 증가했던 사실과 차이가 있다.

급속한 최저임금에 초점을 맞춘 문재인 대통령의 소득주도성장 개혁은 두 가지 중요한 측면에서 결점이 있다. 첫째, 한국의 급속한 최저임금 성장 배경을 간과한 방식으로서 소득주도성장 이론을 노골적으로 탈제도화된 방식으로 채택했다는 점이다. 둘째, 전반적으로 높은 노동소득분배율 및 완전고용률에 필요한 기반을 마련하지 않고 최저임금정책에만 집중함으로써 소득주도성장 이론을 지나치게 단순화했다는 점이다.

첫 번째 요점과 관련하여 원래의 소득주도성장 담론은 주로 서구 국가들(특히 유럽)에 적용되는 점을 고려해야 한다. 서구 유럽은 긴축 경제 정책과 신자유주의 담론 아래에서 지속된 임금 성장 억제를 실행함으로써, 노동자들이 복지 삭감의 비용을 임금 통제에 의해 부담하게 만들었다.[2] 이렇게 압박당해서 줄어드는 노동소득분배율에 비추어, 소득주도성장 담론은 노동자의 구매력을 증가시키기 위해 그러한 손실을 보상compensation할 필요성에 호소했다. 이러한 맥락에서 최저임금 증가 국가(동유럽, 이스라엘, 칠레, 한국)와 평균 이하의 최저임금 증가 국가(유럽, 영미권, 일본) 사이의 차이를 〈표 3.1〉에서 확인할 수 있다. 표기된 국가들 중에 심지어 최저임금의 성장이 0에 근접하는 사례들도 존재한다(그리스, 미국, 네덜란드, 벨기에). 다시 말하면,

2 이는 특히 남유럽 국가들에 해당되는 사항이다(Afonso, 2019 참조).

OECD 국가들 중에서 임금 성장의 속도가 빠른 국가는 소득주도성장론의 '보상 논제'와 맞지 않는 면이 있으며, 이 문제점은 한국에도 해당된다.

두 번째 주장은 문재인 정부가 시행한 바와 같이 갑작스러운 최저임금 증가보다 훨씬 다각적으로 노동소득분배율을 늘렸어야 한다는 내용과 관련이 있다. 당초 임금주도성장 공식에 따르면 고용과 생산성 성장의 선순환을 촉발하기 위해서는 노조와 단체교섭기관을 지원하는 보다 강력한 입법, 재정 투기에 대한 제한, 근로시간 단축, 노동시간 단축, 부가가치세가 아닌 환경오염세 도입 등 최저임금정책을 보완하는 정책이 필요했다(Stockhammer and Oanaran, 2013: 16). 다시 말해, 소득주도성장은 경제성장을 일으키는 직접적인 수단은 아니기 때문에(김태일, 2018), 보다 포괄성 있는 거시경제학적인 전략이 마련되었어야 했다. 한국의 경우에는 계약의 공정성을 높이는 다양한 정책들과 복지지출의 확대를 추진할 수 있다(김태일, 2018).

이 글은 보다 함의가 깊은 정책 제안을 도출하기 위해 서구에서 더욱 강하게 확립된 자본주의국가뿐만 아니라 빠르게 성장하는 경제에서 최저임금 인상의 영향에 대한 더 많은 연구를 수행하는 것의 중요성을 지적하려고 했다. 이 글의 한계는 단순한 기술적 통계와 변수들 간의 상관관계만 제시되었다는 사실이다. 추후에는 최저임금 수준과 증가 속도가 고용과 임금분배에 미치는 영향에 대한 추가 연구와 더불어, 학교 진학률 같은 교육 성과, 그리고 기업 실적 등으로 설명할 수 있는 경제 생산성 등 변수들을 고려할 필요가 있다(Belman and Wolfson, 2014). 또한 노동시장 부문별, 연령 및 교육별, 가정된 노동시장 모델별 등 분석(Belman and Wolfson, 2014)과 반사실성counterfactual을 명시하는 보다 정교한 방법론(Neumark et al., 2014)에 기초한 추가 분석이 이루어질 필요가 있다. 특히 임금 분포에 있어서 최저임금이 상위(임금 압축)에서 거두는 효과와 하위(저숙련 노동자의 고용률 감소 및 임금 인상)에서 거두는 효과에 대한 세밀한 연구들이 이루어질 필요가 있다(Schmidt, 2013).

제 4 장

1인가구 특성 및 사회복지정책 연구: 인천광역시를 중심으로

김윤영

1. 서론

최근 저출산과 고령화라는 사회적 문제와 더불어 일반 가구는 감소하고 1인가구가 증가하고 있다. 1인가구란 혼자서 살림을 하는 가구로서 "1인이 독립적으로 취사, 취침 같은 생계를 유지하고 있는 가구"라고 할 수 있다(통계청 통계설명DB). 가구원이 한 명인 가구, 혼자서 살림하는 가구 등 1인가구에 대한 정의를 다양하게 내릴 수 있으나(여윤경·양세정, 2001; 배화옥, 1993), '혼자 생계를 유지하는 것'은 1인가구를 정의할 때 공통적으로 설명되고 있는 핵심 개념이라고 할 수 있다. 1인가구의 증가는 혼술(혼자 술 먹기), 혼밥(혼자 밥 먹기), 혼행(혼자 여행 가기)을 비롯해 1인가구를 겨냥한 상품이 집중 개발되는 '솔로 이코노미' 등 다양한 신조어들을 생산하며 확산시키고 있다. 1인가구의 증가는 경제, 문화, 사회관계 등 사회 전반에 영향을 끼치고 있으며 비단 국내에 국한되지 않고 세계적으로 증가 추세에 있어 인구·가족정책에 큰 변화를 예고하고 있다. 1인가구의 증가는 개인의 행복을 우선하는 개인주의, 청년층의 노동시장 진입 지연, 여성주의에 따른 결혼 인식 변화 등 개인적·사회적 구조에 다양하게 기반하여(하정화 외, 2014) 사회적·경제적 변화를 동반하고 있다.

2017년 장래가구추계에 의하면, 인천시의 1인가구 구성비가 2015년 23.3%에서 2045년에 34.7%로 증가할 것으로 전망되고 있다(통계청, 2017a). 2010년에 1인가구의 비율이 20%를 넘어선 인천시는 최근 비혼과 만혼의 증가, 저출산 및 고령화 심화에 따른 혼자 사는 노년층의 증가 등과 맞물려 2030년에는 1인가구가 30%로 예측된다. 인천시의 1인가구 비율이 2015년과 견주어 2045년에 11.4% 증가하는 것인데 전국(9.0%), 서울(7.1%), 경기(10.5%)보다도 큰 증가폭을 보이고 있다(통계청, 2017).

그동안 1인가구의 연구는 노년층을 중심으로 이루어지거나 주거, 빈곤, 건강 등 제한된 정책 영역에서 분절적으로 수행되어 왔다. 2000년 이후 한국에서 진행된 연구들은 노인 1인가구에 초점을 맞춰 열악한 주거 환경, 경제적 어려움, 자살, 정신적·정서적 문제, 사회적 관계 단절 등을 분석하는 연구가 주를 이루었다(김기태·박봉길, 2000; 남기민·정은경, 2011; 이정관·김준현, 2013; 이지숙, 2009). 특히 1인가구의 주거문제에 초점을 맞춘 연구들이 많은데, 1인가구의 주택수요 분석, 해외에서 고안된 1인가구 대상 주택공급정책 분석, 1인가구의 주택공급 활성화 방안 제시 등의 연구들이 진행되었다(조주현·김주원, 2010; 김진영, 2013; 한지희·윤정숙, 2011; 정소이 외, 2012). 이러한 연구들은 그동안 연구 대상으로 소홀했던 1인가구를 대상으로 했다는 점, 1인가구로서 겪는 다양한 문제들(빈곤, 우울 및 불안 같은 정신적·정서적 문제, 열악한 주거 환경 등)을 제시했다는 점에서 의의를 가진다. 그러나 1인가구의 다양한 유형, 주거·소득·안전·건강 등 기존 다인가구 중심의 정책 관점을 넘어 1인가구의 다양한 욕구 및 정책수요를 종합적 시각에서 살펴보는 데는 한계로 지적되고 있다(이민홍 외, 2015).

이에 서울연구원(남원철·박은철, 2015)과 경기복지재단(이석환·최조순, 2015)에서 1인가구의 구체적인 실태와 욕구를 파악하기 위한 연구가 진행되었다. 이러한 연구들은 연령, 소득, 직업, 결혼 여부 등을 기준으로 1인가구를 다양한 유형으로 나누고, 주거 환경, 사회적 관계, 경제적 안정화 같은 다양한 측면에서 정책수요를 분석하고 제언했다. 이러한 1인가구 실태조사의 경우 해당되는 지자체 조사를 수행한 정책 수립 기초연구라고 할 수 있다. 따라서 다른 지역 혹은 전국 차원의 1인가구 특성과 정책적 함의를 살피기에는 어려움이 있다. 또한 선행연구들은 대부분 특정 시점의 조사에 국한해 1인가구의 변화와 시간적 역동성을 파악하기에는 한계가 있다. 이러한 한계를 극복하기 위한 예를 들면, 1인가구의 인구사회·경제활동·보건·주거 상황에 대해 장기간 추적조사를 행함으로써 어떤 양태로 변하는지를 파악한 다음 보다 구체적인 정책을 구상할 수 있다.

이 글은 인천시 1인가구의 현황과 특성, 정책수요를 분석한다. 이를 위해 먼저 인구주택총조사, 장래가구추계조사와 통계지리정보를 분석해 인천시 1인가구의 인구사회학적 특성과 지리적 분포를 살펴볼 것이다. 다음으로, 한국복지패널자료를 바탕으로 2006~2016년 시계열 자료를 구축하고 인천시와 수도권 지역에 대한 구체적인 1인가구의 인구사회학적·경제학적 역동과 정책수요를 파악할 것이다. 이 글은 선행연구의 한계를 넘어 인천시 1인가구의 기초적인 통계자료를 구축하고, 보다 구체적인 정책수요를 파악하여 1인가구의 정책 방향을 제시하는 데 기여하고자 한다.

2. 선행연구와 연구 방법

1) 1인가구 선행연구 검토

1인가구의 선행연구는 크게 ① 1인가구의 특성과 실태에 관한 연구, ② 1인가구 지원에 관한 연구, ③ 1인가구 유형별 연구로 분류할 수 있다. 먼저 1인가구의 특성과 실태에 관한 연구는 1인가구의 성별, 연령, 소득, 건강, 사회적 관계 등을 조사하여 1인가구의 인구학적·경제적·사회적 특성을 도출한다. 이러한 특성과 실태 연구는 각 지방자치단체의 연구원과 연구재단 등이 해당 지역의 1인가구를 대상으로 연구를 진행한 경우가 많다. 1인가구의 증가 추이에 따라 각 지방자치단체들이 자신의 지역에 거주하는 1인가구를 파악하고, 1인가구의 정책수요에 맞는 정책을 고안하고 도입하는 것을 목적으로 하는 연구들이 주를 이루고 있기 때문이다. 예를 들어, 서울시의 1인가구 특성 및 실태 연구[1]는 서울시를 지역적 범위로 설정하고 서울시의 1인가구 수, 밀도, 분포 등의 현황과 더불어 인구학적·경제적·사회적 특성을 도출하고 1인가구의 정책수요를 제시했다.

한편, 경기도의 1인가구 대상 연구로는 경기복지재단(이석환·최조순, 2015)에서 수행한 연구가 있고 하정화 등(2014)은 부산시 1인가구의 특성 및 실태 연구를, 대구여성가족재단의 박영주와 최세정(2013)은 대구시 1인가구의 특성 및 실태 연구를 진행했다. 이러한 연구들은 인구주택총조사에서 각 지방자치단체에 해당하는 통계자료를 선별하여 분석하거나 해당 지역의 주민을 대상으로 한 설문조사를 실시하는 등 지방자치단체 차원의 1인가구 정책을 수립하기 위한 기초연구로 의미가 있지만 다른 지역과 전국 차원에서 1인가구의 실태와 욕구를 파악하는 데는 한계가 있다. 또한 인구주택총조사, 설문조사 등은 모두 특정 시점에 조사된 연구자료들을 활용한 것이기 때문에 그 시점의 1인가구 현황, 특성, 분포 같은 횡단면적 분석은 가능하지만, 시간의 경과에 따른 1인가구의 동태적 변화, 특성 변화, 분포 변화 같은 종단면적 분석을 기술하는 데는 한계가 있다.

1 변미리(2009); 이경애·조주현(2013); 변미리 외(2015) 등이 있다.

둘째, 1인가구 지원에 관한 선행연구들이 있다. 이는 지원정책을 제시하는 데 초점을 맞춘 연구를 의미한다. 그중 최근까지 활발하게 진행된 연구는 주거 지원이 다수를 이룬다. 이동훈(2012)은 서울시 1인가구 중 약 80% 이상이 임차가구임을 제시하면서 양질의 소형임대주택 확보와 공급 확대가 필요하다고 주장했다. 또한 1인가구가 독립적인 생활을 영위하는 데 적합한 거주 환경이 만들어질 수 있도록 소형임대주택 관련 주택 기준을 마련하고 강화할 것도 함께 주장하면서 1인가구의 주거 안정을 위한 여러 주거 지원 방안을 제시했다. 남원석과 박은철(2015)은 마찬가지로 1인가구의 주거 안정을 위해서는 공동체주택의 활성화, 특히 사회임대형 공동체주택의 공급을 확대해야 한다고 주장했다. 이 밖에도 해외 1인가구의 주거형태와 그 정책을 분석한 다양한 연구가 있다(정희순, 2011; 우소연·남경숙, 2012; 박보림·김준형·최막중, 2013; 이유영·이명기, 2014; 이희연·노승철·최은영, 2011). 이러한 연구들은 주거 불안과 같이 1인가구가 겪는 사회문제와 욕구에 초점을 맞춰 최근 지원정책의 한계를 분석하고 정책 대안을 제시한다는 점에서 의미를 지닌다. 1인가구는 그동안 다인가구, 장애인, 아동에 비해 정책 대상에서 소외되어 왔으나 이러한 연구들을 통해 정책 대상자로 환기되었다. 하지만 1인가구 주거 지원에 편중되어 있어 1인가구가 지닌 다양한 욕구와 정책수요를 모두 담아내는 데는 한계가 있다. 이준우와 장민선(2014)처럼 1인가구를 위한 법제적 지원 방안을 종합적으로 제시하는 연구도 있으나 1인가구의 다양한 정책수요 분석을 바탕으로 한 다차원적인 지원에 대한 연구는 여전히 부족하다.

셋째, 1인가구의 인구사회학적 유형별 연구가 있다. 1인가구의 유형은 청년, 노인 등과 같이 세대별이나 성별로, 그리고 저소득과 차상위와 같이 소득으로 구분할 수 있다. 그중 노인 1인가구에 대한 연구가 활발히 진행되었는데 독거노인, 노인독신가구 등으로 명명하여 연구가 진행되어 왔다. 즉, ① 노인 1인가구의 수, 경제적·건강 수준 등을 살펴보는 노인 1인가구 실태에 관한 연구(이정관·김준현, 2013; 최영, 2008; 석재은, 2007), ② 노인가구를 노인 부부가구, 노인 1인가구 등으로 구분한 다음 이들 간의 신체·정신 건강 수준, 경제 수준, 만족도 수준 등의 차이를 분석하는 연구(박경숙·김미선, 2016; 박보영 외, 2016; 김승전 외, 2015), ③ 노인 1인가구를 위한 지원정책 현황 분석 및 개선 방안 연구(노재철·고준기, 2013; 고대식·권중돈, 2014; 김고은, 2012) 등이 있다. 한편, 최근에는 여성 1인가구에 초점을 맞춘 연구도 진행되고 있다. 예를 들어, 여성 1인가구가 겪는 사회적 배제를 분석한 김혜정(2015)의 연구, 여성 노인 1인가구의 건강·경제·사회 영역별 현황과 문제점을 분석한 송영신(2015)의 연구 등은 여성 1인가구의 실태에 관한 연구라고 할 수 있다. 그리고 이진숙과 이윤석(2014)은 비혼 1인가구를 성별로 나누어 여성 1인가구와 남성 1인가구 간 교제 활동 시간을 비교하여 사회적 관계의 차이를 분석했고, 김은경과 박숙경(2016)은 여성 1인가구와 여성 다인가구 간 건강행태, 질병 이환 관련 특성을 분석하여 두 집단 사이에 차이가 있는지를 분석했다. 또한 여성 1인가구를 위한 지원정책과 개선 방안 연구로는 법제적 지원 방안을 제시하는 장민선(2015), 김진영(2013)의 연구가 있고 주거 관련 개선 방안을 제시하는 연구로는 김재민 등(2012)과 김상훈·한혜련(2014)이 있다.

같은 1인가구라도 인구사회학적·경제적 특성에 의해 다른 상황을 나타내고 또 각기 다른 욕구와 정책수요를 가질 수 있는데, 이와 같은 1인가구 유형별 연구는 이러한 차이를 인식하고 분석했다는 점에서 의의를 지닌다. 그러나 기준에 따라 1인가구는 다양하게 분류될 수 있으며 이에 따라 연구의 범위도 확장되기 때문에 1인가구 유형별 연구들만으로는 1인가구를 다차원적·종합적으로 이해하는 데 한계가 있을 수 있다. 특히 인천시 1인가구와 같이 하나의 지역에 국한하여 조사하기 위해서는 1인가구 유형별 연구를 종합적으로 검토할 필요가 있다.

따라서 이 글에서는 첫째, 인구주택총조사, 통계지리정보의 특정 시점과 장기 추계에 대한 분석과 더불어 한국복지패널에 나타난 인천시 1인가구의 자료를 함께 분석함으로써 1인가구의 동태적 분석도 가능하도록 할 것이다. 둘째, 1인가구를 위한 지원정책 방안에 있어 주거 지원뿐만 아니라 종합적인 정책 방향을 1인가구의 현황과 욕구 파악을 바탕으로 제시할 것이다. 셋째, 기존 1인가구 유형별 연구를 바탕으로 1인가구를 성별·세대별로 분류하여 인천시 1인가구의 특성과 정책수요를 종합적으로 검토할 것이다. 이에 따라 이 장은 기존 선행연구의 한계를 극복하고 1인가구 정책을 위한 기초연구로 사례를 남기고자 한다.

2) 분석 방법론

이 글의 통계 및 데이터 분석은 인구주택총조사, 통계지리정보, 한국복지패널의 원자료를 수집한 다음 이 데이터들에서 나타난 1인가구의 특성과 정책수요를 파악하는 것이다.

통계지리정보Statistical Geographic Information Service: SGIS는 2006년 통계청에 의해 개발되어 대전시에서 시범서비스를 한 이후 2008년 데이터베이스 구축 및 시스템 확충을 통해 전국으로 확대된 지리정보서비스라고 할 수 있다. 이 시스템은 기존 행정구역별로, 즉 시·군·구, 읍·면·동으로 구분하여 자료를 제공하기도 하지만, 집계구를 바탕으로 한 자료 또한 제공한다. 집계구란 통계자료 공표의 최소 단위로서, 전국 지역을 인구 약 500명 내외, 주택 유형, 지가 등을 기준으로 삼아 읍·면·동의 약 1/25에서 1/30에 해당하는 크기로 구역을 나눈 것이다. 이러한 집계구는 기존 지역을 소지역으로 분리하여 보다 세분화된 정보를 파악할 수 있도록 돕는다. 이 글에서는 인천시에서 각 지역단위별로 1인가구의 구성이 어떻게 변해왔는지 살펴본다. 이러한 분석 방법은 향후 다른 지역에도 적용해 볼 수 있을 것이다.

다음으로 한국복지패널의 원표본 가구 규모는 '2006년 국민생활실태조사'를 기초자료로 활용하여 선정된 7072가구다. 여기에서 국민생활실태조사는 '2005년 인구센서스 자료 90% 조사구'의 추출 자료를 활용한 조사다. 한국복지패널 표본의 배분은 저소득층을 과대 표집함으로써 복지 욕구를 보다 효과적으로 파악하고자 했다. 즉, OECD 상대빈곤선에 해당하는 중위 소득 60%를 기준으로 삼아 그 이하의 소득층에서 3500가구를 추출하고, 그 이상에 해당되는 일반 가구에서 3500가구를 추출한 것이라고 할 수 있다.

한국복지패널의 조사 대상은 '표본 가구(가구 조사)', '표본 가구에 속하는 가구원 중 15세 이상인 가구원(가구원 조사)' 그리고 '부가 조사 대상(부가 조사)'으로 구성된다. 그리고 이러한 조사 대상에 따라 조사표 구성 또한 가구 조사표, 가구원(개인) 조사표, 부가 조사표의 3종으로 구성된다. 단, 2차 조사 이후에는 가구 및 가구원은 각각 원가구 및 신규가구, 원가구원 및 신규가구원으로 구분되므로, 원가구용, 신규가구용, 원가구원용, 신규가구원용 그리고 부가 조사로 하여 총 5종의 조사표로 조사가 진행된다. 이 중 부가 조사는 각 조사 연도마다 별도로 주제를 개발한 다음 일회성으로 조사되거나 몇 년에 한 번씩 반복적으로 조사된다.

가구 조사와 관련해서는 설문 내용이 주로 가구 여건 및 가구원 공통 항목에 관한 내용으로 구성되고 설문 대상은 가구주 또는 가구주 배우자다. 가구원 조사표의 경우는 만 15세 이상의 가구원에게 설문을 진행하되, 중고생을 제외하고 고등학교를 졸업한 가구원을 조사 대상으로 삼고 있다. 그리고 부가 조사표는 이전 조사에서 해당되는 주제에 응답한 적이 있는 가구원을 대상으로 설문을 진행한다. 조사 방법은 사전에 교육을 받은 조사원이 조사 대상에 해당하는 패널 가구를 직접 방문하여 조사 대상인 가구원을 만나고 응답자가 응답한 내용을 노트북의 조사표에 기록하는 방식을 원칙으로 진행된다(김문길 외, 2016).

패널 데이터의 장점으로는 표본이 상대적으로 크기 때문에 자유도가 증가하고, 추정량의 효율이 향상되며, 독립변수들 간의 다중공선성collinearity 문제를 통제하고, 추정량의 편향을 최소화할 수 있다는 것이다. 이에 따라 개체 간의 동적 상관성dynamic relationship을 고려한 연구가 가능하며, 개체들 간의 이질성hetero-geneity을 모델에 반영할 수 있다(손창균, 2008: 조태경·손창균, 2015). 하지만 이런 장점에도 불구하고 대부분의 패널조사에서는 처음의 표본이 시간의 흐름에 따라 조사 표본으로부터 이탈하는 상황이 발생한다. 즉, 표본의 감소attrition에 따라 표본 대표성이 상실되는 문제가 발생한다. 또한 한국복지패널의 지역별 표본 가구 비율을 살펴보면 일반 가구 대 저소득 가구의 비율이 53.6 대 46.4로 보인다. 이는 저소득층이 과대 표집되었다고 생각되기 때문에 손창균(2008)의 제안에 따라 가중치 조정을 통해 72.6 대 27.4로 재조정했다. 가중치 조정 후 기술통계값을 산출한 결과, 평균적으로 1인가구가 약 2,246개의 가구를 대표하며, 이들의 변동은 전국 가구의 0.72%로 안정적으로 보인다. 이 글에서는 1인가구의 전국 분포와 인천/경기의 시계열 추세를 나타낼 때 이 가중치를 조정하여 한국복지패널 표본의 한계를 극복하고자 했다.

3. 인천시 1인가구의 현황

1) 인천시 1인가구의 현황

1990년부터 2005년까지는 4인가구가 한국에서 가장 다수를 차지하는 가구 유형이었다. 그러나 2010년에는 2인가구가 전체 가구 중 24.6%로 가장 주된 가구 유형이 되었고, 2015년에는 1인가구가 전체 가구 중 27.2%로 주

그림 4.1 2000~2045년 시도별 가장 주된 가구 유형

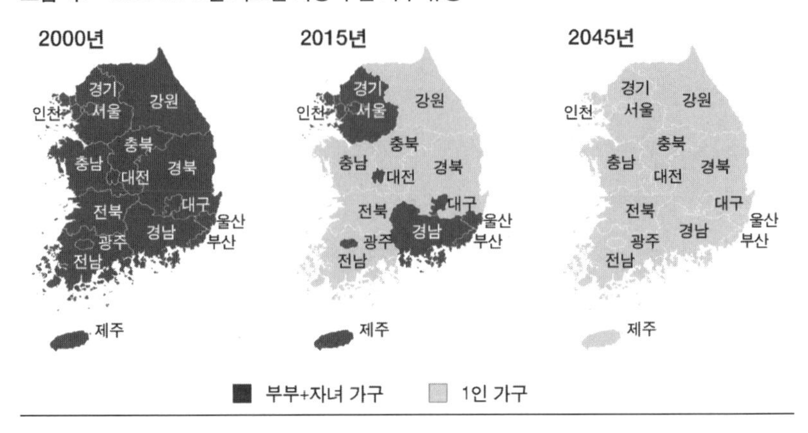

그림 4.2 2015~2045년 시도별 1인가구 구성비 및 증감률(%)

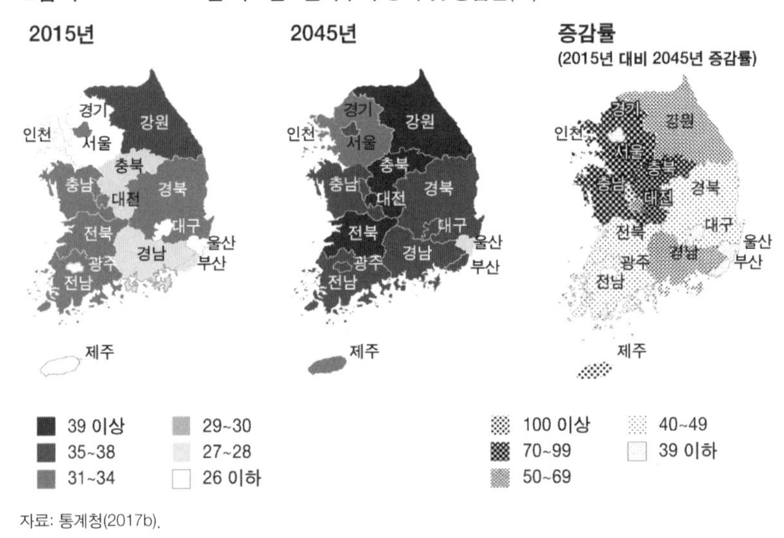

자료: 통계청(2017b).

된 가구 유형이 되는 등 한국에서의 주된 가구 유형은 계속 변하고 있다(통계청, 2016).

통계청이 인구주택총조사 결과를 바탕으로 발표한 「장래가구추계 시도

편: 2015~2045년」에 따르면, 2015년 기준 전국적으로 가장 많은 가구 유형은 부모와 자녀로 구성된 가구(613만 2000가구, 32.3%), 1인가구(518만 가구, 27.2%), 부부가구(295만 2000가구, 15.5%) 순서로 나타났다. 그러나 2045년에는 1인가구의 수가 급격히 증가해 전국 가구 유형의 36.3%(809만 8000가구)가 1인가구가 될 전망이며, 인천시를 포함해 모든 시·도에서 1인가구가 가장 많은 가구 유형이 될 것으로 예상된다.

구체적인 가구 유형별 가구 및 구성비를 보면, 인천시의 총가구수는 2015년 기준 약 103만 8000가구이며 서울시, 경기도와 마찬가지로 부부와 자녀로 구성된 가구가 36.0%로 가장 많은 비중을 차지하는 가구 형태로 나타났다. 다음으로 많은 비중을 차지하는 가구 형태는 1인가구(23.3%)였으며 부부가구(14.0%), 한부모 가구(12.2%) 순서로 나타났다.

가구 유형 중 1인가구만 분리해 시도별로 비교했을 때, 2015년 기준 강원도의 1인가구 비중이 31.2%로 가장 높은 반면 인천시는 23.3%에 그치고 있어 전국적 차원에서 인천시의 1인가구 비중은 매우 낮은 편에 속한다. 그러나 인천시의 경우 다른 시도와 마찬가지로 2005년부터 꾸준하게 1인가구가 증가하고 있으며, 2015년 대비 2045년의 1인가구 증감률이 92.9%에 달하고 있어 전국, 서울시, 경기도 등과 비교했을 때 1인가구의 증가 속도가 매우 빠름을 알 수 있다. 이와 더불어 인천시의 경우 1인가구 중에서도 60세 이상 1인가구가 2045년에는 2015년과 대비해 3배 이상 증가될 것으로 전망되고 있어 노인 1인가구에 대한 대비책이 시급한 상황이다.

앞서 언급한 통계지리정보를 활용하여 인천시 1인가구 밀도를 행정구역별로 다시 나누어 살펴보면 〈그림 4.3〉과 같다. 집계구 기준으로 산출한 1인가구 밀도와 비교했을 때 세분화된 정도의 차이는 있으나, 마찬가지로 2000년과 2015년 모두 구도심에 해당하는 중구, 동구, 남구 등의 행정구역에서 1인가구 밀도가 비교적 높은 것으로 나타났다.

그림 4.3 2000년 1인가구 밀도(좌)와 2015년 1인가구 밀도(우)(행정구역 기준)

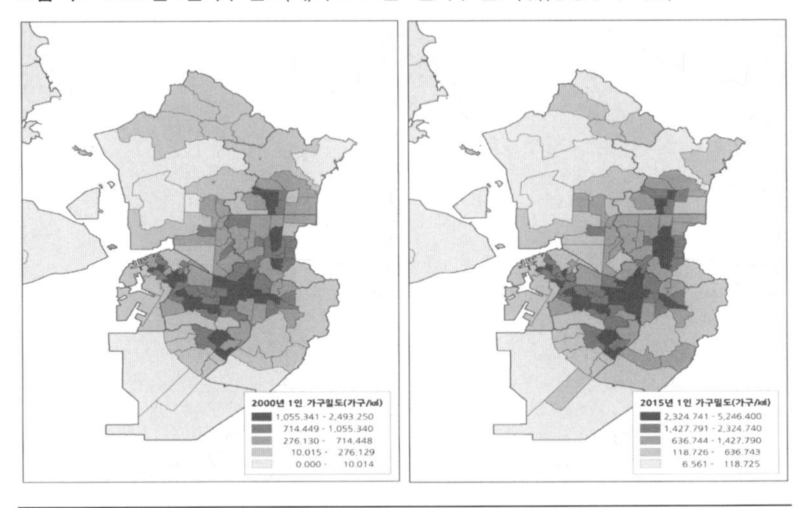

중구, 동구, 남구 중에서도 특히 1인가구 밀도가 높은 읍·면·동은 2000년 기준 중구 율목동(2330가구/km²), 남구 용현1·4동(1973가구/km²), 동구 송림2동(1624가구/km²) 등이었으며, 2015년 기준으로는 남구 주안1동(5246가구/km²), 남구 용현3동(3215가구/km²) 등이었다.

한편, 2000년과 2015년의 1인가구 밀도를 바탕으로 그 증가 수와 증가율을 산출한 결과는 〈그림 4.4〉와 같다. 1인가구 증가 수, 증가율과 마찬가지로 이 그림에서도 농도가 짙은 색일수록 증가 수, 증가율이 높다고 할 수 있다.

2000년 대비 2015년 1인가구 밀도의 증가 수가 가장 높은 읍·면·동은 남구 주안1동(4237가구/km²)이며 부평구 부평5동(3725가구/km²), 부평구 부평4동(2859가구/km²), 남동구 구월3동(2247가구/km²) 순서로 나타났다. 이와 비교해 2000년 대비 2015년 1인가구 밀도의 증가율은 서구 청라2동이 1만 6550%로 다른 지역에 비해 압도적으로 높은 수치를 보였으며, 부평구 삼산2동(5760%), 계양구 계양3동(3331%) 등에서 2000년 대비 2015년 1인가구 밀도

그림 4.4 2000~2015년 1인가구 밀도 증가 수(좌)와 증가율(우)(행정구역 기준)

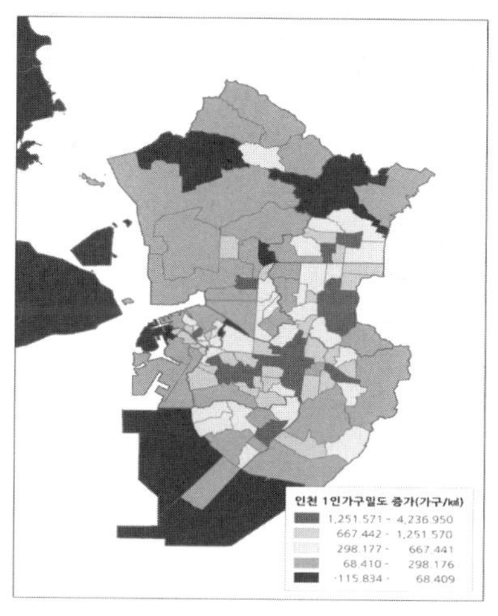

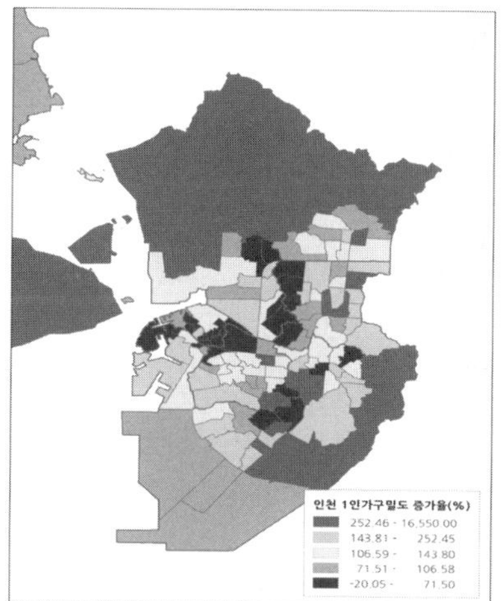

증가율이 매우 높은 것으로 나타났다. 1인가구 밀도의 절대적인 수치는 구도심의 수치가 높으나 밀도의 증가 수와 증가율은 계양구, 서구 등 비교적 신도심의 수치가 높은 것으로 나타나 신도시에서의 1인가구 밀도가 급격히 증가하고 있음을 알 수 있다.

통계청의 인구주택총조사, 장래가구추계 조사 결과를 바탕으로 인천시 1인가구의 현황을 살펴보았을 때 인천시의 1인가구는 2015년 기준 약 24만 2000가구로 전체 가구의 23.3%인 것으로 나타났다. 전체 가구 중 1인가구가 차지하는 비율이 강원도 31.2%, 전남 및 경북 30.4%, 서울 29.5%, 경기 23.4% 등으로 조사된 것과 비교하면 다른 시도에 비해 인천시에서 1인가구의 비율은 비교적 낮은 편이다. 또한 전국 전체 가구 중 1인가구가 차지하는 비율도 27.2%인 것으로 나타나 전국 데이터와 비교했을 때도 인천시의 1인가구 비율은 높은 편이 아니다(통계청, 2017).

그러나 인천시의 경우 다른 시·도에 비해 1인가구의 증가 속도는 매우 빠른 편이기 때문에 향후에는 1인가구가 전체 가구에서 차지하는 비율이 매우 높아질 것으로 전망되고 있다. 2015년 1인가구 비율과 2045년 1인가구 예상 비율을 서로 비교했을 때 서울은 2015년 대비 2045년에 1인가구가 20.1% 증가할 것으로, 경기도는 86.9% 증가할 것으로 예측되며 인천시는 1인가구가 2045년에 2015년과 대비해 92.9%까지 증가할 것으로 보인다(통계청, 2017b). 특히 인천시 8개 구 2개 군의 행정구역상 증가율을 살펴보면 1인가구의 절대적인 수치는 여전히 구도심이 높지만 밀도의 증가율은 계양구, 서구 등 신도심의 수치가 높은 것으로 나타났다. 이는 구도심에서 여생을 지속하는 노년층에 비해 새롭게 유입되는 청·장년층의 1인가구 증가를 예측해 볼 수 있다. 이에 따라 군·구별 인구사회학적 특성에 맞는 세부적인 정책을 구상해 볼 수 있다.

2) 인천시 1인가구의 인구사회학적 특성

인천시 1인가구의 인구사회학적 특성을 살펴보았을 때 20~59세의 연령에서는 남성, 60세 이상의 연령에서는 여성 1인가구가 많은 것으로 조사되어 청년 1인가구와 중·장년 1인가구의 주된 성별은 남성, 노인 1인가구의 주된 성별은 여성인 것으로 나타났다.[2]

2 인천시 1인가구의 연령을 살펴보면, 30~34세가 10.0%로 가장 많으며 50~54세(9.9%), 55~59세(9.8%), 40~44세(9.7%) 순서로 나타났다(통계청, 2017b). 이는 중·장년층이 인천시 1인가구의 주된 연령층임을 보여준다. 각 연령에 따른 성별을 보면, 20~24세 중 남성 1인가구 53.6%, 25~29세 중 남성 1인가구 61.4%, 30~34세 중 남성 1인가구 66.0% 등과 같이 남성이 더 많은 비중을 차지하는 연령이 있는 반면에 60~64세 중 여성 1인가구 55.6%, 65~69세 중 여성 1인가구 64.1% 등과 같이 여성이 더 많은 비중을 차지하는 연령도 있음을 알 수 있다. 여기에서 주목할 점은 20~59세까지는 남성 1인가구가 많은 반면에 60세를

표 4.1 인천시 1인가구의 인구사회학적 특성

구분	청년층(20~39세)	중·장년층(40~64세)	노년층(65세 이상)
성별	· 여성보다 남성의 수가 많음	· 여성보다 남성의 수가 많음	· 남성보다 여성의 수가 많음
학력	· 대학 및 대학교 졸업 이상이 가장 많음(고학력)	· 고등학교 졸업이 가장 많음	· 고등학교 졸업 이하가 가장 많음(저학력)
취업 유무 및 직업군 분포	· 취업인구 중 여성보다 남성의 수가 많음 · 서비스종사자, 사무직 종사자 등의 직업군을 가짐	· 취업인구 중 여성보다 남성의 수가 많음 · 남성은 장치·기계 조작 및 조립종사자, 여성은 전문가 혹은 서비스종사자 등의 직업군을 가짐	· 취업인구 중 여성보다 남성의 수가 많음(단, 70세 이상은 남성보다 여성의 수가 많음) · 단순노무종사자 등의 직업군을 가짐 · 60세 이후 다른 직업군의 종사자는 감소하나, 농림어업숙련종사자의 수는 많아짐
거주지 점유 형태	· 보증금 있는 월세가 가장 많음	· 보증금 있는 월세가 가장 많으나 자가 비중 또한 점차 높아짐	· 자가가 가장 많음
혼인 상태	· 미혼이 가장 많음	· 40~49세까지는 미혼, 50~59세는 이혼이 가장 많음	· 사별이 가장 많음(단, 60~69세의 남성은 이혼이 가장 많음)

인천시 1인가구의 학력은 연령이 높아질수록 낮아졌으며 남성과 여성 모두 고등학교 졸업자가 가장 많은 것으로 나타났다. 취업과 관련해서는 사회적 활동이 많은 30~59세의 연령에 취업인구가 가장 많았으며 취업 1인가구는 여성(5만 7665명)보다는 남성(8만 2525명)이 많았다. 60세 이상을 기점으로는 취업한 1인가구의 수가 급격히 줄어드는데, 취업한 노인 1인가구의 직업군을 살펴보았을 때 농림어업숙련종사자, 단순노무종사자의 수가 많아지는 것으로 나타나 전문적 기술을 요하는 직업군보다는 단순 업무·저임금 직업

기점으로는 여성 1인가구가 더 많다는 점이다.

군에서 많이 일하는 것으로 나타났다. 거주지 점유 형태의 경우 보증금이 있는 월세로 사는 인천시 1인가구가 가장 많았으며, 청년 1인가구는 보증금 있는 월세 같은 임대 비율이 높았고 노인 1인가구는 자가인 비율이 높았다. 혼인 상태는 미혼이 44.0%로 가장 많았고 중장년 1인가구는 이혼, 노인 1인가구는 사별인 경우가 많았다. 이러한 조사 결과를 바탕으로 인천시 1인가구의 특성을 정리하면 〈표 4.1〉과 같다.

4. 한국복지패널과 1인가구

1) 한국복지패널과 1인가구

한국복지패널 데이터에서 나타난 1인가구 분포를 보면 다음과 같다. 한국보건사회연구원에서 발표한 「2016년 한국복지패널 기초분석보고서」에 따르면, 1인가구가 전체적으로 가장 많은 비중을 차지하는 가구 규모인 것으로 나타났다. 전체 가구의 27.05%가 1인가구로 나타났으며, 2인가구 26.68%, 3인가구 21.32%, 4인가구 18.83%로 나타났다. 그리고 5인 이상의 가구는 6.12%를 차지하는 것으로 나타났다(김문길 외, 2016). 이는 1인가구가 전체 가구의 27.2%로, 전체 가구 중 가장 많은 비중을 차지하고 있다는 통계청의 2015년 인구주택총조사 결과와도 일치한다. 2016년 한국복지패널에서 나타난 가구 규모별 분포를 정리하면 〈표 4.2〉와 같다.

〈그림 4.5〉는 한국복지패널 1차 2006년부터 11차 2016년까지 지역별 1인가구 증감률을 나타낸 그래프다. 한국복지패널은 지역을 7곳으로 나눠 데이터를 제공하고 있는데 ① 서울, ② 경기/인천,[3] ③ 부산/경남/울산, ④ 대구/경북, ⑤ 대전/충남, ⑥ 강원/충북, ⑦ 광주/전남/전북/제주도로 구분된다. 중

표 4.2 2016년 한국복지패널에서 나타난 가구 규모별 분포(%)

구분	전체	저소득	일반
1인	27.05	54.34	16.57
2인	26.68	30.30	25.29
3인	21.32	10.40	25.52
4인	18.83	3.25	24.82
5인	4.79	1.34	6.11
6인	1.03	0.35	1.29
7인 이상	0.30	0.02	0.40
합계	100.00	100.00	100.00

자료: 김문길 외(2016).

그림 4.5 2006~2016년 1인가구의 지역별 분포

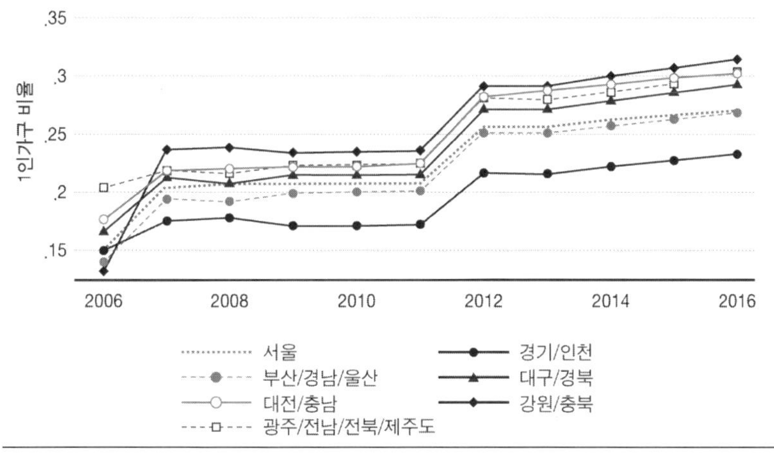

주: 가중치 부여 결과임.

3 이 연구에서는 한국복지패널자료의 한계로 경기/인천을 함께 보는 것이 문제점으로 지적될 수 있다. 하지만 경기도와 인천은 2014년도 수행되었던 지역사회보장계획 같은 선행연구에서 비슷한 복지수요를 보여주었으며, 앞서 언급했듯이 가중치 조정을 통해 표본의 한계를 일정 부분 극복하고자 했다. 또한 이 결과를 인구주택총조사와 비교한 결과 상대적으로 표본이 안정적임을 확인했다.

표 4.3 2016년 1인가구 지역별 분포(가구, %)

구분	전체 1인가구	청년층(20~39세)	중년층(40~64세)	노년층(65세 이상)
서울	268(13.20)	38(26.57)	55(16.72)	175(11.23)
경기/인천	313(15.42)	25(17.48)	63(19.15)	225(14.44)
부산/경남/울산	397(19.56)	21(14.69)	64(19.45)	312(20.03)
대구/경북	313(15.42)	12(8.39)	43(13.07)	258(16.56)
대전/충남	154(7.59)	16(11.19)	21(6.38)	117(7.51)
강원/충북	158(7.78)	11(7.69)	30(9.12)	117(7.51)
광주/전남/전북/제주	427(21.03)	20(13.99)	53(16.11)	354(22.72)

가율의 변화가 가장 큰 지역은 강원/충북지역으로, 2006년 13.3%에서 2016년 31.4%로 1인가구가 차지하는 비율이 증가했다. 서울 지역은 2006년 15.2%에서 2016년에 27%로 증가했다. 경기/인천은 2006년 15.1%에서 2016년에는 23.3%로 증가했다. 이 기간의 변화를 살펴봐도 1인가구는 모든 지역에서 증가하고 있음을 알 수 있다.

이 결과는 가중치를 부여하지 않은 〈표 4.3〉과 다소의 차이를 나타낸다. 2016년 한국복지패널 데이터에서 1인가구만을 선별한 표본으로, 대전/충남과 강원/충북은 1인가구 조사 표본이 7.78%로 다른 지역에 비해 적다. 경기/인천 지역은 표본이 313가구로 청년층 17.5%, 중년층 19.15%, 노년층은 14.4%로 비교적 고르게 조사되었다. 다음 항에서는 이를 토대로 인구사회학, 소득 및 고용, 건강 및 의료, 주거 및 관계에 대한 조사 현황을 자세히 살펴본다.

2) 1인가구의 특성

(1) 인구사회학

여기에서는 1인가구의 인구사회학적 특성을 성별, 학력, 연령대, 혼인 상태를 중심으로 살펴본다. 연령대는 20~39세 청년층, 40~54세 중년층, 65세 이상 노년층으로 구분했다. 그리고 각각 전국 1인가구와 경기/인천의 1인가구로 구분해 살펴보았다. 먼저, 경기/인천 1인가구의 성별 차이를 보면 청년층의 56%가 남성으로, 여성보다 조금 높았다. 중년층도 남녀 성비가 비교적 동일한 편이었으나 노년층에서는 여성의 비율이 80%에 육박해 훨씬 높았다.

표 4.4 세대별 1인가구의 인구사회학적 특성(가구, %)

구분		전체 1인가구		청년층(20~39세)		중년층(40~64세)		노년층(65세 이상)	
		전국	경기/인천	전국	경기/인천	전국	경기/인천	전국	경기/인천
성별	남자	487 (23.99)	93 (29.71)	67 (46.85)	14 (56.00)	152 (46.20)	33 (52.38)	268 (17.20)	46 (20.44)
	여자	1,543 (76.01)	220 (70.29)	76 (53.15)	11 (44.00)	177 (53.80)	30 (47.62)	1,290 (82.80)	179 (79.56)
학력	고졸 미만	1,579 (77.78)	213 (68.05)	3 (2.10)	1 (4.00)	161 (48.94)	18 (28.57)	1,415 (90.82)	194 (86.22)
	고졸	261 (12.86)	67 (21.41)	41 (28.67)	8 (32.00)	113 (34.35)	34 (53.97)	107 (6.87)	25 (11.11)
	전문대졸 이상	190 (9.36)	33 (10.54)	99 (69.23)	16 (64.00)	55 (16.72)	11 (17.46)	36 (2.31)	6 (2.67)
혼인 상태	유배우자	46 (2.27)	16 (5.11)	11 (7.69)	4 (16.00)	4 (1.22)	1 (1.59)	31 (1.99)	11 (4.89)
	이혼/별거/사별	1,722 (84.83)	249 (79.55)	4 (2.80)	2 (8.00)	215 (65.35)	35 (55.56)	1,503 (96.47)	212 (94.22)
	미혼/기타	262 (12.91)	48 (15.34)	128 (89.51)	19 (76.00)	110 (33.43)	27 (42.86)	24 (1.54)	2 (0.89)

이는 앞서 밝힌 인구주택총조사의 자료와 유사한 부분이 있으며 가중치 조정 등을 통해 복지패널의 모집단 구축이 어느 정도 안정적임을 알 수 있다.

학력에서는 청년층의 64%가 전문대 졸업 이상이었으며, 중년층은 고졸이 24%로 가장 높았다. 반면 노년층은 86%가 고졸 미만으로 조사되어 연령이 높을수록 학력은 낮게 조사되었다. 혼인 상태를 보면 청년층의 76%는 미혼으로 조사되었으며, 중년층의 55%, 노년층의 94%도 이혼/별거/사별로 조사되었다. 수치에서는 차이가 있었으나 전체적인 비율은 전국 단위 1인가구와 견주었을 때 비슷하게 구성되었다. 또한 2017년 발표된 2015년 인구주택총조사와 비교해 보면 역시 절대적인 비율에서는 차이가 존재했으나 전체적인 추세는 유사한 것으로 보인다.

(2) 소득 및 고용

소득과 관련해서는 경기/인천 1인가구의 가구균등화 소득수준은 1595만 원으로 전국 1인가구의 1391만 원보다 높게 조사되었다. 경기/인천의 청년 1인가구의 가구균등화 소득수준은 3060만 원으로 비교적 높게 나타났으며, 중년층은 2352만 원, 노년층은 1220만 원으로 가장 낮았다. 경기/인천 지역 1인가구 기초보장수급률은 청년층 0%, 중년층 19%, 노년층 20%로 소득과 반비례하는 양태를 보여주었다. 경제활동에 있어서도 경기/인천의 청년층은 실업률이 4%로 상대적으로 낮은 데 반해 중년층은 38%, 노년층은 80%로 나타났다. 청년층의 상용직 비율은 64%, 노년층의 비율은 1%로 매우 낮게 나타났다. 중년층은 상용직 30%, 임시직/일용직 24%, 실업자 38%로 비교적 균등하게 분포되어 있었다. 노후소득의 불안정성은 상대적으로 높은 것으로 조사되었다. 즉, 연령이 높아질수록 기초보장수급률은 높았으며, 경제적 활동도 줄어들어 노후소득의 불안정성이 높은 것으로 분석되었다.

청년 1인가구는 전문직 종사자의 비율이 높았으며, 청년 2인 이상 가족 구성은 관리자, 단순노무자, 임시직 비중이 상대적으로 높은 것으로 조사되었다. 반면, 중년과 노년의 경우 1인가구에서 전문직 종사자의 비율이 현저히 낮아졌으며 단순노무자, 일용직, 임시직 비중이 높은 것으로 조사되었다. 이는 기존의 1인가구 연구 결과와 일치하는 부분이며(강은나·이민홍, 2016) 앞선 인천시 1인가구의 지역별 유입과 비교해도 유사한 양태를 보여준다.

〈그림 4.6〉은 2006년(복지패널 1차연도)부터 2016년(복지패널 11차연도)까지 1인가구의 기초보장수급률을 전국과 경기/인천으로 비교한 그래프다. 〈표 4.5〉의 값과는 차이가 있는데 앞서 언급했듯이 〈그림 4.6〉은 가중치를 부여해 표본의 한계를 극복한 것이다. 〈그림 4.6〉에 의하면, 2006년 전국 기초보장수급률은 4.5%에서 2016년 6.2%로 오른다. 보건복지부의 국민기초생활보장 수급 현황을 보면 2007년도에 155만 명으로 3.2%이며 2013년도에

표 4.5 세대별 1인가구의 소득 및 고용 특성(만 원, %, 가구)

구분		전체 1인가구		연령별					
				청년층(20~39세)		중년층(40~64세)		노년층(65세 이상)	
		전국	경기/인천	전국	경기/인천	전국	경기/인천	전국	경기/인천
가구균등화 소득(만 원)		1391.254	1595.369	3094.049	3060.28	2079.887	2352.286	1089.547	1220.665
기초보장수급률 (%)		17.24	18.53	2.80	0.00	23.10	19.05	17.33	20.44
경제 활동	상용직	142 (7.00)	36 (11.50)	75 (52.45)	16 (64.00)	62 (18.84)	19 (30.16)	5 (0.32)	1 (0.44)
	임시직/ 일용직	301 (14.83)	51 (16.29)	42 (29.37)	7 (28.00)	99 (30.09)	15 (23.81)	160 (10.27)	29 (12.89)
	자영업자 /무급 가족 종사자	235 (11.58)	23 (7.35)	5 (3.50)	1 (4.00)	41 (12.46)	5 (7.94)	189 (12.13)	17 (7.56)
	실업자/ 비경제 활동인구	1,352 (66.60)	203 (64.86)	21 (14.69)	1 (4.00)	127 (38.60)	24 (38.10)	1,204 (77.28)	178 (79.11)

그림 4.6 2006~2016년 1인가구의 기초보장수급률(%)

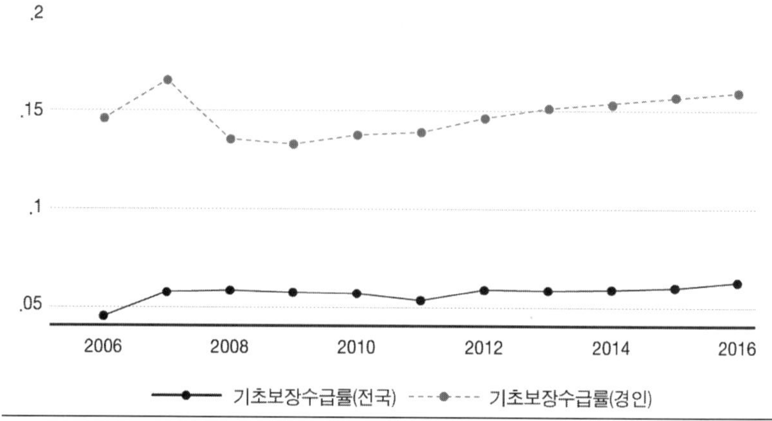

주: 가중치 부여.

2.6%에서 떨어졌다가 2016년도에 3.2%로 다시 회복하는 모습을 보여주고 있다.[4] 한국복지패널조사에서는 저소득층의 표본이 50%로 가중치를 부여해 데이터를 보정했으나 다소 높은 수치를 보여주고 있어 추세적인 부분에서 함께하고 있음을 알 수 있다. 한편, 경기/인천의 복지수급자는 15% 선에서 증감을 보여주며 높은 수치를 보여주고 있다.

〈그림 4.7〉은 한국복지패널조사에서 나타난 2006~2016년 1인가구의 경제활동 중 상용직 및 임시직/일용직의 증감을 보여주는 수치다. 전국에서 상용직에 종사하는 비율은 2008년 41%를 기점으로 2016년 33%까지 꾸준히 감소 추세에 있다. 경기/인천 역시 2008년 39%로 최고점에서 2016 19% 선으로 하락했다. 반면에 임시직은 2008년 14%로 최저점을 기록하고, 2016년

4 e-나라 지표(http://www.index.go.kr/potal/main/EachDtlPageDetail.do?idx_cd=2760).

그림 4.7 2006~2016년 1인가구의 경제활동: 상용직 및 임시직/일용직

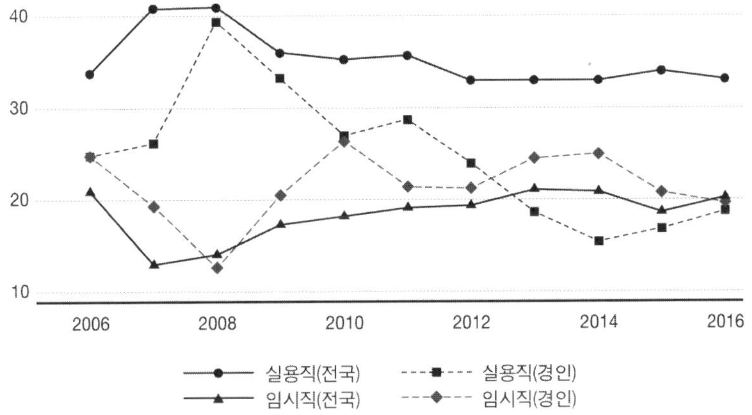

실용직(전국) 실용직(경인)
임시직(전국) 임시직(경인)

주: 가중치 부여.

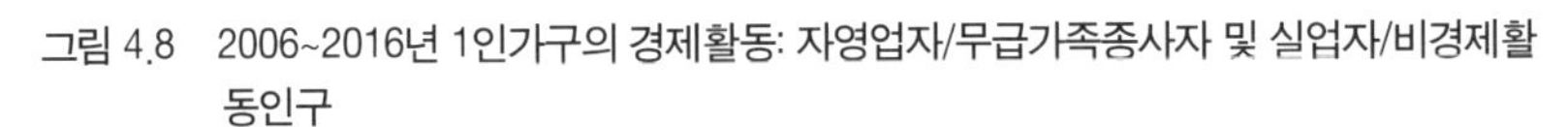

그림 4.8 2006~2016년 1인가구의 경제활동: 자영업자/무급가족종사자 및 실업자/비경제활동인구

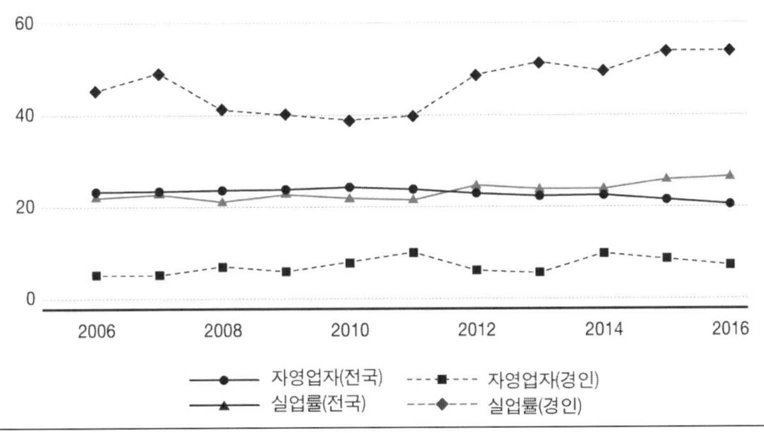

주: 가중치 부여.

20%로 상승했다. 경기/인천 역시 2008년 12.7%에서 2016년 20% 선으로 상승했다. 즉, 상용직과 임시직의 비율은 서로 교환관계에 있다고 볼 수 있다.

〈그림 4.8〉은 2006~2016년 1인가구의 자영업 종사자 및 실업자의 수치를

시계열로 보여주고 있다. 경기/인천의 자영업자 비율은 전국 비율보다 낮게, 실업률은 전국보다 높게 나오고 있다. 한국복지패널 데이터 표본에서는 경기/인천 1인가구의 경제활동 상태가 불안정하다고 볼 수 있다. 이는 앞선 인구주택총조사에서도 나타나는데, 상대적으로 실업률이 높으며 남성의 직업군은 장치·기계 조작 및 조립 종사자가 다른 수도권 지자체와 비교해 많다는 앞선 결과와 이어지고 있다.

(3) 건강 및 의료

건강 및 의료 특성에서는 경기/인천의 건강보험가입률과 의료급여수급률이 전국 비율과 유사한 수준으로 나타났다. 연령별에서는 다소 차이가 있는데 청년층은 100%, 중년층은 82.5%의 가입률로, 전국 가입률보다 다소 높았다. 다만 65세 이상의 가입률이 76.4%로, 전국에 비해 4% 정도 낮았다. 의료급여수급률은 노년층 비율이 22.2%로, 전국의 18.4%에 비해 역시 4% 정도 높았다. 의료급여의 수급은 저소득층에 집중된 것으로 보아 경기/인천의 노년층에서 공적 의료의 사각지대가 넓다는 것을 알 수 있다. 건강만족도는 5점 만점에 2.82점으로 전국에 비해 조금 높았다. 만성질환 비율도 75.4%로 전국 비율에 비해 6% 정도 낮았다. 특히 청년층 건강의 경우 만성질환의 비율이 낮고 건강만족도가 높은 것으로 나타나 비교적 긍정적으로 보인다. 흡연율과 음주율은 각각 18.9%, 28.75%로 전국에 비해 다소 높은 것으로 나타났다. 흡연과 음주는 4대 중독의 범주에 포함되며 향후 지자체 차원에서 정책 대응이 필요할 것으로 보이고 노동패널 데이터 25년간의 추이를 살펴볼 때도 인천시의 흡연율과 음주율이 높은 것으로 보고되고 있다(김윤영 외, 2018). 음주와 흡연은 보건 지표나 나아가 자살률과도 밀접한 영향을 지닌 변수이므로 인천시 차원의 보건대책을 강구해야 할 것이다.

〈그림 4.9〉는 2006~2016년 1인가구의 건강보험가입률과 의료급여수급률

표 4.6 세대별 1인가구의 건강 및 의료 특성(%, 5점)

구분	전체 1인가구		연령별					
			청년층(20~39세)		중년층(40~64세)		노년층(65세 이상)	
	전국	경기/인천	전국	경기/인천	전국	경기/인천	전국	경기/인천
건강보험가입률	81.23	79.55	97.20	100.00	76.60	82.54	80.74	76.44
의료급여수급률	18.08	19.81	2.80	0.00	23.40	19.05	18.36	22.22
건강만족도(5점)	2.78	2.82	3.90	3.76	3.08	3.17	2.61	2.61
만성질환 비율	81.13	75.40	15.38	4.00	59.88	47.62	91.66	91.11
흡연 비율	12.86	18.85	21.68	32.00	33.74	39.68	7.64	11.56
음주 비율	26.26	28.75	76.22	68.00	49.54	55.56	16.75	16.89

그림 4.9 2006~2016년 1인가구의 건강보험가입률

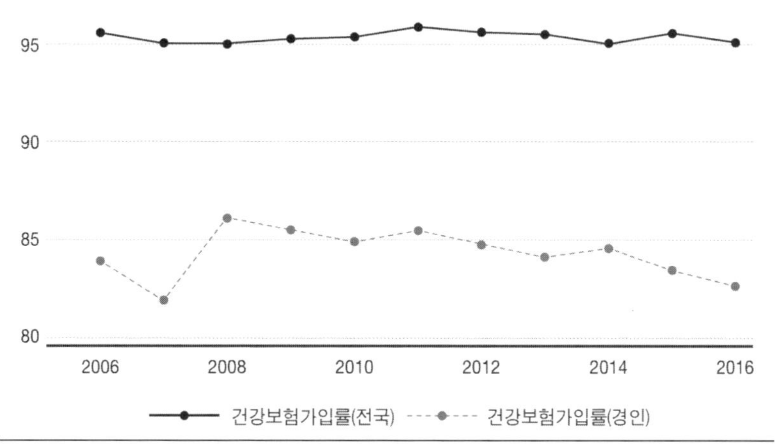

주: 가중치 부여.

을 시간적 흐름에 따라 보여주고 있다. 전국의 건강보험가입률은 95%를 꾸준히 유지해 안정적인 양태를 나타내고 있다. 하지만 경기/인천의 건강보험가입률은 2006년 83%로 시작해 2008년 86%로 정점을 보이고 2016년 82.6%로 하락세를 보여주고 있다. 시간에 따른 추이에도 전국 단위와 간격은 꾸준했다. 이는 앞선 보건 지표가 좋지 않은 상황에서 경기/인천의 의료 공공성

을 점검해야 할 지표라고 할 수 있다.

(4) 주거 및 관계

경기/인천의 청년 및 중년 1인가구의 경우 월세로 거주하는 비율이 높았으며 자가의 경우 각각 8%, 14%로 높지 않았다. 반면, 노인 1인가구는 39%로 자가 비율이 월세 다음으로 높은 수치를 기록했다. 자가의 평균 가격은 전국이 1억 1000만 원인 것에 비해 경기/인천의 경우 1억 5000만 원으로 높은 수치를 보여주었다. 이는 수도권의 집값이 지방에 비해 높기 때문으로 추정된다. 다만 전세, 월세 등 주거비용은 전국과 비슷하거나 조금 낮았는데, 이는 주거 면적 등을 고려하지 않은 수치인 것으로 분석되었다. 한편, 주거 환경 만족도는 5점 만점에 전국 3.5점, 인천 3.47점으로 거의 유사한 수준이었으며, 청년층이 중장년층에 비해 주거 환경 만족도가 높았다. 가족관계 만족도 역시 전국과 경기/인천은 비슷한 수준이었다. 이와 비교해 청년층의 가족관계 만족도는 경기/인천 3.7점으로 전국 4점보다 낮았다. 사회적 친분 만족도

그림 4.10 2006~2016년 1인가구의 전반적 만족도(5점)

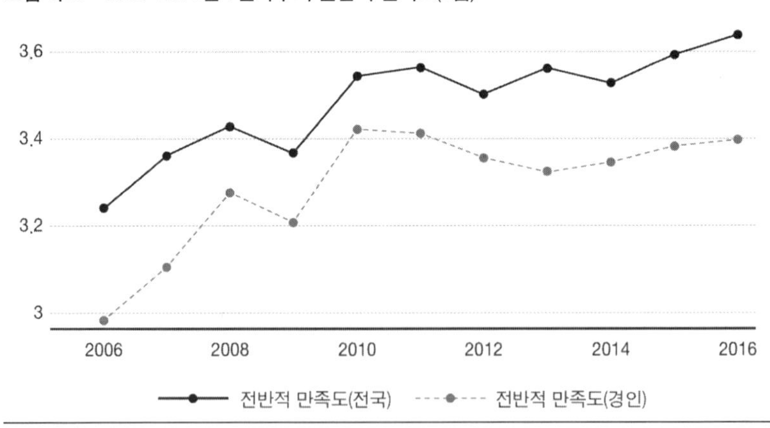

주: 가중치 부여.

표 4.7 세대별 1인가구의 주거 및 관계만족도(가구, %, 만 원, 5점)

구분		전체 1인가구		연령별					
				청년층 (20~39세)		중년층 (40~64세)		노년층 (65세 이상)	
		전국	경기/인천	전국	경기/인천	전국	경기/인천	전국	경기/인천
자가점유비율(%)		39.51	33.23	7.69	8.00	30.40	22.22	44.35	39.11
점유 형태	자가	802 (39.51)	104 (33.23)	11 (7.69)	2 (8.00)	100 (30.40)	14 (22.22)	691 (44.35)	88 (39.11)
	전세	208 (10.25)	52 (16.61)	34 (23.78)	9 (36.00)	41 (12.46)	10 (15.87)	133 (8.54)	33 (14.67)
	월세	1,020 (50.25)	157 (50.16)	98 (68.53)	14 (56.00)	188 (57.14)	39 (61.90)	734 (47.11)	104 (46.22)
점유 형태별 평균 가격 (만 원)	자가	11066.46	14984.6	15136.36	15500	11904	15178.57	10880.46	14942.05
	전세	5135.183	4891.154	6994.118	8111.111	6794.146	3800	4148.556	4343.636
	월세	949.5011	849.5119	1459.286	600	839.2105	773.6563	899.2138	942.2667
주거 환경 만족도(5점)		3.51497	3.47	3.636364	3.84	3.402439	3.33	3.527723	3.47
가족관계 만족도(5점)		3.662675	3.589	4.020979	3.72	3.472561	3.46	3.669928	3.61
사회적 친분 만족도(5점)		3.605788	3.55	3.839161	3.64	3.530488	3.40	3.60013	3.59
전반적 만족도(5점)		3.420659	3.41	3.734266	3.52	3.368902	3.30	3.402479	3.43

는 청년층 3.64점, 노년층 3.6점, 장년층 3.4점 순서로 나타났다. 전반적인 삶의 만족도는 전국과 경기/인천이 각각 3.4점 수준으로 유사했으며 청년층 3.5점, 노년층 3.4점, 중년층 3.3점으로 나타나 역시나 중년층이 가장 낮은 수준을 보여주었다.

〈그림 4.10〉은 2006년부터 2016년까지 1인가구의 전반적 만족도(5점)를 보여주고 있다. 세대별 1인가구의 주거 및 관계만족도를 정리한 〈표 4.7〉의 수치와 차이가 나는 것은 앞서 언급했듯이 표본의 한계를 극복하기 위해 가중치를 부여했기 때문이다. 〈그림 4.10〉에 따르면, 전국 1인가구의 삶의 만

족도는 2006년 3.24점, 2009년 3.37점, 2016년 3.63점으로 조사되어 경기/인천의 2006년 2.98점, 2009년 3.2점, 2016년 3.4점에 비해 높게 측정되었다. 즉, 경기/인천은 수도권 지역임에도 불구하고 서울은 물론 전국 평균보다 삶의 만족도가 낮은 경향을 보이는데, 이는 1인가구에서도 여전히 삶의 질과 연관된 사회적 이슈라고 할 수 있다. 하지만 삶의 만족도는 시간이 지남에 따라 상승한다는 점이 긍정적으로 보인다.

5. 결론

이 연구를 통해 인천시는 다른 지역들에 비해 1인가구의 증가 속도가 빠르고, 이에 따라 정책적 대응이 시급함을 알 수 있다. 서울은 2015년과 대비할 때 2045년에 1인가구가 20.1%, 경기는 86.9% 증가할 것으로 보이며 이에 견주어 보면 인천시는 2045년에 92.9%까지 증가할 것으로 예측된다. 인천시 8개 구 2개 군의 행정구역상 증가율을 살펴보면, 1인가구의 절대적인 수치는 여전히 구도심이 높지만, 밀도의 증가율은 계양구, 서구 등 신도심의 수치가 높은 것으로 나타났다.

구체적인 인천 지역—패널조사 결과는 경기/인천으로 표기함—의 세대별 1인가구의 특성과 사회적 위험을 다음과 같이 제시할 수 있다. 먼저 청년 1인가구는 구성원들 사이의 다양성이 큰 것으로 나타났다. 가구균등화 소득이 연 3000만 원 수준으로, 중장년층에 비해서도 높았으며 경기/인천의 청년 1인가구의 소득은 전국과 유사한 수준이라고 할 수 있다. 그러나 이러한 비교적 높은 수준의 소득에도 불구하고, 청년 1인가구의 주거 점유형태는 전세 36%, 월세 56%(경기/인천 기준)로 나타나 주거 불안정을 겪는 청년 1인가구의 비중이 매우 높은 것으로 나타났다. 이는 앞선 2015년 인구주택총조사 분석을 통해 나온 결과와 같은데, 65세 이상 노인 1인가구에서는 자가 비율이 높은 것과 달리 20~39세의 청년 1인가구에서는 보증금 있는 월세로 사는 경우가 높은 것으로 나타났다. 따라서 청년 1인가구의 주거 안정화를 위한 지원이 시급하게 필요할 것으로 보인다.

이처럼 청년 1인가구는 중장년층 1인가구에 비해 주거 자산 및 안정성은 높지 않지만 주거 환경 만족도는 상대적으로 높은 것으로 나타났다. 청년층의 가족관계 만족도는 경기/인천 3.7점으로, 전국 4점보다 낮았다. 건강보험 가입률은 높은 편이며 건강만족도는 중장년층과 노년층에 비해 상대적으로 높았다. 그러나 전국 단위로 분석한 강은나와 이민홍(2016)의 연구에 의하면, 청년 1인가구 가운데 경제적 환경이 불안정하거나 저임금 노동환경에서 일하고 있는 집단도 발견되고 있다. 이는 청년 세대의 경우에 경제적으로 독립한 집단과 독립하지 못한 집단으로 양분되어 있다고 할 수 있다. 또한 이 연구에 의하면, 청년 1인가구는 중장년 1인가구와 마찬가지로 우울, 자살, 만성질환율이 2인 이상 다인가구보다 높게 나타나고 있다. 또한 음주, 흡연과 같은 건강 행태에 있어 청년 1인가구의 음주율과 흡연율이 높은 것으로 나타났다. 종합적으로 청년 1인가구를 동질한 집단으로 접근하기보다는 그중에 근로빈곤, 실업, 주거 불안정, 건강 악화의 사회적 위험에 직면한 집단을 찾아내어 다양한 관점에서 정책 방향을 제시할 필요가 있다.

청년 1인가구가 중장년층 1인가구나 노인 1인가구에 비해 뚜렷한 차이를 보여주는 반면에 중장년층 1인가구는 노인 세대와 유사한 궤적을 보여주고 있다. 중장년층 1인가구는 이혼/사별 등의 이유로 증가하고 있다. 세대별 1인가구의 인구사회학적 특성을 조사했을 때 청년 1인가구의 주 혼인 상태가 미혼/기타(76.0%)였던 것과 달리 중장년층 1인가구에서는 미혼/기타(42.9%)를 제치고 이혼/별거/사별의 비율이 55.6%로 가장 높게 나타난 것이다. 이는 남성 1인가구는 49세 이후, 여성 1인가구는 45세 이후 이혼 및 사별의 비율이 높아진다는 2015년 인구주택총조사의 분석과 같은 결과다.

또한 중장년층 1인가구는 실업자/비경제활동인구의 비율이 38.1%로, 청년 1인가구(4.0%)에 비해 급격히 높아지나 노인 1인가구에 비해서는 기초보장수급률이나 의료급여수급률이 낮아, 경제적으로 불안정하며 공공의료의 사각지대에 놓여 있음을 알 수 있다. 특히 중장년층은 65세 이상 노인이 수혜할 수 있는 기초연금 같은 복지정책의 사각지대에 놓여 있는 연령이라고 할 수 있다. 실제로 중장년층 1인가구는 주거 환경 만족, 가족관계 만족, 사회적 친분 만족도를 비롯한 전반적인 삶의 만족도가 모든 세대와 지역을 통틀어 최하위를 기록하고 있다. 50세 이상 중년층은 최근 베이비붐 세대의 은퇴와 맞물려 가장 많은 인구를 차지하고 있어 그들의 복지와 문화생활에 대한 사회적 욕구가 높아지고 있다. 50대 이상 중장년층 1인가구는 가족 구성원의 상실로 인한 것이기 때문에 사회적 관심이 요구된다. 50대 이상 남성 자살률이 가장 높다는 사실이 이를 증명한다. 이는 중장년층 1인가구의 우울증도 높지만, 자살을 생각하는 비율이 다른 세대의 1인가구보다 월등히 높다는 것을 보여준다. 특히 중장년층 1인가구가 가지고 있는 어려움을 사전에 해결하지 못할 경우 이들이 그대로 심각한 빈곤 문제, 주거 문제, 건강 문제 등을 겪는 노인 1인가구로 전락할 가능성이 크다고 할 수 있다. 따라서 중장년층 1인가구를 대상으로 사회적·경제적 상황 그리고 그들이 수혜할 수 있는 공공복지서비스의 현황과 한계점 등을 다루는 연구가 진행될 필요가 있고,[5] 이러한 연구를 바탕으로 중장년층 1인가구의 취업, 노후, 건강을 지원하는 복지서비스를 마련할 필요가 있다.

5 이에 대한 문제의식을 토대로 중장년 복지정책을 제고하기 위해 서울시를 시작으로 고령화 대응센터가 생겨나고 있다. 인천시 역시 여성가족부 주관으로 설립을 추진하고 있다.

노인 1인가구에 대한 건강, 주거, 경제적 상황, 사회적 관계와 관련한 많은 연구가 있다. 이러한 선행연구들을 통해 노인 1인가구는 중년 1인가구와 마찬가지로 열악한 환경에서 생활하고 있는 것으로 나타났다. 특히 노인 1인가구는 신체적·정신적 건강이 악화되면서 근로능력이 감소하거나 소멸한 상태이기 때문에 이에 대한 정책 지원이 과제로 남아 있다. 최근 방문간호, 가사지원 등 노인 1인가구를 대상으로 한 다양한 정책과 복지서비스들이 마련되어 있다. 하지만 대부분이 노인 1인가구의 건강 문제, 주거 문제, 일상생활 문제 등을 해결하기 위한 사후적 차원의 정책과 복지서비스다. 노인이 가족과 이웃 등으로부터 단절, 방치, 학대 또는 고립되는 경우에 대한 사전적·예방적 차원의 복지서비스는 아직 부족한 상황이라고 할 수 있다. 따라서 노인 1인가구의 사회참여를 증진하고 사회적 돌봄을 강화하며 가족 및 이웃과의 관계를 개선하는 등의 노력을 통해 노인 1인가구의 건강과 인권을 보호하고 문제가 생기기 전에 예방할 수 있는 복지서비스를 마련할 필요가 있다.

인천시 1인가구의 사회적 위험을 극복하고 정책수요에 대응하기 위해 다음과 같은 정책 과제를 제시할 수 있으며, 이는 다른 지역의 1인가구를 대상으로 한 정책을 수립할 때도 도움이 될 수 있다.

첫째, 인천시 1인가구를 대상으로 하는 건강지원서비스와 주거지원서비스를 공통적으로 제시할 수 있다. 1인가구는 전반적으로 건강 수준이 높지 않으며 우울증이나 자살 같은 정신적인 문제도 발견되었다. 인천 지역은 다른 지역에 비해 음주율과 흡연율이 높은 것으로 확인되었다. 특히 청년층이 전반적으로 높았다. 따라서 이에 대해 선도적으로 대응할 필요성이 있다.

둘째, 중장년층 1인가구는 청년 1인가구와 노인 1인가구에 비해 상대적으로 관심이 덜했으나 이제는 사회적·학문적 관심이 필요하다. 특히 많은 경우에 가족 구성원의 상실로 인해 1인가구가 되었기 때문에 정서적인 지원과 더불어 경제적인 불안정성도 고려해야 한다. 중장년층 1인가구가 가지고 있는 소득, 고용, 건강 문제가 노년에 그대로 이어질 가능성에 대비해야 한다(강은나·이민홍, 2016). 이들을 위한 노후 준비 교육과 더불어 취업, 복지서비스 연계에 대한 지원을 고려할 필요가 있다.

셋째, 노인 1인가구의 소득, 건강, 주거 등의 문제는 꾸준히 제기되고 있으므로 이를 해결할 정책 대안을 마련해야 한다. 중앙정부에서 노인의 소득, 건강 등과 관련된 복지서비스를 마련하고 있고 각 지자체에서 이를 도입하고 활용하고 있다. 하지만 이 복지서비스들의 사각지대에 대해서 심층적인 분석이 필요하며 공적 복지서비스를 보다 보완할 수 있는 여러 사업과 정책들을 도입할 필요가 있다. 즉, 2018년부터 꾸준히 논의되고 있는 커뮤니티 케어 등을 활용하고 연계해 사회참여를 증진하고, 가족관계를 개선하며, 사회적 돌봄을 강화함으로써 복지 사각지대에 놓여 있는 사람들도 서비스의 수혜자인 동시에 공급자가 될 수 있다(김윤영·윤혜영, 2018). 이를 통해 노인 1인가구가 남은 생을 지역사회에서 평화롭게 보낼 수 있도록 지원해야 할 것이다.

마지막으로 모든 세대를 관통하는 인천시 1인가구의 다층적인 복지 사각지대에 주목해야 한다. 가구균등화 소득이 1500만 원으로 조사되었으며 인구주택총조사(통계청, 2016)에 따르면 약 70%가 넘는 인구가 임차 형태로 거주지를 마련하고 있었다. 또한 여러 보건 지표가 열악하며 공공보건의 사각지대가 다른 지역에 비해 크다고 볼 수 있었다. 이처럼 인천시 1인가구는 다른 지역에 비해 주거·소득·건강·고용 불안정 문제를 겪고 있는 것이다. 지방분권 시대를 맞아 지역의 복지 사각지대를 보완하는 다양한 방안을 강구해야 할 것이다.

제 5 장

커뮤니티 케어 도입으로 노인 돌봄 연속성 측면에서 바라본 의료·보건·복지 서비스의 이용과 연계

전용호

1. 서론

커뮤니티 케어community care(지역사회 보호)가 중요한 이슈로 제기되고 있다. 정부가 아동, 노인, 장애인, 정신장애인 등이 시설에서 살지 않고 최대한 본인의 집과 지역사회에서 생활할 수 있도록 여건을 조성하겠다고 적극 나섰다(보건복지부, 2018). 커뮤니티 케어를 강조하는 것은 그동안 아동, 노인, 장애인 등을 위한 의료, 보건, 복지, 상담 등 다양한 서비스가 제도화되면서 대상자의 욕구에 맞는 포괄적이고 통합적인 서비스를 제공하는 체계적인 시스템을 구축할 필요성이 커졌기 때문이다. 특히 앞으로 노인인구가 급증하면서 탈시설화를 통한 의료비용 증가율의 억제와 사회적 입원의 최소화를 실질적으로 도모할 수 있는 지역단위의 여건을 마련하는 것이 시급한 과제다.

노인인구의 급격한 증가는 2000년대 초반부터 정부와 학계의 비상한 관심을 받았다. 정부는 노인을 위한 의료·보건·복지서비스의 중요성을 인식하고 제도적으로 서비스를 계속 확대했다. 의료서비스의 보장성이 꾸준히 확대되었고 병원과 의원의 양적 확대를 통해 이용자 입장에서 편리하도록 접근성도 제고했다(정경희 외, 2016). 보건소의 만성질환 및 영양 관리 등 건강증진사업을 확대했고, 지역 맞춤형 서비스 제공을 위해 각 보건소의 자율성을 강화했다(김동진, 2017). 복지 영역도 노인장기요양보험, 노인돌봄종합서비스, 노인돌봄기본서비스 등 여러 서비스를 확대해 제공하고 있다.

노인을 위한 의료·보건·복지 서비스가 늘어나면서 '돌봄의 연속성continuum of care'이 중요한 개념으로 인식되고 있다(Liebowitz and Brody, 1970). 이 개념은 여러 가지로 정의되지만 이 글은 '노인의 기능과 욕구 상태의 변화에 대응해서 서비스가 적절하게 제공되는 것'으로 정의한다(정경희 외, 2016; 김남순 외, 2017). 이때 적절성은 여러 측면에서 논의될 수 있는데, 노인의 다양한 욕구 충족에 필요한 사항으로 적합한 종류의 서비스, 전달 체계, 제공 인력, 서비스 품질, 자격 기준 등이 해당된다(박세경 외, 2015; 정경희 외, 2016). 특히 노인의 경우 고령이 되면서 노쇠해지거나 각종 만성질환으로 인해 욕구가 변화하고 그에 따라 적합한 서비스가 필요해지는 것이 일반적인 과정이라는 점을 감안할 때, 돌봄의 연속성은 중요하다. 만약에 돌봄의 연속성이 담보되지 않고 노인의 욕구에 적합하지 않은 서비스가 파편적·분절적으로 제공된다면, 노인이 병원이나 시설에 입소하지 않고 최대한 집과 지역사회에서 삶을 누릴 수 있는 커뮤니티 케어의 실현은 현실적으로 요원할 것이다. 이런 측면에서 돌봄의 연속성은 커뮤니티 케어가 각 지역과 현장에서 실질적으로 이루어지기 위한 중요한 지향점이라고 할 수 있다.

그러나 지금까지 학계에서는 주로 의료, 보건, 복지라는 '각 영역 내'에서 서비스 제공이나 전달 체계 개선 등에 대한 연구가 이루어졌다. 노인의 입장에서 복합적인 욕구를 충족하는 데 필요한 의료·보건·복지 영역의 서비스를 종합적으로 다루면서 돌봄의 연속성의 측면에서 분석한 연구는 거의 이루어지지 않았다. 물론 영역을 뛰어넘는 전달 체계를 구축하려는 시도가 전혀 없었던 것은 아니다. 1990년대 후반에 보건복지사무소 시범사업이 시도되었지만 사실상 실패한 이후에 연계나 통합의 이슈는 일부 지자체나 기관에서만 시도되었다. 그 이후에는 중앙정부의 중요한 정책으로 충분히 다루어지지 않았다(박세경 외, 2015). 보건의료 영역과 복지 영역의 연계를 시도하는 연구(윤영호 외, 2014; 박세경 외, 2015; 황도영 외, 2016; 김남순 외, 2017)가 일부 이루어졌다. 하지만 이 연구들도 의료·보건·복지 영역의 서비스를 종합적으로 진단하지 못하고 이용자 입장에서 필요한 포괄적인 접근을 하지 못했다는 한계가 있다.

이와 같은 현실을 고려해서 이 장의 목적은 노인 돌봄의 연속성 측면에서 의료·보건·복지 서비스가 노인에게 적절히 제공되는지 탐색적으로 분석하는 것이다. 이를 위해 건강한 노인부터 시설에 입소한 중증의 노인까지 서비스 영역별로 노인을 네 집단으로 구분하는 '분석틀'을 만든 다음 주요한 이슈와 문제점을 분석했다. 아울러 소규모 면담을 실시해서 서비스 연계에 대해 파악했다. 이 연구의 질문은 다음과 같다.

① 의료·보건·복지 영역의 서비스가 노인 대상자별 욕구에 맞게 적절하게 제공되고 있는가?
② 의료·보건·복지 서비스의 영역 내부와 영역 사이에 노인 대상자별 욕구에 맞게 서비스의 연계가 적절히 이루어지고 있는가?

커뮤니티 케어가 보건의료와 복지, 주거 등 다양한 영역에서 화두로 제기되는 상황에서 이 글의 시도는 의미 있는 진단이 될 수 있을 것이다.

2. 이론적 논의와 연구 분석틀

1) AIP와 돌봄의 연속성

노인들이 집과 지역사회에서 살면서 시설로의 입소를 최대한 늦추도록 하는 중요한 개념은 "Aging in place[AIP]"다. AIP는 한국어로 정확히 표현하기 어려운데 "정주형 주거", "삶터 요양", "정들고 익숙한 환경에서 나이 듦"과 같은 여러 표현으로 불리고 있다(박영란·박경순, 2015: 136). 이 글은 AIP를 "노인의 지역사회 계속 거주"라는 용어로 사용한다(이윤경 외, 2017a: 24). 이 용어는 "노인이 익숙한 집 또는 지역사회에서 가능한 한 오랫동안 사람들과의 관계를 유지하면서 생활하는 것"으로 정의된다. 이 정의는 노인이라는 대상을 명시적으로 제시하고 시간성, 공간성, 관계성 등 AIP가 지향하는 내용에 충실하다.

AIP는 기본적으로 서구에서 나온 개념으로, 기존의 시설화 정책에 대한 반성에서 비롯되었다(Vasunilashorn et al., 2012). 요양시설이나 병원에 노인을 입소시켜서 각종 서비스를 제공했지만 노인과 장애인의 자율성 측면에서 삶의 질이 훼손되고, 과다한 의료 처방과 사회적 입원 등으로 인해 건강 악화와 학대 등의 문제가 지속적으로 제기되었으며, 국가 입장에서도 입소시설 운영 및 서비스 비용이 갈수록 부담되었기 때문이다. 이를 개선하기 위해 영국을 비롯한 서구 국가들은 '탈시설화[de-institutionalisation]'를 국가정책으로 적극 추진했고 노인이 본인의 집과 지역사회에서 최대한 거주하도록 커뮤니티 케어 시스템을 구축하기 위해 노력했다.

AIP는 노인들 대부분이 시설에 입소하는 것을 싫어하거나 심지어 두려워하고, 독립성과 자율성을 유지하면서 집에서 살 수 있다는 측면에서 긍정적인 평가를 받았다(Hooyman and Kiyak, 2011). 더욱이 성공적인 노화나 적극적인 노화 개념과 연결되면서 노인 복지의 중요한 지향점으로 논의되고 있다(이윤경 외, 2017a). 정부 입장에서도 노인들이 시설보다 집에서 노후를 보내는 것이 국가의 보건과 복지 예산을 절감할 수 있기 때문에 바람직한 정책으로 선호되었다(Vasunilashorn et al., 2012).

그러나 AIP가 현실에서 실현되기 위해서는 여러 조건이 충족되어야 한다. 노인이 주로 집에서 안전하게 생활하고 욕구 변화에 대응할 수 있도록 주택housing, 의료, 돌봄 등 여러 서비스가 적절히 제공되어야 한다(Wiles et al., 2012). 노인들도 스스로 AIP의 성공 요건으로 이 서비스들과 집의 관리home maintenance가 필요하다고 주장한다. 주택과 관련해서는 노인의 기능 약화에 대응해서 공동생활주택congregate housing과 지역사회주택community housing 같은 새로운 형태의 주택이 발전해 왔다(Vasunilashorn et al., 2012).

이 과정에서 돌봄의 연속성이 중요한 개념으로 부각되었다. 이 개념은 1970년대부터 노인에게 연속적인 돌봄을 제공하기 위해 필요한 연구와 실천을 통합하기 위한 개념으로 사용되기 시작했다(Liebowitz and Brody, 1970). 지금은 개념의 범위가 확장되어 다양한 배경에서 활용되는데, 인생 주기상 시간, 장소, 돌봄의 수준, 역할, 관계, 삶의 방식 등과 연관되어 활용되고 있다. 이 글에서 돌봄의 연속성은 노인의 욕구 변화에 따라 필요한 의료·보건·복지 서비스가 적절하게 제공되어 노인의 복합적인 욕구가 충족되도록 여러 서비스가 연계되는 것을 의미한다(Kerber et al., 2007: 1359).

이 장은 노인이 집과 지역사회에서 계속 거주할 수 있도록 보건의료·복지 영역의 재가와 지역사회 서비스를 중심으로 분석하되 요양병원이나 요양원 같은 시설에 입소한 노인 대상의 적합한 서비스 제공 여부도 분석한다. 왜냐하면 중증이나 말기 상태의 일부 노인은 시설 입소가 불가피하고 돌봄의 연속성 측면에서 점검하는 일이 필요하기 때문이다. 노인의 욕구에 따라 적합한 의료·보건·복지 서비스에 대한 접근과 이용은 노인의 AIP와 커뮤니티 케어가 실현되기 위한 가장 기본적인 요인이다(정경희 외, 2016; 우국희, 2017; 이윤경 외, 2017a). 앞에서 언급한 노인의 계속 거주를 위한 여러 요건을 현실에서 마련하지 못하거나 노인 돌봄의 연속성이 충분히 고려되지 않으면 노인은 적절한 보호를 받지 못하고 오히려 고립, 불편함, 소외, 외로움 등의 우울한 현실에 직면할 수 있기 때문이다(우국희, 2017; 이윤경 외, 2017a).

2) 서구의 의료·보건·복지의 통합적 커뮤니티 케어 구축

서구 선진국에서는 건강한 노화에 정책의 초점을 맞추고 있다. 세계보건기구(WHO, 2016: 28)는 건강한 노화healthy ageing를 "노년기에 행복할 수 있도록 기능적인 능력을 개발하고 유지하는 과정"이라고 정의했다. WHO는 공공보건정책의 목표를 세우는 측면에서, 건강한 노화는 단순히 질병의 유무에 있지 않고 생애주기와 기능적인 관점에서 전체적인 방식으로 접근해야 한다고 강조했다. 서구는 건강한 노화를 위해 집과 지역사회에서 의료서비스를 효과적으로 이용하도록 병원 중심의 집중치료 시스템을 '지역사회 중심의 통합서비스 시스템'으로 전환했다(최권호, 2015). 집중적인 치료가 필요한 급성기 질환보다는 만성질환이 많은 노인인구가 증가하면서 만성질환의 예방과 관리가 더욱 중요해졌기 때문이다(선우덕, 2016). 만성질환의 체계적 관리는 건강수명을 연장하는 장수의 핵심 기제로 금연, 절주, 운동, 적절한 식습관을 위한 보건교육과 질병 예방 시스템의 구축이 중요하다(오유미, 2017).

서구의 지역사회 중심 통합서비스 시스템은 두 가지 방향으로 이루어졌다(이규식, 2017). 지역의 주치의GP를 중심으로 한 1차 의료기관이 노인의 만성질환 예방과 관리를 위한 상담과 안내를 하고 필요한 서비스를 2차, 3차 의료기관에게 의뢰하는 문지기 역할을 한다. 이와 함께 의료서비스와 돌봄서비스를 연계 및 통합integration of health and social care해서 최대한 집과 지역사회에서 노인이 의료와 복지서비스를 함께 이용하도록 했다. 기존의 의료·보건·복지 간 경계를 허물고 전달 체계 간 연계와 통합을 강화했다(Genet et al., 2011). 미국은 1970년대부터 보건과 복지서비스 연계를 포함한 '관리 의료managed care'를 도입했고(최권호, 2015: 372), 영국은 1990년부터 국민보건서비스NHS의 관리를 지방정부의 권한으로 일부 이양하고, 보건과 복지의 '조인트 커미셔닝Joint commissioning'을 실시하고, 보건복지위원회Health and Well-being Board를 각 지방에 설치해서 영역 간 협조를 도모했다(강창현, 2013).

이 과정에서 노인의 집에 직접 방문해서 각종 보건의료서비스를 제공하는 간호사의 역할이 중요해지고 있다. 핀란드를 비롯한 서구 선진국들은 의사가 수행하던 사정이나 진단 기능의 일부를 간호사에게 이양하고 있다. 집에서 간호사가 병원에서 입원한 것과 비슷하게 다양한 의료와 관련된 서비스를 제공하는 것이다(이규식, 2017). 동시에 요양보호사와 같은 돌봄 인력이 일상생활의 신체 수발이나 가사서비스를 제공한다. 또한 노인이 병원에 입원하는 기간을 최소화해서 조기 퇴원시키고 의료와 복지서비스를 통합적으로 제공해서 집에서 거주하도록 한다.

3) 한국 노인의 건강 실태와 의료·보건·복지 서비스 확대

한국 국민의 기대수명은 2015년 기준 82.1세로 높은 수준이지만(통계청, 2016), 활동의 제한 기간을 제외한 '건강수명'은 73.2세(WHO, 2016)로 약 9년의 격차가 있다. 한국의 기대수명은 오는 2030년에 여성 90.8세, 남성 84.1세로 세계 최고 수준으로 늘어날 것으로 예상되면서 건강수명 연장이 노인 삶의 질을 개선하는 데 관건이 되고 있다(오유미, 2017).

'2014년 노인 실태조사' 결과에 따르면(정경희 외, 2014b), 전체 조사 노인의 89.2%가 만성질환이 있고, 1개의 만성질환 보유 노인이 18.2%, 2개 22.8%,

3개 이상도 49.4%로 나타났다. 노인의 우울 증상도 전체 조사 노인의 33.1%가 우울 증상이 있고, 여성 노인(38.1%)이 남성 노인(26.1%)보다 다소 높은 우울 증상을 보이고 있다. 65~69세 연령군의 우울 증상은 23.9%, 70~74세 연령군 31.5%, 75~79세 연령군 38.5%, 80~84세 연령군 41.9%, 85세 이상 연령군 49.0%로 높은 수준을 보였다. 노인의 영양관리는 매우 취약한데 28.8%의 노인은 영양관리 주의, 20.2%는 영양관리 개선이 필요했다. 특히 여성 노인(23.4%)이 남성 노인(15.9%)보다, 연령이 높을수록(85세 이상 노인 33.3%) 영양 개선이 필요했다.

노인의 병원, 의원, 보건소, 한의원, 치과 등 의료기관 이용 현황을 살펴보면, 전체 노인의 78.2%가 지난 1개월 동안 의료기관을 이용한 경험이 있고 평균 방문 횟수는 2.4회로 나타났다(정경희 외, 2014b). 그러나 지난 1년간 병·의원의 치료가 필요하지만 진료를 받지 못한 노인의 비율도 8.8%나 되었다. 미치료율은 연령이 높을수록 그 비율이 높았는데 85세 이상 연령군이 14.7%로 가장 높았다.

이와 같은 노인의 건강 상태에 대응해서 의료·보건·복지 서비스가 지속적으로 확대되고 있다. 첫째, 의료 영역은 국민건강보험의 보장성을 확대했고 진료비 부담을 경감하기 위해 외래진료비 본인부담정액제가 실시되었다. 국민건강보험공단의 노인 의료비 통계에 따르면, 65세 이상 노인 의료비가 전체 의료비에서 차지하는 비율이 지난 20년간(1996~2015년) 12.9%에서 37.8%로 약 3배 증가했다(정경희 외, 2016). 같은 기간에 전체 의료비가 7.6% 증가한 것과 비교하면 노인 의료비가 매우 빠르게 늘고 있다. 노인인구의 자연증가와 의료서비스의 접근성이 향상되었기 때문이다.

둘째, 보건 분야에서도 노인은 보건소를 통해 2년에 1회 일반 검진과 암 검진을 받고 있다. 특히 지역사회의 '통합건강증진사업'이 발전하면서 지역의 고유한 여건에 맞게 자율적으로 사업을 추진하도록 했다(보건복지부·한국건강증진개발원, 2017a). 치매 관리, 만성질환 관리, 방문건강관리사업 등이 시행되고 있다.

셋째, 사회복지 영역은 후발주자로서 2007년에 노인돌봄종합서비스, 2008년에 노인장기요양보험이 도입되면서 '돌봄의 사회화socialisation of care'가 본격화되고 있다(전용호, 2015). 가정봉사원파견사업의 후신인 재가노인지원서비스가 사각지대 노인을 위해 있고, 독거노인의 안부를 확인하는 노인돌봄기본서비스가 전국에서 제공된다. 등급외자 a, b의 경증 상태 노인을 대상으로 하는 노인돌봄종합서비스도 제공되고 있다.

4) 선행연구: 보건의료와 복지서비스의 이용과 연계

한국은 1995년부터 1999년까지 시범적으로 보건복지사무소를 설치해 사회복지서비스와 보건의료서비스를 통합하는 시도를 했다. 그러나 보건과 복지서비스 업무를 담당하는 부서가 각각의 서비스 모델에 의해 분리 운영되면서 통합의 효과는 미흡했고 결국 실패했다(노길희·김창기, 2008). 이후에 국내에서 보건의료서비스와 사회복지서비스를 연계하려는 시도는 일부 있었으나 전반적으로 미흡했다.

최근에는 서비스가 확대되면서 연구가 이루어지고 있다. 먼저, 보건소와 사회복지 기관의 서비스를 지역 차원에서 연계하는 연구가 이루어졌다. 이상영 등(2012)은 사회복지시설에서 보건소의 건강증진서비스에 대한 이용자 욕구에 비해 연계는 미흡했지만 사회복지시설 종사자 대다수는 연계의 필요성을 인식하고 있다고 밝혔다. 이를 위해 '지역건강증진위원회'와 포인트 제도를 신설해서 대상자 의뢰나 사례 관리에 참여한 민간사회복지기관은 건별로 점수를 주고 재정을 지원하는 방안을 제시했다.

지역의 공공의료기관, 보건·복지서비스의 연계 모델 개발도 시도되었다.

윤영호 등(2014)은 세 가지 형태의 통합지원센터 모델을 제시했다. 공통적으로 공공병원 중심의 방안을 제시했는데, 초기에는 공공병원의 공공의료팀을 중심으로 연계하되 장기적으로는 사회복지공무원의 파견과 방문보건사업을 병원에서 위탁하는 것을 제시했다. 즉, ① 공공의료팀 중심 모델, ② 공공의료팀과 사회복지공무원 파견 모델, ③ 공공의료팀, 사회복지공무원, 방문보건사업 위탁 모델을 제시했다.

노인이나 장애인을 위한 보건의료와 복지서비스의 통합을 위한 연구도 이루어졌다. 박세경 등(2015)은 노인과 장애인 서비스들이 공급자 중심의 제도 설계, 자원의 한계, 전문가 집단의 배타성, 재원 및 부처 간 칸막이 때문에 전달 체계가 매우 분절적이고 파편적이라고 지적했다. 모든 노인 대상자를 위한 모든 서비스의 통합은 불가능하다며 선별적으로 일부의 노인 표적집단을 위한 모든 서비스의 통합 또는 모든 대상자를 위한 일부 서비스의 통합이 가능하다고 밝혔다. 황도경 등(2016)은 국민건강보험의 요양병원과 노인장기요양보험의 요양원의 역할과 기능 중복을 연구했다. 이들은 노인통합케어센터를 중심으로 요양과 장기요양서비스 제공기관을 연계한 통합 서비스 제공을 주장했다. 김남순 등(2017)은 현재 다양한 보건의료와 복지 프로그램의 내용이 유사하고 사업자가 중복되어 효율성이 낮다고 지적하고, 지역사회 차원의 노인 친화적인 서비스 제공방안이 필요하다고 주장했다. 개별 법령의 제정보다는 기존 법령을 활용하고, 헌법의 기본권 보장 측면에서 보건의료와 복지서비스 전반의 상호 연계와 조정이 이루어지는 통합적인 서비스 이용을 주장했다.

5) 연구 방법론: 연구 범위와 분석틀

이 글은 〈표 5.1〉의 분석틀에서 제시한 것처럼 노인의 건강과 돌봄과 직

표 5.1 주요 분석 대상: 노인의 욕구에 따른 주요 의료·보건·복지 서비스

<table>
<tr><th rowspan="2"></th><th colspan="4">노인의 욕구별 분류</th></tr>
<tr><th>중증 노인</th><th>경증 노인</th><th>허약 노인</th><th>건강 노인</th></tr>
<tr><td>욕구 사정 결과</td><td>장기요양 1~2등급 노인</td><td>장기요양 3~5등급 노인</td><td>장기요양 등급 외 A, B 노인</td><td>장기요양 등급 외 C 노인</td></tr>
<tr><td>의료</td><td colspan="2">(요양)병원(다수): 주로 2차, 3차 의료기관</td><td colspan="2">주로 1차, 2차 의료기관</td></tr>
<tr><td>보건</td><td colspan="2">의료가정간호(병원 파견),
방문간호(장기요양)</td><td colspan="2">보건소 서비스(건강증진,
방문간호사서비스 등)</td></tr>
<tr><td rowspan="2">복지</td><td colspan="2">시설서비스(공동생활가정, 요양원)</td><td colspan="2" rowspan="2">등급외자서비스: 노인돌봄종합서비스(등급 외 a, b 대상),
노인돌봄기본서비스(독거노인 대상),
재가노인지원서비스(저소득층 사각지대 노인 대상) 등</td></tr>
<tr><td colspan="2">재가서비스(방문요양, 주간보호,
단기보호 등)</td></tr>
</table>

결되는 의료·보건·복지 영역의 주요한 서비스를 연구 대상으로 한다. 이 글의 범위에서 첫째, 의료 영역은 주로 병원, 의원 등에서 제공하는 치료와 관리 등 의료서비스다. 1차, 2차, 3차 의료기관에서 제공하는 의료서비스로, 국민건강보험이 적용되는 사업이다. 둘째, 보건 영역은 건강의 예방과 검진, 건강의 관리 및 치료 지원 서비스로, 주로 보건소 서비스가 해당된다. 노인을 위한 건강검진 및 건강증진 서비스와 함께 지역보건법 및 관련된 기타 법률에 따라 보건기관에서 지역 주민에게 제공하는 서비스다(박세경 외, 2015). 보건소에서 간호사는 중요한 역할을 수행하므로 분류의 편리상 이 글은 '각종 간호서비스'도 보건의 일부로 포함한다. 간호서비스는 3대 재가간호서비스도 포함한다. 셋째, 복지 영역은 노인의 사회적 안녕과 삶의 질을 제고하기 위한 각종 사회 복지서비스로 노인장기요양보험의 서비스와 노인장기요양보험의 등급외자 서비스가 해당된다.

이 글은 〈표 5.1〉처럼 노인을 주로 노인장기요양보험의 욕구 사정 결과에 따라 네 집단으로 나누고, 이들이 주로 이용하거나 필요하다고 판단되는 의

료·보건·복지 서비스를 중심으로 분석한다. 구체적으로, ① 만성질환이 있어도 독립적 활동이 가능한 건강한 노인, ② 노인장기요양보험의 등급 사정 결과 다소 허약한 상태인 등급외자 노인(A, B), ③ 경증 상태의 노인으로 장기요양 등급내자 노인(주로 3~5등급), 마지막으로 ④ 중증 상태로 (요양)병원(주로 중증 질환자)이나 요양원(주로 장기요양 1~2등급자) 등에 입소해서 지속적으로 보건의료와 복지서비스가 필요한 노인으로 분류했다. ③과 ④의 장기요양 등급에 따라 경증과 중증의 구분은 기존 연구(이윤경, 2018)에 근거했다.

이처럼 분석을 위해 노인 욕구별로 주요한 서비스를 〈표 5.1〉에 제시했지만 노인이 실제 사용하는 서비스는 이 글에서 제시한 것과 다른 경우가 있다는 점을 인식할 필요가 있다. 일반적으로 경증 노인이 재가서비스를 이용해야 하지만 실제로는 이용자의 선택권 행사에 의해서 시설서비스를 이용하거나 반대의 경우도 많은 현실을 감안해야 할 것이다(이윤경, 2018). 허약한 노인도 갑자기 건강이 나빠지면 3차 의료기관에 입원할 수 있다. 그리고 이 글에서는 요양병원을 포함했지만 국민건강보험에 의해 급여가 제공되므로 반드시 장기요양 등급을 받을 필요는 없다. 고령이나 중증의 질환만 있으면 요양병원 이용이 가능하지만 돌봄의 연속성 측면에서 많은 노인이 이 서비스를 이용하므로 이 글의 범위에 포함했다. 호스피스 서비스는 중증 말기 노인에게 필요하지만 연명의료결정법 시행이 초기이므로 분석 대상에서 제외했다.

이 장은 의료, 보건, 복지 분야의 광범위한 문헌을 체계적으로 고찰했다. 정부의 보고서와 관련 도서와 논문 등을 종합적으로 점검하면서 노인의 관점에서 필요한 서비스 제공의 실태에 대해 세부적으로 분석했다. 아울러, 이 장은 영역 간 서비스 연계의 실태를 파악하기 위해서 지역의 보건의료와 복지를 담당하고 잘 알고 있는 공무원을 추천받아 2018년 7~8월에 보건복지부 공무원 1명, 수도권 지역의 장기요양 담당 구청 공무원 4명과 면담을 실시하고 그 내용을 분석했다. 공무원을 선정한 이유는 관련 정책을 다루고 여러 민원 등을 통해 일반인보다는 다양한 정책적·실천적 경험을 했을 것으로 기대했기 때문이다. 공무원과의 면담은 동의하에 실시되었고 인터뷰를 녹음해서 전사 작업을 실시한 이후에 분석했다.

3. 분석 결과

이 연구의 분석 결과는 〈표 5.2〉와 〈표 5.3〉으로 제시되었다. 먼저, 첫 번째 연구 질문인 노인 대상자별로 의료·보건·복지 서비스 제공의 적절성에 대한 분석 결과를 제시했다. 다음으로, 두 번째 연구 질문인 의료, 보건, 복지의 각 영역 내와 영역 간에 서비스의 연계 실태를 제시했다.

1) 건강한 노인을 위한 의료·보건·복지 서비스의 문제점

앞에서 언급한 대로 건강한 노인은 만성질환의 예방과 관리가 중요한데 노인들의 의료서비스에 대한 접근성은 개선되었지만 노인의 만성질환 유병률 추이는 일부 악화되었다(정경희 외, 2016). 노인의 고혈압 유병률은 2004년에 40.8%에서 2014년에는 56.7%로 크게 늘었고, 당뇨병의 유병률도 같은 기간에 13.8%에서 22.6%로 증가했다. 만성질환의 증가를 막기 위해 적절한 의료와 보건 서비스 제공 시스템의 구축이 중요한데 그렇지 않아서 여러 문제가 발생하고 있다.

첫째, 노인 만성질환의 예방과 관리에 적합한 의료서비스가 많이 부족하고 그나마 제공되는 서비스가 분절적이다(김윤, 2013). 의료 영역에서 한국은 서구와 달리 여전히 의료 시스템이 급성기 질환의 집중치료 시스템 중심으로 운영되고 있으며 만성질환을 체계적으로 관리하기 위한 예방 시스템이

표 5.2 분석 결과 I : 노인의 욕구별 의료·보건·복지 영역별 주요 이슈

노인의 욕구/ 서비스 영역	① 의료 (병원, 의원 등)	② 보건 (보건소, 간호, 재활 등)	③ 복지 (사회적 돌봄)
① 만성질환 보유 건강 노인 (장기요양 등급 외 C)	- 1차 의료기관의 '주치의' 시스템과 만성질환관리 시스템의 취약 - 1차, 2차, 3차 의료기관의 구분과 역할이 불분명: 경쟁관계	- 지역사회 통합건강증진 사업: 일반인을 대상으로 하되 저소득 취약계층이나 건강관리군 등이 실질적 주요 대상 - 노인의 생애주기 검진은 66세 이후에도 필요함	
② 허약 노인 (장기요양 등급 외 A, B)	- 왕진제도 사실상 작동 안 됨	- 저소득층 중심의 제한적인 방문건강관리서비스와 재가서비스 - 보건소 방문간호사 인력 부족으로 인해 진단, 상담 위주 기본 서비스 제공 - 예방적 기능 미흡	- 단순 안부 확인과 가사수발 중심의 획일적 서비스 제공 - 저소득층 중심 서비스 - 전달 체계의 분절성과 혼잡성으로 인해 접근성 문제
③ 경증 노인 (장기요양 3~5등급)	- 의료서비스 이용 제한적: 요양원의 촉탁의 활용 한계	- 요양원: 부적절한 대상자 서비스 이용 - 노인의 높은 욕구에도 방문간호서비스 축소 - 재가에 적절한 간호서비스 제공의 취약성: 고난도 치료 욕구(욕창, 도뇨, 경관 관리 등) 많지만 상담 위주 서비스 제공 - 재활과 영양서비스 비급여	- 가사수발 중심의 질 낮은 서비스 - 빈곤과 복지 급여의 부족으로 많은 노인의 영양 부실 - 요양보호사의 높은 이직률과 인력 부족 문제
④ 중증 노인 (장기요양 1~2등급)	- 요양병원의 부적절한 대상자의 서비스 이용 - 요양병원의 서비스 질 문제 - 요양병원 인력과 제도의 문제점 - 높은 외래환자 입원일수로 의료비용 상승	- 의료기관의 재가가정간호 서비스 비활성화: 병원에서 퇴원 후에 지속적인 간호서비스 필요성에 비해 부족한 서비스 공급	

매우 취약하다. 서구는 지역의 주치의가 만성질환에 대한 상담과 정보 제공 등의 다양한 의료서비스를 제공하는 반면에 한국은 사실상 그런 시스템이 부재하다(이윤경 외, 2017b). 현재 한국의 의료 시스템에서 급성기, 아급성기, 요양으로 이어지는 포괄적인 의료와 보건서비스가 제공되지 않는 것은 질병의 중증도에 따라 1차, 2차, 3차 의료기관의 역할과 기능이 명확하게 구분되지 않기 때문이다(황도경 외, 2016). 의료법에 따르면, 의원은 주로 외래환자를, 병원은 입원 환자를 대상으로 각각 의료 행위를 해야 하지만 기관 간에 경쟁구도가 형성되어서 외래와 입원 환자를 유치하기 위한 의료 행위를 하고 있다. 더욱이 1차 의료기관을 거치지 않고, 3차 대형 병원에서 건강검진을 받거나 대형 병원 응급실, 가정의학과에서 진료를 받고 의사소견서 없이 바로 의료서비스를 이용하기도 한다. 1차 의료기관 대신 대형 병원을 선호해서 감기 같은 기본 의료서비스도 2, 3차 의료기관을 이용해서 의료 자원의 낭비가 발생하고 있다(이진용, 2014).

둘째, 보건 영역에서 보건소를 비롯한 지역의 보건기관이 질병 예방과 건강증진사업을 실시했지만 저소득층 중심으로 이루어져서 지역의 보편적인 서비스로는 한계가 있다. 공공 지역보건의료기관을 통한 질병 예방과 건강증진사업은 전달 체계가 일반 병원이 아닌 주로 보건소에 국한되어서 사각지대가 많고 그 대상자가 주로 저소득층에 국한되어서 중산층을 포함하는 종합적인 건강증진서비스 시스템으로는 취약하다(이상영 외, 2012). 특히 지역 보건소의 건강증진 인프라가 취약하고 인력과 예산도 부족해서 충실한 사업 수행에 한계가 있다. 더욱이 건강증진사업은 여러 지역에서 공공과 민간 사업이 분절적으로 진행되고 또 사업 내용이 서로 비슷하며 중복적이고 기관들 간의 정보 공유와 연계가 미흡하다(이상영 외, 2012). 정부는 이와 같은 문제에 대응하고 중앙 주도 방식의 건강증진사업을 개선하기 위해 2013년 '지역사회 통합건강증진사업'을 도입해서 각 지자체의 여건에 맞게 사업의 자율적 운영을 강화했다(보건복지부·한국건강증진개발원, 2017a). 금연, 절주, 영양관리, 비만관리, 심뇌혈관질환 예방관리, 치매관리, 방문건강관리 등의 건강증진사업을 일반 대중을 대상으로 실시하고 있다. 이 중에서 지역사회중심재활사업, 영양플러스사업, 치매검진사업 및 예방적 건강관리사업을 필수적으로 실시하도록 했다. 그러나 노인과 직접 연관되는 '방문건강관리사업'을 비롯한 각종 사업이 기초생활보장수급자와 차상위 계층 중심으로 제공되고 있기 때문에(보건복지부·한국건강증진개발원, 2017b) 여전히 보편적이지 않다.

이와 함께, 보건소의 '생애전환기 건강진단' 사업은 노인의 질환을 조기에 찾아내는 중요한 서비스다. 이 사업은 현재 40세와 66세에 딱 2번만 제공된다. 1차 검진에서는 진찰, 상담, 골밀도 검사, 노인신체기능검사 등을 하고 2차 검진에서는 고혈압, 당뇨 확진 검사, 우울증, 인지기능장애검사 등을 한다(박세경 외, 2015: 57). 그러나 노인의 평균수명이 80세가 넘는 현실을 감안할 때 66세에 한 번만 생애전환기 건강검진을 받는 것은 부족하다(선우덕, 2016). 노인의 생애주기가 길어지는 것을 고려해 생애전환기 건강검진을 늘려서 질병에 취약한 노인을 위한 사전 건강검진의 기능을 강화할 필요가 있다.

2) 허약한 노인을 위한 의료·보건·복지 서비스의 문제점

허약한 노인에는 만성질환이나 질병으로 인해 일상생활 수행에 일부 지장이 있어 다른 사람의 도움이 필요한 노인(등급 외 A, B)이나 독거노인, 저소득층에 속하며 은둔 상태에 있거나 우울증이 있는 노인 등이 해당된다. 이들에게 적절한 보호 서비스를 제공하여 건강을 회복하게 하고 독립적인 일상생활을 지원함으로써, 장기요양 등급에 진입하지 않도록 예방이 필요하다. 그러나 현재 한국에서 허약한 상태의 노인을 위해 제공되는 의료와 보건 서비스는 제한적이고, 요양보호사나 생활지원사를 중심으로 하는 사회적 돌봄의 복지서비스가 주로 제공되고 있다.

첫째, 의료 영역에서 허약한 노인을 위한 왕진제도가 부재해서 적절한 재가 의료서비스 제공이 매우 미흡한 것으로 나타났다. 의료법 제33조에 따르면, 의사는 개설된 의료기관에서 의료업을 해야 하고 일부 대상자를 대상으로 왕진을 행할 수 있다. 하지만 왕진의 경우 진찰료나 진료비만 수가에 산정되고 교통비 같은 비용은 노인 환자가 지불하므로(이윤경 외, 2017b: 180) 의사들은 병원에서의 의료 행위가 수입이 더 좋기 때문에 결국 왕진은 이루어지지 않는 경우가 많다. 집에서 의사를 통한 왕진과 다양한 보건·복지 서비스의 통합적 제공을 강조하는 서구와 비교할 때 한국의 재가의료서비스는 크게 뒤처져 있다.

둘째, 보건의 간호 영역에서 노인을 위한 방문 간호서비스도 매우 제한적인 것으로 나타났다. 재가간호서비스의 내용은 크게 7가지로 기본 간호, 임상검사, 투약 및 주사, 치료(영양, 배뇨, 배변, 호흡, 상처), 상담, 교육, 의뢰로 구분된다(오의금 외, 2015: 744). 보건소 간호사가 제공하는 '방문건강관리사업'은 노인이 장기요양 상태로 들어가는 것을 막기 위해 만 65세 이상 노인 중에서 허약 노인 판정 평가를 실시하여 총점이 4~12점으로 고위험 허약 노인에게만 신체활동관리, 영양관리, 구강관리, 요실금 및 치매 관련 건강관리 등 다양한 서비스를 제공한다(보건복지부 · 한국건강증진개발원, 2017b: 29). 그러나 이 사업은 기초생활수급자와 차상위의 저소득 계층과 고위험의 허약 노인에게만 서비스가 주로 제공되는 한계가 있다(보건복지부 · 건강증진개발원, 2017a). 게다가 진단, 교육, 상담 등의 기본적 간호서비스나 상담서비스가 제공되어 '치료적 간호' 욕구는 충족되지 않는다는 지적이다(오의금 외, 2015). 더욱이 저소득층 노인을 비롯한 많은 대상자에 비해 방문간호사 인력이 많이 부족해서 서비스 제공이 어렵다(이승희 · 임지영, 2012).

셋째, 복지 영역에서 장기요양보험 등급외자 노인을 위한 여러 돌봄서비스(노인돌봄종합서비스, 노인돌봄기본서비스, 재가노인지원서비스)가 제공되지만 서비스 내용이 서로 크게 다르지 않고 단순한 안부 확인이나 서비스 연계 등에 그치고 있다(전용호, 2015). 노인돌봄종합서비스는 노인장기요양보험의 방문요양과 주야간보호서비스와 내용이 동일하고 서비스 급여량만 다르다. 재가노인지원서비스는 방문요양서비스처럼 노인에게 필요한 단순한 가사수발과 신체수발서비스가 제공되고 주로 유무급 자원봉사자를 활용하므로 질 좋은 서비스를 기대하기 어렵다(전용호, 2015). 노인돌봄기본서비스는 단순한 안부 확인에 그치고 형식적 사정으로 인해 서비스가 필요하지 않은 노인도 이를 이용한다.

이와 함께 등급외자 서비스는 주로 '저소득층 노인'에게 제공되어 중산층 이상 노인을 위한 서비스로, 예방 기능이 부족하다. 등급외자 서비스는 모두 조세방식이지만 예산 제약으로 저소득층 노인에게 서비스 이용의 우선 권한을 부여하는 경우가 많다. 가령, 노인돌봄종합서비스는 전국 가구평균소득의 160%까지 자격조건이지만(보건복지부, 2017), 실제 이용자의 약 70%는 저소득층(기초생활수급자 50%, 차상위 계층 20%)으로(정경희 외, 2014b) 노인돌봄종합서비스가 필요한 전체 노인의 약 21.7~32.0%만 이용한다(박세경 외, 2015). 재가노인지원서비스도 사각지대의 기초생활수급자와 저소득층이 주요 대상이고, 노인돌봄기본서비스도 소득이 대상자 선정의 중요 기준이다(보건복지부, 2017).

3) 장기요양 노인을 위한 의료·보건·복지 서비스의 문제점

장기요양서비스를 이용하는 노인은 전문성에 기반한 다양한 의료·보건·복지 서비스가 필요함에도 여러 제약이 있는 것으로 분석되었다. 첫째, 의료 영역에서 요양원은 장기요양보험 제도이지만 치매, 중풍 등 중증 노인들이 상당수 거주하기 때문에 적절한 의료서비스가 제공되는 것이 필요하다. 하지만 상주 의사가 없어서 상시적인 의료서비스 제공이 구조적으로 불가능한 실정이다(이윤경 외, 2017b). 정부는 촉탁의 제도를 활성화해서 의료서비스 제공을 도모하지만 요양원이 지역사회 의사들과의 비공식적 협조를 통해 비체계적으로 운영되므로 전문적 진단, 지속적 서비스 제공, 품질 담보 등의 측면에서 한계가 있다(선우덕 외, 2016).

둘째, 보건의 간호 영역에서 방문간호는 장기요양보험의 유일한 보건의료서비스로서 노인이 주로 치매, 중풍 등의 질병을 보유한 장기요양 대상자라는 점을 감안할 때 꼭 필요한 서비스다. 실제로 방문간호서비스의 이용은 재가노인의 외래 의료서비스 비용과 이용 횟수를 줄이고, 방문간호 고이용군에는 입원비용을 낮춰주는 긍정적인 효과가 있다(강새봄 · 김홍수, 2014). 따라서 방문간호가 활성화되어야 함에도 오히려 이용률이 감소해서 방문간호기관 수가 2011년에 692개에서 2015년에는 574개로 크게 줄었다. 간호 욕구가 높은 노인도 가족보호자의 방문요양서비스 선택, 표준장기이용계획서의 낮은 권고율, 저렴한 방문요양의 대체재로서의 인식 등을 이유로 방문간호서비스 이용이 저조하다(강새봄 · 김홍수, 2014). 2015년 말 기준 장기요양 인력은 전체 32만 4946명인데, 이 중 요양보호사는 29만 4788명으로, 전체 인력의 무려 90.72%를 차지하는 반면에, 간호사와 간호조무사는 각각 2719명, 9099명으로 0.84%, 2.80%에 불과하다(국민건강보험, 2016). 특히 간호사 인력이 0.84%에 불과해서 요양원 및 재가 간호서비스 제공이 미흡하게 이루어진다. 그리고 고령화로 간호서비스가 필요한 노인이 증가하는데도 현장의 간호 인력은 오히려 줄었다.

한편, 방문간호서비스 이용 노인에게 주로 필요한 간호는 욕창 간호, 도뇨관리, 경관 영양, 흡인, 기관지 절개, 암성 통증, 산소요법, 장루 간호, 간호투석, 당뇨 발간호 등 '고난도 간호 처치'인데 현장에서는 오히려 '체위 변경이나 눈 간호' 같은 기본 간호와 '영적 간호' 같은 상담 업무가 더 많이 제공된다(오의금 외, 2015). 적은 수의 간호 인력과 최대 60분의 서비스 제공 시간, 낮은 수가, 간호조무사 중심 간호 인력 등의 개선이 필요하다(유호신 · Arita, 2015).

셋째, 복지 영역에서 장기요양보험의 재가서비스는 방문요양서비스가 핵심이며 식사 준비, 청소 등 가사수발 중심의 기본 서비스가 주로 제공되고, 따라서 노인의 다양한 욕구를 충족하는 데 부족하다. 특히 전문적인 신체수발이 필요한 노인에게 관련 서비스가 충분히 제공되지 않아서 실질적인 기능 개선이 어렵다(석재은 외, 2015; 이윤경 외, 2017b). 서구는 가사수발을 제한하고 신체수발을 중심으로 제공해서 기능 유지와 개선에 초점을 맞추는 데 반해 우리는 240시간의 요양보호사 양성시스템하에서 노인의 기능 회복을 실질적으로 도모하는 재활과 같은 신체수발서비스를 제공하지 못하고 있다(이윤경 외, 2017b). 더욱이 요양보호사에 대한 낮은 처우와 임금, 사회적인 무시 등으로 요양보호사의 이직 현상이 심화되어서 현장에서는 인력난이 심각한 상태다. 이와 함께, 재활과 영양서비스가 급여화되지 않아서 노인이 시설에 입소하는 경우가 많다. 노인장기요양보험법은 재가급여에 대해 "수급자의 일상생활 신체활동 지원에 필요한 용구를 제공하거나 가정을 방문하여 재활에 관한 지원 등을 제공하는 장기요양급여"라고 명시해 재활서비스의 필요성을 인지하고 있지만 급여가 부재하다. 그러나 노인장기요양보험의 주요 대상이 중풍노인으로 구축이나 마비 등의 증세가 일반적이므로 재활서비스가 필요하다(국회입법조사처, 2017). 외국에서는 재활서비스가 보편화되어 있다. 미국은 75% 이상의 노인이 재활서비스를 받고 집으로 돌아오는데 한국은 서비스가 제공되지 않아 병원이나 요양원과 같은 시설에서 서비스를 장기간 이용해서 매년 1조 2000억 원의 사회적 비용이 발생한다(전병진, 2017: 112). 이와 함께 상당수의 노인이 식사를 거르거나 결핍이 많은 등 영양상의 문제가 많다. 그런데도 급식의 급여화가 이뤄지지 않아서 건강과 일상생활 수행에 문제가 발생하고 있다. 특히 독거노인의 약 72.5%가 영양상 문제가 있고, 24%는 식사를 하루에 1, 2번 하거나 경제적 이유로 음식을 구입하지 못하는 결식상태로 대책이 시급하다(정경희 외, 2014b).

4) 병원 이용 노인의 의료·보건·복지 서비스의 문제점

중증 노인을 위한 서비스는 병원 중심 서비스와 퇴원을 한 중증 노인 대상의 재가서비스가 필요하다. 그러나 대표적인 병원서비스인 요양병원은 여러 구조적인 문제가 있고 재가서비스는 매우 제한적으로 제공되는 것으로 나타났다.

첫째, 의료 영역에서 요양병원의 서비스에 대한 개선의 필요성이 자주 언급되고 있다(김주경 외, 2015; 권금주 외, 2015; 김주경, 2017). 의료 중심의 서비스를 제공하는 요양병원의 적지 않은 수가 나쁜 평가 결과를 나타내기 때문이다. 요양병원에 대한 적정성 평가등급 결과에 따르면, 2013년 기준 요양병원 937개 중 1등급이 112개, 2등급이 184개, 3등급이 251개, 4등급이 239개, 5등급이 123개로 무려 38.6%의 요양병원이 4, 5등급의 낮은 등급을 받았다(김주경 외, 2015). 더욱이 화재 및 안전사고가 발생하거나 옴, 진드기, 결핵 같은 전염성 질병으로 노인 건강이 악화되는 등 기본 위생도 지켜지지 않는 경우도 있다(정형준, 2014). 실제로 가족이나 보호자가 경험한 요양병원은 간병이 기계적으로 이루어지고 청결하지 못하며 적절한 의료서비스도 제공되지 못한다(권금주 외, 2015). 정부가 요양병원 수를 늘리기 위해서 탈규제의 시장화 정책을 적극 추진했기 때문이다. 장기요양기관의 시장화처럼 민간 요양병원의 시장 참여를 독려하기 위해 화재 안전, 엘리베이터, 병상 기준 등의 설립 요건을 완화해서 시장 진입 장벽을 낮추었고, 이에 따라 정부의 기대 이상으로 요양병원 수가 크게 증가했다(정형준, 2014). 2004년에 114개에 불과했던 요양병원 수는 2010년에 849개, 2015년에는 1335개로 급증해서 2015년 기준 요양병원이 전체 병원과 의원 병상의 무려 34.4%를 차지한다(김주경, 2017). 이와 같은 요양병원의 급증은 요양원과 경쟁을 초래해 노인 유치 경쟁이 치열해지고 있다. 고객 유치를 위한 본인부담금 감면, 외국인 간병 인력 활용 등으로 안전 관리 소홀과 인권 침해 등 각종 이슈가 발생하고 있다(김주경, 2017).

이와 함께 요양병원의 인력 측면의 이슈도 있다. 요양병원은 규정상 환자 40명당 1명의 의사만 배치하면 된다. 그러나 의사 1명이 야간, 휴일에도 당직을 서기가 어려워서 요양병원의 절반 이상이 당직 의사를 배치하지 않는 등 응급 상황에 대비하기 어렵다(김주경 외, 2015). 아울러 간호 인력의 부족도 질 저하의 원인이다. 요양병원 간호사의 이직률은 23.9%로, 일반 병원보다 높다. 이와 같은 간호사 확보의 어려움으로 인해 간호 인력 기준을 미달하는 요양병원의 비율이 높다(김주경 외, 2015). 요양병원은 전체적으로 간호사보다 간호조무사를 더 많이 채용하는데(김은희·이은주, 2016), 요양병원이 평가를 받을 때 간호조무사도 포함되고 인건비 절감이 되기 때문에 선호한다. 또한 요양병원에서 근무하는 간병 인력은 비급여로, 제도의 사각지대에 있다. 따라서 주로 조선족 출신 인력을 활용하는데 간병의 질에 대한 비판이 높고, 간병비를 노인 이용자나 가족이 전액 지불하므로 경제적 부담도 크다(손덕현, 2017).

둘째, 보건의 간호 영역에서 중증의 노인을 위한 가정간호서비스가 매우 부족하다. 현재 의료기관 가정간호제도는 병원에서 급성기 치료 후에 가정전문간호사가 집을 방문해서 치료 중심의 높은 수준의 간호서비스를 지속적으로 제공하는 서비스다(오의금 외, 2015). 이를 통해 병원 입원을 늦춰서 의료비용을 절감하고 환자가 집에서도 의료서비스를 이용할 수 있도록 하는 것이다. 그러나 아직 한국은 이 서비스가 활성화되지 않았다. 왜냐하면 여러 가지 이유로 병원의 베드가 늘면서 서비스 제공이 줄어들었고, 급여비용의 20%를 본인이 부담해야 하며, 연 96회로 이용 횟수가 제한되어 횟수가 초과되면 비용을 전액 부담해야 하기 때문이다(오의금 외, 2015). 특히 이 서비스를 종료한 이후에 지역사회의 보건의료기관을 통해서 지속적으로 서비스를 이용해야 하는데 연계가 가능한 기관을 찾기 어려워 계속 이용하기 어렵다(이승희·임지영, 2012).

5) 의료·보건·복지 서비스의 '영역 내'와 '영역 간' 연계의 취약성

이 장의 두 번째 연구 질문인 의료·보건·복지의 영역 내와 영역 간 연계에 대한 분석 결과를 제시한다. 〈표 5.3〉에 요약해서 제시한 것처럼 한국의 의료·보건·복지 서비스 영역에서 전반적으로 '각 영역 내'와 '영역 간' 연계 모두 매우 미흡한 것으로 나타났다. 이는 연계의 중요성에 대해 정부, 서비스 제공기관, 제공 인력 등의 인식이 부족했고, 지역 차원에서 서비스 연계를 지원 및 촉진하기 위한 정책적·실천적 노력도 이루어지지 않았기 때문으로 분석되었다. 다음 결과는 수도권 구청의 보건 및 복지 담당자 4명 및 보건복지부 공무원 1명과의 면담과 기존 문헌 고찰을 통해서 도출되었다.

먼저, '각 영역 내'에서 기본 연계가 취약한 것으로 나타났다. 첫째, 의료 영역에서는 앞에서 언급한 대로 1차, 2차, 3차 의료기관들 사이에 역할이 불분명하고, 비영리 의료기관이지만 서로 경쟁관계에 있어 노인 환자 입장에서 필요한 다른 병원들 사이에 환자의 협력, 의뢰, 회송 등이 잘 이루어지지 않는다(이진용, 2012; 백종환 외, 2016). 서구는 지역사회 차원에서 의료기관들 사이의 협조체계를 구축하는 것이 일반적인 데 반해, 한국에서는 공공에 기반한 의료 시스템이 취약한 상태에서 의료기관들이 서로 경쟁을 통해 환자를 더 유치하려는 긴장과 대립의 관계이므로 지역사회 차원의 역할 분담과 협조체계 구축이 더욱 어렵다.

둘째, 보건의 간호 영역도 상황은 비슷하다. 3대 재가간호서비스인 ① 보건소 방문간호서비스, ② 장기요양 방문간호서비스, ③ 병원 중심의 간호서

표 5.3 분석 결과 II: 노인의 포괄적 욕구 충족을 위한 의료·보건·복지 서비스 영역별 연계의 이슈

주요 영역	① 의료 (병원, 의원 등)	② 보건 (보건소, 간호, 재활 등)	③ 복지 (사회적 돌봄)
각 영역 내의 연계	- 의료기관 간 환자의 협력, 의뢰, 회송 등 미흡 - 지역단위 기관 간 역할 분담과 협조 체계 구축 한계	- 3대 재가간호서비스는 부족한데도 서비스 간 연계 부족으로 오히려 대상자나 서비스의 중복 문제 발생	- 영리 장기요양기관의 급증으로 복지 관련 기관과의 연계와 협조가 어려워서 다양한 복지 욕구 충족이 어려움 - 장기요양보험의 등급 내와 등급외자를 위한 서비스 연계가 되지 않음
영역 간 연계: 의료와 보건	- 민간 중심의 병·의원과 공공에 기반한 보건소 간에 지역사회 차원에서 대상자와 서비스 등의 의뢰와 연계 등이 제한적임		-
영역 간 연계: 보건과 복지	-	- 보건과 복지 관련 기관이 늘고 있지만 제도가 지역 차원에서 연계를 염두에 두지 않고 각각 발전하면서 양 영역 기관들의 지역 차원 연계는 미흡함	
영역 간 연계: 의료와 복지	- 제도적인 연계가 이루어지지 않고 현장에서 필요에 의해서 제한적으로 이루어짐. 예로, 요양원의 중증 노인을 위한 의료서비스가 필요하나 촉탁의 확보가 어렵고, 요양원과 요양병원 간 역할 구분의 모호와 경쟁으로 협조가 어려움		

비스 간에 연계가 이루어지지 않아서 대상자나 서비스의 중복 문제가 발생하고 있다(이승희·임지영, 2012). 재가간호서비스의 이용자 수가 매우 적고 급여양이 부족한데도 각 서비스의 재원과 주체가 달라서 서비스 제공자와 대상자가 중복되는 등 자원의 비효율성 문제가 발생하고 있다(이승희·임지영, 2012: 283). 재가간호서비스를 활성화하는 것이 서구 선진국의 일반적인 경향이므로 잘못된 구조를 적극 개선하는 것이 필요하다. 문제는 보건소의 방문간호서비스는 공공에 기반한 시스템이므로 공공이 연계의 협조를 유도하는 데 어느 정도 영향력을 행사해야 한다는 것이다. 하지만 장기요양의 방문간호서비스는 주로 개인 소규모 영리사업자이고, 일반 병원 중심의 간호서비스는 민간 사업자로서 이들이 지역사회 차원에서 대상자에 대한 협조와 연계,

이송 등에 실질적으로 참여하도록 유인할 수단을 마련하는 일이 관건이다.

셋째, 복지 영역은 원래 지역사회 복지 차원에서 지역 차원에서의 제공기관들 간 대상자 의뢰, 협조, 연계 등이 주요한 가치이자 방향으로 강조되어 왔고 일부 지역사회복지협의체 등을 통해서 이루어지기도 했다. 그러나 노인장기요양보험의 시행과 민간을 이용하는 시장화 정책으로 영리기관들이 다수 진입하면서 노인의 복합적인 욕구를 충족하기 위한 복지 관련 기관과의 협조나 서비스의 연계는 갈수록 어려워지고 있다(선우덕 외, 2016). 오히려 대상자를 빼앗거나 선물 공세, 본인 부담금 면제 등의 불법적인 행위가 만연하다. 노인 대상자 확보 경쟁이 치열한 장기요양 시장에서 다른 제공기관들은 협조의 대상이라고 생각하지 않는 것이다. 과잉 경쟁이 발생하는 도시 지역에서 장기요양기관들이 공익적으로 바람직한 지역사회 차원의 커뮤니티 케어에 참여하도록 유도하는 것은 중요한 과제다.

이와 함께, 제도적으로 장기요양보험과 등급 외 서비스 이용자 간에는 연계가 이루어져야 하는데 지켜지지 않고 있다(선우덕 외, 2012). 보건복지부 지침상 국민건강보험공단과 지자체는 등급외자 대상자 연계에 대해 서로 책임지고 있다. 그러나 공단은 주로 등급사정 업무를 수행하기 때문에 이용 지원이 취약하고, 등급외자 대상자의 관련 정보를 지자체에 전달해도 지자체는 인력과 인식 부족 등으로 인해 등급외자를 위한 서비스 연계와 관리가 미흡하다(전용호, 2015). 더욱이 복지 영역에서는 등급외자 서비스가 확대되고 전달 체계가 복잡해지면서 제공기관이나 사업별로 서비스 연계나 협조에 장애물이 되는 것으로 분석되었다. 특히 등급외자 노인을 위한 돌봄서비스는 기존 전달 체계를 활용하지 않고 새로운 서비스를 각각의 사업과 전달 체계로 계속 확대해서 복잡하다(전용호, 2015). 대상자 선정 절차와 기준, 운영 주체와 방식 등이 제각각이다. 예를 들어 바우처 방식과 조세방식(중앙정부와 매칭, 지방정부는 재원만) 등이 혼재되어 있고, 핵심 운영 주체도 시·군·구, 읍·면·동, 독거노인지원센터, 제공기관 등으로 다양하다. 요컨대 서비스 접근성, 통합성, 포괄성 등의 원칙이 현장에서 지켜지기에는 전달 체계가 너무 분절적이다(선우덕 외, 2012; 전용호, 2015).

이와 함께 의료·보건·복지 서비스의 '영역 간 연계'는 매우 취약한 것으로 분석되었다. 노인의 만성질환 심화나 질병으로 인한 기능 악화로 보건의료와 복지 등 다양한 영역의 '서비스 패키지' 제공이 필요한데 제도적으로 연계가 이루어지지 않는 것으로 나타났다. 특히 재가급여 이용 노인이 요양원이나 요양병원으로 입소되지 않도록 하거나 병원에서 퇴원한 노인이 집으로 복귀하면 바로 보건의료와 복지의 서비스가 패키지로 제공되어야 하는데 그렇지 못한 것으로 나타났다(이윤경 외, 2017b). 장기요양보험의 재가노인은 방문요양 같은 복지 영역의 서비스만 주로 제공되고 재활이나 의료서비스는 본인이 스스로 이용해야 하는데 독거노인이나 노인부부 등은 서비스의 접근과 이용에 어려움을 겪는 것으로 분석되었다.

구체적으로 첫째, 의료와 보건 서비스 간에 연계가 이루어지지 않고 있다(박세경 외, 2015). 기본적으로 보건소 중심의 서비스는 공공에 기반하고 있고, 의료서비스는 민간에 기반하고 있어서 협조가 어렵다. 보건소에서 방문간호 인력 등을 통한 지역사회의 병·의원과의 협조 체계를 구축해 대상자 의뢰 등이 필요한데 보건소의 제한된 예산과 인력 부족으로 인해 지역사회 연계가 미흡하다(박세경 외, 2015). 앞에서 언급한 대로 1, 2차 의료기관들 사이의 역할 분담이 미흡하고 경쟁적인 관계에 있는 상태에서 보건 영역과의 연계도 협조보다는 경쟁적인 관계로 여길 수 있다.

둘째, 보건서비스와 복지서비스의 공식적인 연계도 미흡한 상태다. 노인의 복합적인 욕구가 있지만 상호 연계가 이루어지지 않고 있다(박세경 외, 2015). 보건소, 정신건강복지센터, 치매예방센터, 자살예방센터, 독거노인종합지원센터, 재가노인센터 등 여러 보건기관과 복지기관이 늘고 있지만 지역 차원에서 이들 기관 사이의 실질적인 연계를 통한 대상자의 의뢰와 통합적인 지원은 미흡하다. 따라서 자원의 비효율적인 배분으로 인해 대상자가 중복되고 서비스가 필요한 노인이 이용하지 못하는 접근성 문제가 구조적으로 발생하고 있다. 필자와의 면담에 참여한 구청의 담당 공무원들은 노인복지관에서 치매안심센터와 정신건강복지센터 같은 보건 영역의 서비스가 적극적으로 연계될 필요성은 인식하고 있지만 현장에서는 이와 같은 업무가 잘 이루어지지 않는다고 밝혔다. 구청의 보건국과 사회복지국의 서비스를 연계하기 위한 실질적인 업무 교류가 이루어지지 않고 있다는 것이다. 이는 공무원의 업무는 법과 제도에 기반해서 이루어지는데 중앙정부의 법과 지침에서 보건과 복지의 서비스 연계를 강화하는 지침이 사실상 부재하고, 설령 지침이 있어도 형식적이고 적극 요구하지 않기 때문이라고 했다.

셋째, 의료와 복지 영역도 역할 구분이 모호하거나 연계나 협조가 미흡하다. 제도적인 차원에서 영역 간 연계가 강조되지 않고 민간이 필요에 의해 현장 차원에서 진행하고 있지만 제한적이다. 가령, 요양원에는 중증 노인이 있으므로 적절한 의료서비스가 제공되어야 하지만 지역의 촉탁 의사를 통한 서비스 제공이 매우 제한적이다. 더욱이 요양원과 요양병원의 역할 구분이 모호하고, 요양병원과 요양원 간에 경쟁 구도가 형성되어서 갈등이 발생하고 있다(선우덕, 2017; 손덕현, 2017). 제도적인 결함으로 인해 질병 치료 위주의 요양병원과 사회적 돌봄 중심의 요양시설에 적합하지 않은 노인들이 상당수 입소해 있다. 요양시설에 입소한 노인의 30.4%는 의료적인 치료가 필요한 의료 최고도, 고도, 중도의 환자로 적절한 의료서비스를 이용하지 못하고 있다(김주경 외, 2015 재인용). 마찬가지로, 요양병원에도 문제행동군(15.0%), 인지장애군(34.6%), 신체기능저하군(3.9%) 등 입원 환자의 53%가 의료 필요도가 낮아 요양시설이 더 적합한 것으로 나타났다. 더욱이 요양병원 입원 노인 중 적지 않은 비율이 주거지가 없는 의료급여 수급권자나 장기요양 3~5등급자로, 신체 기능상태가 별로 나쁘지 않은 것으로 나타났다(선우덕, 2017). 이는 전문가가 아닌 노인이나 가족이 서비스 기관을 자유롭게 선택할 수 있어, 현재의 국민건강보험과 장기요양보험에서 나타나는 노인의 객관적인 욕구와 다르게 자의적으로 서비스를 이용하기 때문이다.

4. 논의와 결론

이 장은 노인 돌봄의 연속성 측면에서 의료·보건·복지 영역의 서비스가 적절히 제공되는지를 탐색적으로 분석하고 주요 이슈와 문제점을 제시했다. 이 연구의 결과에 따르면, 현재 의료·보건·복지 서비스는 노인의 욕구별로 적절한 서비스가 제공되지 못해 노인의 욕구를 충족하는 데 한계가 있는 것으로 분석되었다.

구체적으로, 의료 영역은 여전히 급성기 질환 집중치료 의료 시스템으로 운영되어서 지역 차원의 만성질환 예방 및 관리가 매우 미흡하고, 재가 상태에서의 왕진제도가 부족하다. 오히려 요양병원이 중증 노인의 의료서비스로서 비중이 크지만 요양병원에 부적합한 대상자가 많고 높은 의료비 등의 문제가 많다.

보건 영역은 지역사회의 건강검진과 건강증진의 역할을 강화하고 있다. 하지만 일반 의원이나 병원의 관련 기능은 취약하고 보건소만의 서비스로서는 한계가 있으며, 저소득층 중심의 선별적인 서비스 제공이 이루어진다. 간호서비스는 서구에서 재가와 지역사회 보호의 핵심 서비스인데도 한국에서는 그 비중과 역할이 매우 낮은 수준으로 나타났다. 그 급여양이 제한적인데도 노인이 희망하는 적극적 의료 행위인 '고난도 간호 처치' 욕구가 충족되지 않고, 간호 인력 부족으로 인해 서비스 제공이 근본적인 어려움에 봉착해 있다.

사회복지 영역의 재가 서비스는 많은 노인들이 이용하지만 가사수발 중심의 사회적 돌봄서비스가 주로 제공되는 데 그치고 있다. 요양원 서비스는 부적합한 대상자의 이용, 부실한 의료와 간호 서비스 등의 문제가 지속적으로 제기되고 있다. 등급외자를 위한 서비스도 그 종류가 늘어났지만 전달 체계가 복잡해서 접근성과 통합성에 한계가 있다.

이와 함께, 의료·보건·복지의 '각 영역 내'와 '영역 간' 서비스의 연계가 이루어지지 않아 노인의 욕구 변화에 따라 대상자나 서비스의 의뢰나 연계가 매우 미흡한 것으로 분석되었다. 제공기관들 사이의 경쟁 심화, 전달 체계의 복잡화, 공공의 미흡한 역할 등이 복합적으로 작용하면서 현장 차원에서 적절한 서비스 제공을 위한 연계가 이루어지지 않고 있다.

요컨대, 우리는 서구처럼 '통합적인 커뮤니티 케어 시스템'을 구축하는 시도가 이루어지지 않으면서 지역사회 차원에서 적절한 의료·보건·복지 서비스의 제공이 미흡하고 영역 내와 영역 간에 이용자에게 적합한 서비스를 연계하는 것이 미흡하다. 단순한 연계를 넘어서서 전달 체계의 실질적인 '통합'을 도모하는 서구와는 큰 격차가 있는 것이다. 응급치료를 위한 병원 중심의 의료 시스템과 만성적인 인력·재원 부족 등으로 인해 저소득층 중심의 선별적인 보건 시스템, 가사수발 중심의 재가 서비스와 분절성이 심화되는 복지 전달 체계 등은 노인에게 적절한 서비스 제공과 연계에 큰 장애물이다. 특히 노인이 집에 머물면서 지역사회에서 활동을 영위하기에 적절한 서비스가 취약하고, 의료·보건·복지 영역 내 및 영역 간 서비스의 연계를 도모할 수 있는 시스템과 인력이 부족하다. 따라서 노인이 재가보다는 병원이나 요양원과 같은 시설로 조기에 입소하도록 유도할 가능성이 크다.

이러한 영역 내와 영역 간의 분절적 서비스 이용의 원인은 여러 측면에서 찾을 수 있었다. 먼저, 중앙부처인 보건복지부는 제도적으로 의료와 보건, 복지 영역 간의 서비스 연계나 조정의 업무를 명시하지 않거나 형식적으로 다루는 경우가 많아서 시·군·구의 현장 차원에서 대상자에게 바람직한 형태의 영역 간 서비스가 실질적으로 연계되거나 조정되는 일 등이 이루어지지 않고 있다. 이 연구에서 이루어진 면담에 참여한 보건복지부 공무원은 보건의료정책실과 사회복지정책실 간에 업무 분담이 분명하며 양 정책실 간에 업무 분리의 골이 깊다고 밝혔다. 중앙부처 내부에서의 보건의료와 복지의 심각한 단절은 일선 지자체와 현장에서 영역 간 교류가 이루어지지 않는 근본적인 원인으로 볼 수 있다. 이와 함께, 국민건강보험과 장기요양보험과 관련해서는 제도적으로 지역 차원에서 서비스를 연결하고 조정해 주는 케어 매니지먼트나 케어 코디네이터 시스템이 부재하므로 노인 본인이나 가족이 알아서 다양한 서비스 패키지를 만들어야 하는데 이는 현실적으로 수행하기 어렵다.

이 연구의 결과에서 도출된 정책적 시사점은 다음과 같다. 첫째, 현재 이용되는 보건·의료·복지 서비스가 가지고 있는 구조적인 문제점을 직시해야 한다. 이 장의 연구를 통해 현재의 보건·의료·복지 서비스는 대상자의 상태별로 욕구를 충족하는 데 서비스 종류, 서비스 제공 시간, 제공 인력, 전달 체계, 서비스 질 등의 여러 측면에서 구조적인 문제를 안고 있다는 점을 도출했다. 이를 분명히 인식하고 적극적으로 개선해야 한다. 일각에서는 커뮤니티 케어를 기존의 시스템이나 제도와는 별개의 것으로 인식하고 이를 충분히 고려하지 않는 경향이 있는데 이는 잘못된 것이다. 커뮤니티 케어의 도입이 성공하려면 오랫동안 누적되어 발전한 보건의료와 복지의 왜곡된 제도와 현실을 적극 개선해야 한다. 그래서 커뮤니티 케어가 성공할 수 있는 튼튼한 토대이자 실질적인 시스템으로서 역할을 하도록 적극 유도해야 한다. 이를 바탕으로 커뮤니티 케어가 지향하는 가치에 걸맞은 시스템의 구축 및 운용을 동시에 도모해야 할 것이다.

둘째, 이 장의 연구 결과에서 나타난 것처럼 보건의료와 복지의 영역 내 및 영역 간에 매우 심각한 분절성이 있음을 인식하고 적극 개선해야 할 것이다. 특히 중앙부처인 보건복지부는 보건의료정책실과 사회복지정책실 간의 실질적인 교류를 통해서 제도와 실천의 통합적인 변화를 적극 견인해야 한다. 또는 사회보장위원회를 통해서 계속 분절적으로 확대되고 있는 시스템을 자체적으로 조정하고 통합하는 시스템을 구축하는 방안도 검토할 필요가 있다. 이는 일선 지역 차원에서 서비스가 실질적으로 연계되고 조정되는 출발점이 될 것이다.

셋째, 각 지방정부가 지역단위에서 연계하도록 중앙정부가 재정지원과 제도개선 등을 통해 적극 독려할 필요가 있다. 유럽에서는 다른 영역 간에 통합적인 서비스를 제공하기 위해 중앙정부가 지방정부에 재정을 인센티브로 적극 지원했다. 이를 통해 여러 분야의 전문가가 참여하는 돌봄 팀을 구성하도록 적극 독려했고, 팀 접근 방식에 의한 사정과 케어 매니지먼트 서비스를 제공하도록 했다(Europdiaconia, 2015; 전용호, 2012). 최근의 커뮤니티 케어 논의를 통해서 지역단위 케어 매니지먼트의 필요성이 고조되는 상황을 감안할 때, 이와 같은 방안은 설득력이 있을 것이다.

이 글은 문헌 고찰과 소수 공무원과의 면담을 통해 '탐색적으로' 점검한 연구라는 한계가 있다. 의료·보건·복지의 방대한 영역과 서비스를 감안할 때 탐색적인 연구로는 주제를 깊이 있게 분석하기 어렵다. 따라서 향후에 실시될 연구는 의료·보건·복지 영역의 이슈에 대해 서비스 제공자, 이용자, 관리자 등을 대상으로 한 대규모 양적연구나 질적연구를 통해서 더 심도 있게 이루어져야 할 것이다.

제 6 장

문화복지 쟁점에서 본 문화적 취약계층과 경제적 취약계층

손동기

1. 문화복지는 왜 중요한가?

복지제도의 도입은 개인의 삶의 안정성을 경제적 차원에서 보장하는 측면에서 이루어져 왔다. 하지만 복지제도의 발전 과정에서 '삶에 대한 가치'를 가질 수 있도록 하는 고려는 오랫동안 간과되어 왔다. 하지만 '삶에 대한 가치'가 사회적으로 중요해지면서 문화복지에 대한 사회적 관심이 커지는 가운데 복지 차원에서의 문화정책은 국가의 중요한 정책으로 점점 자리를 잡아가고 있다. 한국 사회는 1970년대 이후 급속한 산업 발전과 함께 산업사회에서 후기 산업사회로 진입함에 따라 여가 시간의 증가, 소득수준의 향상, 변화된 가치관과 삶에 대한 태도 등 많은 변화에 따라 국민 개개인의 문화적 욕구가 크게 증가했다. 이와 같은 사회문화 현상으로서의 문화적 욕구는 경제적 차원의 물질적인 풍요로움을 넘어 삶의 질 향상을 위한 새로운 사회적 현상으로 자리 잡았다(Inglehart, 2008; 김욱, 2012).

한국 사회에서도 시민들의 문화 향수에 대한 관심과 욕구가 날로 증가하고 있는 가운데 국가적 차원에서도 이에 따른 기초적인 문화 기반 시설의 중요성이 부각되고 있다. 한국 정부는 국민들의 삶의 질을 향상할 수 있는 '문화복지'라는 개념의 정책을 시행해 오고 있다. 한국의 문화복지정책은 국민들의 삶의 질을 개선하고 향상하기 위해서는 문화적 접근이 필수적이라는 인식에서 비롯되었다.

한편, 사회복지의 초기 단계가 취약계층에 대한 경제적 생활보호에 중심을 두고 삶의 질을 보장하는 것이라면 점차 사회복지는 문화정책과 함께 모든 국민의 문화적 향수권 보장을 통한 삶의 질 향상을 위한 정책을 중요하게 인식하고 있다. 이와 함께 문화적 권리 실현을 위해 국가는 대규모 문화시설 조성, 지역 문화 행사 개발, 지역문화시설 확충 등을 통해 지역 간 또는 계층 간 문화 격차를 줄이는 것과 같은 매우 중요한 역할을 해오고 있다. 그리고 시민들의 욕구 변화와 요구에 맞춰 정부의 문화복지 사업이 확장되고 있다.

하지만 문화복지정책이 무엇을 의미하는지 명확히 설명하기는 어렵다. 물론 문화복지정책이 중요하고 필요하다고 말을 하는 것은 어렵지 않다. 문화복지정책은 정치권에서 너무나 쉽게 쓰이고 이용되어 왔다(정갑영, 2005). 따라서 시민들은 문화복지정책에 대해서 구체성이 떨어지는 정치인들의 수사적인 표현으로 생각하기 쉽다. 한편, 일상에서 점차 문화정책에 대한 필요성과 욕구가 높아지고 있지만 정책의 구체성이 부족하다는 지적을 받고 있다. 과연 문화정책은 무엇이고 어떤 역할을 하는 것일까?

문화의 사전적 의미는 '개인 혹은 사회의 삶의 방식의 총체'다.[1] 즉, 문화정책은 삶에 대한 정책이라고 할 수 있다. 따라서 문화정책을 만들기 위해서는 우선적으로 삶의 가치를 탐구하고 이를 수립하기 위한 철학이 필요하다. 그

1 영국의 인류학자 에드워드 타일러(Edward Tylor)는 『원시문화(Primitive Culture)』 서문에서 "문화란 인간이 사회의 일원으로서 습득한 지식, 믿음, 예술, 도덕, 법률, 풍습 그리고 다른 능력들과 습관을 포괄하는 복합체"라고 정의했다(Tylor, 1871).

리고 문화정책은 좋은 제도와 프로그램을 만드는 것뿐만 아니라 문화정책이 가져야 할 가치와 의미를 사회적으로 만들어가는 일이 중요하다. 한편, 복지사회란 정부가 제도화한 복지만을 수행하는 것이 아니라 대중이 필요로 하는 모든 욕구를 느끼고 생각하고 실천하는 사회를 말한다. 이를 위해서 최소한의 생활수준 보장뿐만 아니라 사회 구성원 개개인의 잠재력과 창의성 개발을 함께 추구해야 한다. 이는 기회균등뿐만 아니라 지역사회의 인간적인 구현을 중시하는 사회라고 할 수 있다. 이러한 맥락에서 볼 때 문화복지와 사회복지가 추구하는 일반적인 목적이나 이념이 맞닿아 있다고 할 수 있다.

즉, 문화복지는 사회복지의 구현을 위해 불가결한 요소다. 루돌프 후버Rudolf Huber는 문화복지를 문화기본권으로 봤다. 즉 인간의 자유, 평등, 존엄성과 마찬가지로 문화 기본권 역시 인간의 기본적 권리로 인식했다. 후버는 문화국가의 개념을 국가가 정책으로 보장을 해야 하는 문화와 사회에서 자연스럽게 개인이 향유 혹은 소비하는 문화로 구분을 했다. 즉, 국가의 입장에서 시민들의 문화 향유를 정책적으로 실현할지라도 개인의 입장에서 국가의 개입은 통제로 느낄 수 있다는 것이다. 따라서 문화국가의 개념에서 중시하는 것은 국가가 문화를 어느 정도까지 지원하고 간섭하는지를 결정하는 것이다. 이런 맥락은 복지사회의 정부 개입 배제 논리와 비슷한 맥락에서 이해할 수 있다. 즉, 후버는 문화국가의 개념이 시민계급의 성장과 함께 시작되었다고 보았다. 그 시기는 시장경제 질서가 확립되고 시민계급이 성장하면서 개인의 자유가 확립된 시기이다. 이에 국가는 문화의 자율성을 보장하고, 국민의 문화향유권을 존중하며 올바른 문화 이념을 정립하는 정책을 수행할 것을 요구받게 되었다(정갑영·정현섭, 1995: 114). 이를 바탕으로 시민들의 문화권은 정책적·실천적으로 문화 접근과 참여를 보장받게 된다.

UN의 인권선언문 27조Universal Declaration of Human Rights, Article 27와 UNESCO 문화다양성 선언 5조Universal Declaration on cultural Diversity, Article 5[2]에서는 문화권을

정치적 권리와 경제적 권리와 같이 개인의 기본적 인권으로 문화예술 향유에 대한 권리를 규약하고 있다. 문화권Right to Culture[3]은 노동으로 인해 제약을 받는 인간의 존엄성 혹은 시민권의 실현과 매우 밀접한 관계를 맺고 있다. '문화권은 기본적으로 물질적인 측면에서 인간다운 생활을 할 권리를 의미한다'[4]고 볼 수 있는데 이러한 문화권을 노동권, 여가권, 사회보장권과 같은 맥락에서 이해할 수 있다(김기곤, 2011: 211). 즉, 문화권 보장을 통해서 시민들은 문화 향유에 대한 자유로운 접근과 참여를 보장받는 것이다.[5]

2 유네스코가 주도한 문화적 권리에 대한 것은 이동연(2008: 4부) 참고.

3 이 장에서는 문화권은 개인의 삶의 양식을 존중하는 것을 의미한다. 즉, 문화권을 인권의 관점에서 '문화에 대한 권리(Right to Culture)'로 이해하고자 한다. 물론 문화권을 예술영역에 한정된 권리로서 '문화적 권리(cultural Rights)'와 구별이 필요하다. '문화에 대한 권리(Right to Culture)'는 개인의 문화적 차이를 존중하는 '다중(multitude)의 문화'를 의미한다.

4 대한민국 헌법 제10조 인간 존엄성과 행복 추구권에 따르면 "국가는 국가공동체에 소속된 모든 구성원의 존엄과 가치를 존중하며 개인이 가지는 불가침의 기본적 인권을 확인하고 이를 보장하여야 할 법적 의무를 진다"라고 강조했는데 사회적 존재로서 인간이 존엄과 가치를 가지고 인간다운 생활을 누릴 수 있는 "사회권으로서 문화권"을 인식함으로써 문화권에 대한 보장의 책임을 국가에 지웠다고 할 수 있다. 니에츠(Nieć, 2001)는 문화권에 대해서 "인간의 보편적 가치를 담고 있는 권리이며 인권의 구체적인 실천 영역"이라고 정의했다. 한편 강내희는 "인간다운 생존을 위해 국가에 무언가를 요구할 수 있는 권리", 노명우는 "문화를 향유할 수 있는 좋은 환경을 가질 권리"라고 문화권을 정의했다.

5 1976년 유엔 총회에서 채택한 '문화생활에 대한 일반 대중의 참여 및 공헌에 관한 권고'는 문화에 대한 접근에 대해서 사회적·경제적 조건의 평등성을 강조했다. 한편, 1998년 스웨덴 스톡홀름에서 있었던 '발전을 위한 국제 문화정책회의(International Conference on Cultural Policies for Development)'에서 채택된 '발전을 위한 문화정책 행동계획(Action Plan on Cultural Policies for Development)'은 개인의 기본권으로서의 문화권 실현을 위해 문화정책의 목적을 다음과 같이 규정했다.

① 문화정책은 국가개발전략의 중요한 요소 중 하나이다(Cultural policy is one of the key components of development strategy).

② 창의성 및 대중의 문화생활을 증진해야 한다(Promote creativity and participation in

이와 같은 문화정책 패러다임의 진화와 함께 문화복지에 대한 영역도 확대되어 왔다고 볼 수 있다. 문화복지는 좁은 의미에서는 '문화적 결함을 가진 문화적 약자나 문화적 낙오자를 예방, 치료하는 것'으로 볼 수 있다. 넓은 의미에서는 "모든 국민이 문화생활상의 요구나 문화적 필요성에 부응해 문화적 환경을 개선, 발전시켜 개인이 직접 필요로 하는 문화 서비스를 제공하고, 이런 선순환적인 연결고리를 통해 사회 전체의 문화생활을 개선, 향상시키는 사회적 서비스"라고 볼 수 있다(정갑영·장현섭, 1995: 28). 한편, 이러한 시민들의 문화적 소양 향상은 후버의 주장과 같이 사회의 성숙함과 민주주의의 발전과도 밀접하게 관계를 맺고 있다.

한국에서 1980년대 이후 '국민 삶의 질 증진'과 관련해 정치적으로 사용되어 오던 '문화복지'라는 용어는 오늘날에 이르러 점차 사회적·보편적으로 쓰이고 있다.[6] 한국에서는 시민의 기본권으로서의 문화권Right to the culture을 문화정책의 협소한 부분으로 인식해 왔다. 따라서 문화정책 대부분이 문화 향유 차이 감소 또는 문화 소외자들에 대한 문화적 격차 해소와 관련해 수립되어 시행되고 있다. 이에 대해서 심광현(2003)은 한국의 문화복지정책은 국가

cultural life).

③ 유형·무형의 유산의 중요성을 강조하고 보호하기 위한 노력과 정책을 강화해야 하고, 문화산업도 촉진해야 한다(Reinforce policy and practice to safeguard and underscore the importance of the tangible and intangible heritage and promote cultural industries).

④ 정보화 사회를 위해 문화와 언어 다양성을 증진시킨다(Promote cultural and linguistic diversity in and for the information society).

⑤ 문화적인 발전을 위해 가능한 재정적·인적 자원을 확보해야 한다(Make more human and financial resources available for cultural development).

6 서우식과 양효석(2013)은 서구에서는 찾아보기 힘든 문화복지라는 한국적 용어는 처음부터 문화정책에 근본적인 지향점이 있다고 했다.

의 시혜적인 차원에서 이루어지는 좁은 의미에서의 문화적 복지 수준에 머물고 있다고 평가했다. 이에 머물지 않고 한국의 문화복지 발전을 위해서는 문화 향유를 중심으로 하는 주민참여형 문화정책이 발전되어야 함을 강조했다. 하지만 심광현의 지적은 지금까지도 피할 수 없는 문제로 남아 있다.

한편, 전반적으로 사회 환경이 변화하면서 문화적 종다양성의 파괴, 노동환경의 유연화, 문화의 상업화, 삶의 여정의 변화나 불안정화 등이 초래되었다. 이에 따라 시민의 문화권에 대한 사회적 인식이 커지고 있고 이에 대한 정책의 필요성과 중요성이 사회 전반으로 확산되었다. 그 일환으로 볼 수 있는 2004년에 시행된 주5일근무제는 이제 사회 전반적으로 자리를 잡았으며, 이에 따른 주5일수업제의 영향으로 가족 간의 자유로운 공동생활 시간이 증가했다. 그 결과 사회 전반적으로 자유시간 활용에 대한 고민이 커지고 있고, 자유시간의 유용한 활용을 통해서 삶의 의미를 추구하려는 사회적 분위기가 확산되고 있다. 하지만 여전히 문화 향유는 시장지배적 논리의 영향을 크게 받고 있으며, 이로 인해 문화소외계층은 꾸준히 양산되고 있다.

이처럼 문화 향유에 대한 시민들의 욕구는 늘어난 반면 사회적·경제적 빈부격차는 심화되면서 개인 간 또는 사회계급 간 문화 향유에 대한 양극화 현상이 두드러졌다. 이로 인해 사회적·경제적 취약계층의 문화적 욕구 충족은 이전보다 더욱 어려워졌다. 이와 같은 맥락에서 사회적으로 공공의 영역에서 문화의 역할과 기능은 더 중요해질 것이며, 이에 대한 사회적 요구는 더욱 커질 수밖에 없다. 이와 같은 사회적 변화에 대해 양혜원(2013: 15)은 한국의 문화복지정책이 "사회적 취약계층을 포함한 전 국민의 문화적 접근 기회를 확대하고 문화 향유 및 참여를 보장함으로써 문화적 감수성과 창의성을 배양하고 궁극적으로 삶의 질을 향상시키기 위한 공공과 민간의 협력적 시책과 과정, 관련 제도"로의 도약이 필요한 시기에 도래했다고 보았다. 그리고 문화복지정책의 목표가 "모든 시민의 문화적 향유 및 참여를 보장함으로써 그들의 문화적 감수성과 창의성을 배양하고, 이를 통해 개인적으로는 삶의 질 향상을, 한편 사회적으로는 사회통합, 사회혁신 그리고 문화시민 육성을 이루어내는 것"이라고 밝혔다. 즉, 문화복지정책의 기능과 효과로 문화 향유의 개인적·사회적 가치와 효과를 통해서 행복의 사회적 결정요인을 강화함으로써 시민의 행복을 제고할 수 있다는 것이다. 그리고 이러한 시민들의 문화권을 보장하기 위한 국가의 책임과 노력이 어느 때보다 중요한 시기가 도래했다. 이 글은 이러한 고민을 함께하고 의견을 공유하기 위한 것이다.

2. 이론적 배경

'문화복지'라는 용어를 이해하기 위해 이 개념이 어떤 맥락에서 사용되기 시작했는지를 먼저 살펴볼 필요가 있다. '문화'와 '복지'라는 단어들의 합으로 된 '문화복지'를 다시 둘로 나눠 각각의 용어에 대해서 살펴보자.

1) '문화'의 개념

'문화'는 이미 수많은 학자가 정의를 내려왔다. 그럼에도 불구하고 문화의 객관적인 개념에 대한 논란이 계속되고 있는 것만 봐도 문화를 정의하기가 얼마나 어려운지 짐작할 수 있다. 가장 일반적으로 받아들여지고 있는 문화 개념을 살펴보면 다음과 같다. 타일러(Tylor, 1871)는 문화를 "사회 구성원으로서 인간에 의해 획득된 모든 능력과 습관을 포함하는 복합 총제"라고 정의했고, 윌리엄스(Williams, 1976)는 문화를 "교양인으로 일컫는 정신적 발전 상태, 예술 및 인문적 지적 작업"이라고 정의했다. 이처럼 문화는 사회를 구성하는 사람들 사이에 공유하고 있는 관습, 신념, 규범의 가치체계뿐만 아니라 그러한 가치를 습득하는 과정까지를 포함한 광범위한 개념이라고 볼 수 있다. 그리고 인간의 생활양식은 시대와 장소, 행위 주체에 따라 다양하게 나타나기 때문에 하나의 객관화된 잣대로 정의하기 어렵다.

문화는 영어 'Culture'의 한국어 표기다. 하지만 동양의 '문화文化' 개념은 서양의 'Culture' 차이가 있다. 동양의 문화는 '문치교화文治敎化'라는 말의 줄임말로 '글로써 다스리고, 가르쳐서 변화시킨다'라는 의미다. 이런 맥락에서 볼 때 동양에서 개인에게 문화는 '사회로부터 교육된 문화를 따르는 것'이 중요하다고 볼 수 있다. 즉, 집단적 차원에서의 문화가 아닌 개인적 차원에서의 문화적 단위인 '문화특질cultural trait'이나 주류문화와 구별이 되는 '하위문화subculture'에 대한 사회적 인식이 낮다. 반면 서양의 'Culture'는 'Cultivate(생성하다)' 또는 'Cult(숭배)'라는 두 가지 의미를 모두 갖고 있다. 'Cult'는 동양적 문화의 개념과 비슷하게 '맹신하여 믿고 따른다'라는 의미를 갖는다. 반면 'Cultivate'는 '생성하다'라는 의미로 개인의 문화적 특질이 사회적으로 용이하게 받아들여지는 것을 의미한다. 이와 같은 맥락에서 한국에서 쓰고 있는 문화의 정의는 서양에서 'cult'에 가깝다고 할 수 있다. 즉, 한국에서 문화는 사회의 상층구조(사회제도, 예술, 종교 등등)를 의미하고, 상층구조는 하층구조 또는 개인個人에게 영향을 끼친다. 하지만 반대로 개인이 상층구조를 습득하는 과정에서 스스로를 표현하고 창조하고 내적인 발전을 이룬다는 차원에서의 문화적 의미는 매우 제한적으로 쓰인다. 이는 '부분문화subculture'에 대한 번역을 통해서도 알 수 있다. 'Subculture'는 '하위문화', '부분문화', '주변문화' 등 다양하게 번역되고 있다. 'sub-'를 어떻게 해석하느냐는 매우 중요하다. '부분'이라고 한다면 전체를 이루는 구성으로서의 평등한 가치와 의미가 있지만, '하위'라고 한다면 위계질서에서 상층구조의 영향 아래에 위치하고 그 가치가 상대적으로 낮게 평가되는 문제가 있다. 대다수가 'Subculture'를 하위문화로 번역해서 쓰고 있는데, 이를 통해 한국 사회에 문화의 위계질서가 뿌리 깊게 자리 잡고 있음을 알 수 있다. 한국에서 문화는 수평이 아니라 수직적인 체계로 되어 있다. 이런 맥락에서 볼 때 문화 다양성 측면에서 문화에 대한 한국 사회의 시각은 매우 제한적이고 폐쇄적이다.

한편, 문화를 정의할 때 문화의 주체(행위자)를 명확히 한정하지 않는 경우가 많다. 그럴 경우에 문화의 정의는 매우 폭력적으로 되어버린다. 예를 들어, '청소년 문화', '이주노동자 문화'라고 할 경우 청소년, 이주노동자 개개인들이 가지고 있는 다양한 문화정체성과 문화가치는 사회적으로 재단되어 버린다. 따라서 어떤 문화를 정의할 때 '누구의', '어느 지역의', '어느 시대의' 문화인지를 명확히 구체적으로 명시할 필요가 있다. 이를 통해서 어느 계층에, 어느 지역의 각 특정 문화를 구성하고 있는 '문화 생태계'를 연구할 수 있는 토대가 마련된다. 이러한 문화 생태계에 대한 선행연구가 없이 문화정책을 펼친다면 앞에서 언급한 '폭력적인 문화'의 재단처럼 매우 폭력적이고 거친 문화정책이 될 수 있다. 이런 맥락에서 보면 한국의 '문화복지정책'이 얼마나 거칠게 만들어지고 운영되는지 알 수 있다. 이러한 점에 대해서 많은 문화복지 연구들이 비판했던 한국 문화복지정책의 비효율성(김효정, 2014; 서우석·김정은, 2010; 심창학, 2013; 유원희, 2011)의 문화사회적 원인을 알 수 있다.

문화 향유의 대중화에 크게 이바지했던 문화의 상업화에서는 수요에 따라 가격이 차등화될 수밖에 없다. 또한 많은 사람들이 쉽게 접근할 수 있는 문화 향수는 확대·재생산이 쉽고, 이로 인해 문화 향수의 획일화 현상이 나타나는 문제점도 있다. 물론 획일적인 공급이 싫은 사람들은 그에 맞는 비용을 지불하면서 자신이 원하는 문화 향유 욕구를 충족할 수 있다. 하지만 추가적인 비용에 대한 부담 때문에 다수의 사람, 즉 대중mass이 쉽게 접근하기는 용이하지 않다. 이에 신자유주의 시장경제 모델에서 개인의 문화 향수에 대한 자율성이 아무리 의미가 있고 중요하더라도 그 수요가 시장에서 충족되지 못하면 실질적인 문화 향유의 가능성은 제한적이 될 수밖에 없다. 문화의 상업화가 문화의 대중화에 긍정적인 영향을 끼치기도 했지만 한편으로는 사회계급 간 문화 격차를 유발하는 원인이 되기도 했다. 여가의 대중화에도 불구하고 자신이 원하는 문화를 향유하지 못하는 계급이 확산되고 있다. 시장은 상류층 혹은 많은 사람들이 희망하는 여가를 보다 쉽고 저렴하게 누릴 수 있는 '여가문화상품'을 제공하고 있지만, 개인의 자율성이 보장된 여가문화 향유라는 측면에서 보면 그 가치와 의미는 매우 미약하다고 할 수 있다. 신자유주의 경제 아래에서 개인들 사이에 경제적 불평등이 심화되고 있는 가운데 문화 향유와 관련된 불평등을 줄이고, 다양한 문화 욕구를 가진 국민들의 문화 향유권을 통해 삶의 질을 보장하기 위해 국가의 역할이 점점 더 중요해지고 있다.

2) '사회복지'의 개념: 문화 향유의 불평등을 중심으로

개인들 사이의 불평등은 사람들이 사는 곳이라면 어느 곳이나 어느 시대에나 존재한다. 이러한 불평등이 단순한 개인의 문제가 아니라 사회구조적인 문제 때문에 발생하는 경우에 사회적 계층status으로 인한 구조화된 불평등이 발생한다. 이렇게 사회적 계층으로 인한 불평등이 지속적으로 발생하고, 이러한 사회현상이 사회적으로 정당하다고 평가받지 못한다면 그 사회는 심각한 계층 간 갈등으로 인해 사회적 위험이 증가한다. 그러면 사회적으로 불평등을 완전히 없앨 수 있을까?

토머스 모어Thomas More가 말한 유토피아utopia에서나 불평등을 완전히 없앨 수 있는 것이 가능할 것이다. 그러나 현실적으로 불평등을 완전히 없앨 수는 없다. 한편, 모든 불평등이 꼭 부정적인 의미만 있는 것은 아니다. 불평등이 문제가 되는 것은 그것이 '차이'로 인해 발생하는 것이 아니라 '차별'에 의해서 발생할 때다. 정당한 불평등도 사회적 정의가 바탕이 되었을 때는 가능하다. 그리고 이러한 사회적 정의는 공동체의 합의를 통해 만들어진다. 프랑스에서는 '긍정적 차별discrimination positive' 정책이 있다. 이 정책은 사회에서 만들어진 계층 때문에 발생하는 불평등을 극복하려고 노력하고 있다.

불평등에 대해서 우리가 수용할 수 있는 사회적 정의의 기준 세 가지를 들 수 있는데, '능력', '노력', '필요'다. '능력'이 좋은 사람이 많은 것을 가져가는 것에 대해서, '노력'의 정도로 인해서 발생하는 차이나 '필요'의 정도에 따라 발생하는 불평등은 사회적으로 어느 정도 수용되고 있다. 물론 이 세 가지 기준들 사이에는 큰 차이가 존재한다. 왜냐하면 능력이 있다면 노력을 적게 해도 되고 능력과 노력에 관계없이 필요가 클 수도 있기 때문이다. 예를 들어, 자녀가 많은 경우 자신의 능력이나 노력과 상관없이 많은 필요가 발생한다. 한편, '노력'과 관련해서 모든 사람이 노력을 하는 것은 아니다. 특히 경쟁에서 '노력'을 하는 사람들은 어쩌면 유리한 계층에 속하거나 개인적인 능력이 뛰어난 경우일수록 경쟁에 대한 욕구가 더욱 높다고 볼 수 있다. 능력이 떨어질 경우 아예 노력을 포기하는 일도 발생한다. 한편, 아무리 노력해도 필요를 충족하지 못하는 경우도 존재한다. 그러므로 사회복지를 이해하는 데 가장 중요한 기준은 '기여에 따른 분배'와 '필요에 따른 분배'라고 볼 수 있다. 어느 기준을 선택하느냐에 따라 사회적 정의나 불평등에 대한 시각도 달라진다. 사회복지제도 대부분은 '기여에 따른 분배'를 우선시하고 '필요에 따른 분배'를 보충적으로 적용해서 사회적 불평등을 조정하는 역할을 해왔다. 이와 같은 맥락에서 문화 향유에 대한 사회적 필요성을 어떻게 인식하느냐에 따라서 분배가 어떻게 이루어질지가 크게 영향을 받는다.

특히 사회적 불평등과 관련해서 문화복지는 더욱 중요하게 인식되고 있다. 하지만 문화적 빈곤으로 인한 불평등의 발생은 단순히 소득의 불평등에서만 기인하는 것이 아니라 다차원적인 사회적 요인에 의해서 발생하기 때문에 사회적 불평등과 문화복지의 상관관계를 규정짓기는 어렵다. 경제적 빈곤으로 인한 사회적 차별이나 배제social exclusion의 발생은 규정을 명확히 하기가 비교적 용이하기 때문에 그에 대한 대응도 구체적으로 명확히 할 수 있다. 하지만 사회적 자본 social capital에 의한 불평등의 심각성(강신욱, 2006)에 대해서는 많은 사람들이 공감은 하지만 문화복지가 어떻게 그 문제를 해결해야 하는지에 대해서는 사회적 공감이나 뚜렷한 정책을 구체화하기 어렵다. 문화 향수에 대한 욕구가 지극히 개인적인 측면도 있지만 문화복지의 대상이 기존의 문화적 소외층 외에도 새롭게 한국 사회에 진입하려는 외국인 노동자, 국제결혼 이주자, 탈북자 등으로 더욱 다양해졌기 때문이다. 문화복지에서 가장 어려운 점은 문화복지 대상자들이 문화적 박탈감을 얼마나 느끼는지를 측정하고 평가하는 것과 이러한 박탈감에 대한 사회적 공감대를 형성하는 것이다.[7] 김경혜 등(2010)은 소득, 노동, 건강, 교육 등 다양한 지표에 대한 중요도를 조사한 결과 문화 항목에 대해서는 낮은 수준의 중요도가 나왔다는 점을 지적하면서 문화 향유에 대한 주관적 필요성이 복지의 성격에 얼마나 영향이 미치는지를 설명했다. 문화 향유에 대한 욕구는 생존이나 일상생활과 직결된 것이 아니기 때문에 개인적인 영향보다는 사회 전체적인 수준에서 일어나는 변화가 개인에게 미치는 영향이 매우 크다. 그 때문에 문화 향유에서 빈곤은 상대적 박탈의 성격이 매우 강하다.

7 한국문화예술위원회(2012)는 2012년에 객관적 문화박탈뿐만 아니라 주관적 속성을 고려해서 한국의 문화소외계층을 문화에 대한 욕구수준에 따라 네 부류로 구분했다. ① 문화에 대한 욕구수준도 낮고 소득수준도 낮은 '기존의 사회복지 소외계층', ② 문화에 대한 욕구수준은 높고 소득수준은 낮은 '1차적인 문화소외계층', ③ 문화에 대한 욕구수준도 높고 소득수준도 높은 '자발적 문화향유계층', 마지막으로 ④ 문화에 대한 욕구수준은 낮고 소득수준은 높은 '문화욕구결여계층'이다.

3) '문화복지'의 개념

문화복지는 일반적으로 문화예술뿐만 아니라 일상생활의 전반적인 변화를 유도하는 의미로 확대된 개념이며, 향유 대상으로만 인식되어 오던 기존의 문화 개념을 뛰어넘어 참여를 통한 문화생활의 활성화와 복지문화를 창조한다는 동태적인 의미를 포함하는 개념으로 이해된다. 앙드레 고르André Gorz는, 문화 향유는 후기 산업사회에서 필수적인 시민의 권리가 되었다고 주장했다. 그리고 강호진(최종혁 외, 2009: 154 재인용)은 문화복지를 일반적인 문화예술뿐만 아니라 일상생활의 전반적인 것이라고 정의했다.

좁은 의미에서의 문화복지(최종혁 외, 2009: 155 재인용)는 '문화적 결함을 가진 문화적 약자나 문화적 낙오자를 예방·치료하는 것'을 의미한다. 즉, 문화복지를 문화소외계층을 위한 정책으로 이해할 수 있다. 한편, 넓은 의미에서 문화복지는 '모든 국민의 문화적 필요성에 부응하는 문화환경 개선과 정비'를 일컫는다. 이를 위해 개인이 필요로 하는 문화서비스를 국가 혹은 공공이 제공해 문화생활을 개선하고 향상시키는 사회문화적 서비스를 통칭할 수 있는 것이다. 특히 사람들의 생활양식이 발전하고 노동시간이 감소하면서 일상생활에서 문화생활이 차지하는 비중이 높아짐에 따라 문화 향수에 대한 개인적인 욕구와 기대가 높아지고 있다. 게다가 획일화되고 표준화된 대량생산의 결과물보다 개성화·다양화·고급화된 재화와 서비스에 대한 사람들의 요구가 날로 증가하고 있다. 가장 대표적인 입장으로는 문화복지정책의 구체화를 중요한 발전으로 강조하는 용호성(2012)이나 문화소외계층을 경제적 소외계층보다 더 넓은 범위에서 이해하려는 우주희(2009)가 있다. 우주희(2009)는 문화정책 대상으로서 '서민' 개념을 제시했다. 여기에서 서민은 경제적으로 넉넉하지 못해 문화 향유를 위한 비용 지출이 어렵고, 생업 종사 외에 문화 향유를 위한 시간적 여유를 갖기 어려운 특성이 있다는 점에서 문화적 취약계층으로 규정된다. 문화적 취약계층은 사회경제적 취약계층보다 넓은 범위의 개념으로서 시간, 건강, 경험 부재 등으로 인해 문화적 경험이 부족한 계층을 일컫는 광의의 개념으로 규정되었다. 그 결과 서민문화정책의 대상은 문화적 취약계층 가운데 중산층을 제외한 집단으로 규정되어 사회경제적 취약계층 외에 중소기업 근로자, 영세상인, 특수고용종사자 등을 포함한다. 관련 사례로 '문화를 통한 전통시장 활성화 시범사업'이 서민문화정책의 하나로 추진되는 것을 들 수 있다.

사람들은 다차원적인 빈곤 문제에서 문화 향유의 빈곤에 대한 인식은 여전히 제외하고 있다. 의식주와 같이 생활과 밀접한 영역과 비교하면 문화 향유와 관련된 영역은 절박감이 떨어지기도 하고, 전통적인 복지 영역이 관심을 가졌던 분야가 아니기 때문에 그에 대한 무관심이 계속 지속되는 경향이 있다. 하지만 피에르 부르디외Pierre Bourdieu는 산업사회에서는 경제적 신분이나 차이가 중요했지만 후기 산업사회에 들어서는 문화적 계급habitus 또는 문화적 구별짓기distinction가 내포하는 의미가 중요해졌다고 강조한다. 즉 후기 산업사회에서 문화적 배제나 박탈이 가지는 문화적 특수성에 대한 연구가 충분히 이루어져 왔음에도, 여전히 문화에 대한 복지는 실천적인 측면에서 공급자 또는 수혜자에 대한 인식이 부족하고 과소평가되고 있다. 하지만 부르디외(Bourdieu, 1984)는 구별짓기는 사회통합 차원에서 매우 중요하다고 강조했다. 왜냐하면 문화자본에 의해 사회적인 차별과 계급 재생산이 이루어지는데 문화자본은 문화소비와 실천을 통해 내적으로 체화되기 때문이다. 그리고 이렇게 내적으로 체화된 문화자본은 기존의 경제적 자본처럼 계급 간 차별화 기제로 작동해 문화소비와 향유에 대한 개인적 박탈감에 의의를 부여한다. 왜냐하면 이제는 문화적 불평등이 한 계급의 소속을 결정짓는 주요 요인으로 작용하기 때문이다. 즉, 물질적인 문화자산보다는 개인의 체화된 문화자본의 중요성이 더욱 강조되면서 문화 향유의 중요성이 커지고 있는 현상을 통해서도 알 수 있다. 이처럼 문화 격차가 사회적인 격차를 유발할 수 있는 가능성이 점점 커지는 가운데 사회통합을 위해서도 문화복지는 당연히 정책적으로 중요한 관심 대상이 되고 있다.

3. 문화적 취약계층 대 경제적 취약계층

1) 문화복지를 어떤 관점으로 바라볼 것인가: 문화적 관점 또는 복지적 관점

문화복지를 시행하는 데 어려운 점은 무엇일까? 아마도 사회복지를 시행하는 데 봉착하는 어려움과 같지 않을까? 이는 바로 복지정책을 보편적으로 할지, 선택적으로 할지를 결정하는 정책의 범위와 대상에 관한 것이다. 즉, 문화복지정책을 시행할 때 모든 국민을 대상으로 하는 보편적 복지로서의 문화정책과, 경제적 취약계층 혹은 문화적 취약계층만을 대상으로 하는 선택적 복지로서의 문화정책으로 구분할 수 있다.

한국 사회에서 사회복지는 경제적 소외계층에 대한 지원을 중심으로 이루어지고 있으며, 사회복지에 대한 이러한 사회적 인식은 문화복지에도 영향을 크게 미치고 있다. 즉, 문화복지정책은 경제적으로 어려운 사람들을 대상으로 문화 향유를 할 기회를 제공해야 한다고 인식되고 있다. 인간의 문화 향유에 대한 기본욕구를 해소하는 측면에서 문화복지정책이 이루어져야 한다는 것이다. 이에 따라 문화복지정책은 '문화적 취약계층'을 대상으로 하는 것이 아니라 '경제적 취약계층'을 대상으로 시행되고 있다. 따라서 문화적 욕구가 높지만 문화 접근성이 낮은 이들을 대상으로 하는 문화복지정책은 크게 발전하고 있지 못하다. 문화적 취약계층에 대한 개념도 명확하지 않다. 문화적 취약계층에 대한 중요성을 언급하지 않는 것은 아니지만 언제나 경제적 취약계층을 문화복지정책의 우선 지원 대상으로 선택하는 것은 개인의 문화적 욕구에 대한 사회적 파악과 이를 위해 개입할 근거가 부족하기 때문이다. 경제적 취약계층은 법적 기준이 명확하지만 문화적 취약계층에 대해서는 구분을 하기가 어렵다. 게다가 정부예산의 한계도 존재한다. 따라서 소득수준에 의해 구분이 명확한 경제적 취약계층이 문화복지정책의 주된 대상이 될 수밖에 없다. 하지만 문화복지는 경제적 소외계층뿐만 아니라 지리적 소외계층, 사회적 배제로 인한 사회적 소외계층 등 그 대상을 매우 포괄적으로 포함할 필요가 있다.

2) 문화적 취약계층에 대한 정책

2013년 제정된 '문화기본법' 제3조(정의), 제4조(국민의 권리), 제5조(국가와 지방자치단체의 책무) 등을 살펴보면, 문화 취약계층을 따로 분리해 놓고 그들에게 '향유할 권리를 제공'하는 것을 '문화복지'로 규정하고 있다. 문화적 취약계층을 위한 문화복지정책은 문화 향유의 문제를 경제적 빈곤에서 기인하는 것으로 보고 있기 때문에 무료 문화 체험 기회를 확대하거나, 문화누리카드와 같이 문화 향유에 필요한 경제적 지원을 통해서 지원하는 방식으로 이뤄진다. 즉, 문화·예술 기반이 부족한 지역(농어촌과 오지), 신체적 어려움 때문에 접근성이 취약한 장애인과 노인 그리고 문화적 차이가 있는 다문화가정을 대상으로 분야별 맞춤형 문화정책이 확대되고 있다. 또한 저소득층 부모의 경제적·사회적 여건의 영향을 많이 받는 아동과 청소년에게 바람직한 여가 향유의 기회를 제공함으로써 바람직한 인성과 건강한 신체 단련 기회를 제공하고 있다.

하지만 현재의 문화복지정책들은 단기적으로 문화 향유의 기회를 제공한다는 측면에서는 나름 의미를 찾을 수 있지만, 장기적인 측면에서 지속적이고

표 6.1 한국 문화복지정책의 현황: 문화소외계층 중심

문화바우처	경제적 소외계층(기초생활수급자, 차상위 계층 등)에게 개인당 5만 원의 문화카드를 지급함으로써 공연, 전시, 영화 등의 관람료 및 도서, 음반 구입비를 지원하는 사업
사랑티켓	24세 이하 아동, 청소년과 65세 이상 노인에게 공연·전시 관람료 일부를 1인당 공연 7000원, 전시 5000원씩 연 10회 지원하는 사업
소외계층 문화순회	엄선한 양질의 문화예술 프로그램을 가지고 문화 인프라 시설이 부족한 소외 지역과 계층에 문화예술단체가 직접 찾아가는 사업
지방문예회관 특별프로그램 지원	우수 공연을 선정해 문예회관이 유치하는 공연 행사를 지역 주민들이 저렴한 비용으로 관람할 수 있는 기회를 제공함으로써 문화향유권 신장을 추구하는 사업
문학 나눔	분기별로 우수문학도서를 선정해 지역아동센터, 교정시설, 작은도서관, 병영문고에 배포함으로써 소외계층의 문학 향수를 증진하는 사업
공공박물관·미술관 특별 프로그램 지원	문화 소외계층의 전시 관람과 예술교육 참여 기회를 확대하기 위해 공공박물관 및 미술관의 활성화를 돕고 전시 및 교육·체험 프로그램을 지원하는 사업
장애인 창작 및 표현 활동 지원	장애예술가 및 단체의 창작활동 지원과 장애인 문화예술 조사연구활동 및 발간 지원, 장애인 문화예술 전문 교육을 지원하여 장애인을 문화적 주체로 회복시켜 창조적 역량을 강화하고 문화 양극화를 해소하는 사업
생활문화공동체	임대아파트 단지, 서민 단독주택 밀집 지역, 농어촌 등에 거주하는 주민을 대상으로 자생적 문화예술 활동 및 문화공동체 형성을 지원하는 사업

자료: 정헌일 외(2015); 염신구 외(2018)에서 문화소외계층을 대상으로 하는 문화복지정책을 편집·정리.

자발적으로 문화 향유가 이루어지지 못한다는 한계가 있어, 사회적 배제 해결을 통한 사회통합적 효과는 미미하다는 비판을 받고 있다. 게다가 지역 간 문화·예술 기반 격차를 고려한 이용자의 편의성과 접근성 부족에 대한 고려가 없는 상태에서 정책이 시행되고 있다. 이는 문화적 취약계층들의 특성과 생활 여건을 고려해 프로그램을 기획하고 제안하기보다는 전문가들과 정책결정자들과 같은 공급자 중심의 일방적인 소통 방식으로 정책을 시행하고 있기 때문이다. 문화체육관광부의 문화바우처사업부터 지방자치단체의 다양한 문화 및 여가 지원 정책들까지 프로그램 중복 수혜 또는 과잉 공급에 대한 현장에서의 문제 제기가 있음에도 불구하고 뚜렷한 다른 대안을 찾고 있지 못한 현재 상황에서는 시행하고 있는 정책을 지속적으로 운영하는 것이 최선인 것이다.

가장 우선 해결해야 할 문화복지정책의 문제는 정책수요 대상 범위 설정의 모호함이다. 문화적 취약계층에 대한 명확한 법적 규정[8] 없이 행정부의 재량으로 정책이 실시되는 상황에서는 문화적 취약계층이라는 이유로 문화 향수에 대한 욕구 조사도 없이 욕구가 있는 것으로 간주한 채 정책이 수립되고 집행되는 문제가 발생한다. 또한 경제적으로 소외되지 않았지만 여가 향유에서 소외되는 여가력餘暇歷이 부족한 노인 세대와 같이 문화적 취약계층이 고려되지 않는 문제가 발생하기도 한다. 지리적 소외계층이 농·어·산촌, 오지·벽지에 한정되어 있어 도심에서 낙후 지역에 대한 지원도 부족하다. 한편, 수급 요건이 지역 혹은 나이를 기준으로 삼으면서, 지원을 받는 이들이 원래 정책의 목적에 부합하는 경제적 취약계층이 아닌 경우가 발생하기도 한다. 예를 들어, '사랑티켓'의 경우 24세 이하 아동·학생이면 누구나 신청해서 받을 수 있고, 노인 대상 문화복지 프로그램은 65세 이상 노인이면 누구나 지원을 받을 수 있다. 이러한 문제는 인구 집단을 생애주기별로 구분해 제공하는 문화·예술복지 프로그램이 부족하기 때문이다. 그리고 문화적 취약계층의 특성을 파악하려 하는 동기와 의지가 부족한 것에서 비롯된 문제들이다. 문화적 취약계층이 문화를 제대로 향유하지 못하는 이유는 경제적 이유뿐만 아니라 개인적인 자유시간, 동행자 부재, 신체적 질병, 의지 및 인식 부재 등 다양하기 때문에 이들에 대한 특성을 파악하기 어렵기 어렵고 이에 대한 비용도 상당히 들어가기 때문이다.

한편, 문화바우처를 통해서 개인의 선택권을 확대했다고 하지만 지리적 접근성이 떨어지거나 중복되고 일상화된 프로그램을 제공함으로써 다양한

8 문화바우처사업의 경우는 문화예술진흥법과 시행령에 따라 국민기초생활보장 수급자, 차상위 계층, '한부모가족지원법'에 따른 보호대상자 등으로 규정하고 있다.

문화를 향유하기에는 어려움이 존재한다. 물론 다양한 여가 프로그램 서비스가 제공되고 있지만, 취약계층은 정보를 적극적으로 찾으려는 동기와 의지가 약하고 또한 정보에 대한 접근성도 떨어지는 어려움을 안고 있다. 문화적 취약계층에 대한 문화향수권 신장과 양극화 해소를 위한 목적으로 시행되고 있는 문화이용권 또는 문화나눔사업은 공공 문화·예술 프로그램의 부족으로 인해 상당 부분 민간 프로그램에 의존하면서 프로그램에 대한 선택권과 재량을 민간 공급자들이 담당하고 있다. 이 때문에 문화복지정책의 대상인 수요자 중심 정책으로 보기 어렵다.

문화복지정책으로서 문화적 취약계층의 문화 향유에 대한 경제적 지원은 최소의 비용을 지급하고 있다. 이를 통해 '개인이 원하는 문화생활 욕구를 충족하기'에는 부족하다. 따라서 다양한 정책으로 분할 지급되고 있는 비용을 하나로 묶어 지급하는 '포괄보조금' 방식의 도입이 필요하다. 문화체육관광부, 통일부, 여성가족부, 보건부, 노동부 등 다양한 중앙 부처뿐만 아니라 지방정부까지 문화복지 관련 정책에 중복되는 지원을 많이 시행하고 있다. 이로 인해 소외계층 내에서도 지원의 쏠림 현상이 발생해 혜택을 받지 못하는 다른 계층들의 욕구를 해결해야 하는 문제가 발생한다. 이는 현재의 정책이 부족하기보다는 비효율적으로 운영되고 있다는 문제를 지적하는 것이기도 하다. 그리고 문화적 취약계층에 대한 효율적인 문화복지정책을 시행하기 위해서는 지역단위에서 체계적인 여가 프로그램을 운영하는 것이 필요하다.[9]

9 문화복지 재정의 운영에서 중앙정부는 지방자치단체의 자유로운 재량권을 높여주는 재정지원 방식으로 최소한의 가이드라인만 제시하고 있다. 하지만 2005년 이후 문화복지와 관련해서 지방자치단체의 역할이 크게 증가했음에도 불구하고 여전히 그 역할을 수행하는 데 제도적 발달이 뒤따르지 못하고 있다. 이에 지방자치단체의 관심이나 단체장의 개인적인 의지에 따라 소외계층에 대한 서비스 제공의 차이가 생긴다는 문제가 발생한다. 이와

문화복지정책을 수립할 때는 문화적 취약계층의 특성과 그들의 현실을 객관적이고 면밀하게 파악한 다음 이를 정책에 반영해야 한다. 예를 들어, 문화바우처산업의 취지는 매우 바람직하나 취약계층이 이를 사용할 시간적 여건에 대한 고려, 동행자 문제, 이동 및 외출 관련 비용에 대한 부담 여부, 현장에서의 이용 방법 및 안내에 대한 고민 등 다양한 요소를 고려해야 한다. 하지만 현재는 이러한 요소들이 정책 수립이나 시행 과정에서 크게 고려되고 있지 못하다.

4. 한국 정부의 문화복지정책의 성과와 과제

한국 정부는 경제발전과 함께 문화복지라는 새로운 정치적인 개념을 만들어 시행할 만큼 국민들의 문화권 증진을 위한 노력을 지속적으로 해왔다. 즉, 정부가 적극적으로 개입해 경제적·지역적·신체적 또는 사회적 여건에 의해서 발생하는 문화 격차를 줄이고자 했다. 이는 문화 격차로 인해 문화적 불평등 구조가 형성되면서 평등의 원리를 침해하고, 사회통합을 저해하며, 사회적 불안과 갈등을 조장하는 위험을 미연에 방지하기 위함이기도 하다. 하지만 문화복지정책을 통한 시민들의 문화 향수 증진과 삶의 질 향상이라는

같은 문제를 해결하기 위해 프랑스는 1977년부터 지방과 파리 사이, 각 지방 사이, 그리고 중심 도시들과 외곽 지역 사이의 불균등이 존재하는 현실과 그 해소의 필요성을 일찍이 인식하고, 문화통신부의 기능을 분권화하기 위해 지방자치단체들과 문화협력 단체들의 주변에서 전문가와 조언자 역할을 담당하며 각 지방의 문화사업 및 활동을 총괄할 문화지방사업국 드락(DRAC: Directions régionales des affaires culturelles)을 26개 지방에 설치해 운영하고 있다.

점에서 볼 때, 양적인 측면에서의 문화복지시설 공급을 통한 문화 향유 기회 확대정책은 문화적 불평등을 해소하려는 과정에서 사회 구성원들로부터 문화 격차 해소의 당위성에 대한 공감대를 이끌어낸 이후 정책화하는 정부의 노력이 부재하다는 비판을 받기도 했다. 즉, 한국의 문화복지정책 확대가 '국가에 의한 자유'라는 측면에서는 의미가 있지만 '국가로부터의 자유'라는 측면에서는 점점 다양화되고 있는 개인들의 문화 향수 욕구를 국가가 관리·통제·보호·간섭하는 과정에서 공적인 것으로 축소하는 문제가 발생한다는 것이다.

문화복지를 위한 한국 정부의 정책들이 전혀 무의미하다는 것은 아니다. 1980년대의 경제성장과 함께 국민들의 생활수준이 향상하고 문화 향수 욕구가 증가하는 상황에 맞춰 아시안게임과 올림픽과 같은 세계적인 스포츠 행사를 통해 대단위의 문화시설을 공급하는 동시에 문화에 대한 시민들의 인식 개선에도 힘써왔다. 급속한 도시화로 인해 소외되어 가는 지역에 문화시설을 꾸준히 설립해 지역 간 문화 격차를 해소하고자 노력해 왔다. 한국의 문화복지는 문화시설에 접근하는 것, 즉 문화접근도 향상을 정책의 중심에 두고 발전해 왔다. 특히 정부는 경제적 불평등이 심화되어 문화에 대한 접근의 불평등 역시 심화하는 상황에서 문화복지를 위해 공공재인 문화기관의 역할을 강화해 왔다. 즉, 한국 정부의 문화정책은 문화소외계층에 대한 문화 격차 축소와 시민들의 문화접근도를 개선하는 측면에서 긍정적인 역할을 해 왔다.

하지만 문화접근도에 개인이나 가계의 소득과 같은 경제적인 요인이 크게 영향을 끼친다면 문화이용도는 문화에 대한 개인의 인식에 따라 격차가 크게 발생한다. 따라서 개인이나 가계의 소득수준이 낮다고 해서 문화이용도가 낮다고 할 수는 없다. 즉, 문화이용도는 개인 수준의 문화 이용에서 문화시설의 공급 측면보다는 수요 측면에서 문화 향유에 대한 욕구가 어느 정도

냐에 따라 차이가 발생한다. 앞서 말했듯이 문화이용도는 개인의 소득과 같은 경제적인 요인보다는 문화에 대한 개인의 경험, 인식의 차이가 크게 영향을 미친다. 즉, 문화이용도는 문화에 대한 욕구나 보상에 대한 기대와 같은 개인의 내적 요인이 크게 영향을 미친다. 결과적으로 공공문화서비스에서 중요한 것은 거시적으로는 문화시설 확충이나 다양한 문화예술 프로그램의 제공이 중요하고, 미시적으로는 개인을 분석단위로 삼아 다양한 수요자의 욕구를 반영해 개인들이 지속적인 문화정책의 수혜자가 될 수 있도록 해야 한다. 이러한 맥락에서 보면 한국 정부의 문화복지정책은 아직도 문화접근도를 낮추는 데 집중하고 있다. 시민 개인의 문화이용도를 향상하기 위해서는 문화정책을 시행할 때 개인을 분석단위로 하는 문화 향유자 측면에서 이해하는 것이 필요하다.[10] 이를 위해서 개별적·미시적 수준에서의 문화교육과 개인의 욕구에 맞는 정책 운영이 매우 중요하다.

문화복지정책은 평등성égalité, 연속성continuité, 적응력adaptabilité을 바탕으로 하는 법적인 근간에서 시작되고 운영된다. 이러한 측면에서 문화복지정책은 '문화접근도'와 '문화이용도'를 모두 향상하는 일이 중요하다. 많은 문화복지정책들이 문화접근도를 개선하는 측면에서 진행되어 왔다. 하지만 곳곳에 우물이 있더라도 당장 목이 마르지 않다면 아무 의미가 없는 것처럼 다양한 문화시설과 문화 향유의 기회가 주어질지라도 그에 대한 관심과 흥미 혹은 욕구가 없다면 의미 없는 정책이 되어버린다. 왜냐하면 문화복지정책은 정책 수용자들에게 얼마나 사용하기 쉬운지usable, 유용한지useful, 매력적인지desirable, 접근 가능한지accessible 그리고 의미 있는지valuable를 고려했는지가 정

10 이를 위한 다양한 기초연구가 필요하고 중요하다. 예를 들어, 국민여가활동조사의 표본의 수를 늘려 여가정책의 기초자료로 활용할 수 있게 신뢰도와 활용도를 높이는 일이 필요하다. 전국 단위의 조사임에도 불구하고 현재는 약 1만 명을 표본으로 조사가 진행되고 있다.

책의 만족도뿐만 아니라 지속적인 이용에도 큰 영향을 끼치기 때문이다. 이에 문화복지정책을 평가하는 데 있어서 현재의 평가 방식인 이용자의 숫자가 중요한 것이 아니라 이용자가 긍정적인 경험을 얼마나 했는지가 중요하다. 그리고 개인이 문화를 향유함으로써 '유능감competence', '자율성autonomy', '관계욕구relatedness'를 경험하게 되고 이를 통해서 행복감을 느끼고 삶의 질도 향상되는 것이 중요하다(Deci and Ryan, 2000: 68). 결과적으로 문화복지정책은 이러한 경험들을 시민 개개인의 삶의 질 향상을 위해 주요한 정책 목적으로 삼아야 한다. 결과적으로 문화복지정책은 이러한 경험들을 시민 개개인이 할 수 있게 해야 하며, 또한 이를 주요한 목적으로 삼아야 한다.

이러한 맥락에서 문화복지정책은 부족한 것에 대한 보충이 아니라 개인의 자아실현 욕구에 대한 수용과 반응을 고려할 필요가 있다(Allport, 1961). 문화복지정책은 개인들의 혹은 집단의 '결핍 욕구'와 '성장 욕구'를 바탕으로 만들어진다. 따라서 문화복지정책은 정책의 대상이 되는 시민 개인의 욕구를 기반으로 정책을 수립하고 시행할 때 지속적인 문화서비스 이용이 이뤄질 수 있다. 그러므로 문화복지정책은 개인의 문화 향유의 연속성과 적응력을 고려하는 것이 중요하다. 현재의 문화복지정책은 평등성 측면에서는 개인의 문화예술 활동에 대한 접근도를 개선하는 역할을 해왔다. 하지만 이러한 개인적인 관심과 흥미가 의미 있거나 가치 있는 것이 되지 못한다면, 문화복지정책은 '문화이용도' 측면에서 제 역할을 하고 있지 않다고 할 수 있다. 즉, 한국의 문화복지정책들은 이러한 측면에서 한계를 보이고 있다.

이를 위해서 UIUser Interface와 UXUser Experience를 반영한 문화복지정책 시행이 필요하다. UI, 즉 사용자 중심으로 사용하기가 얼마나 편리한지가 중요하다. 이는 접근도를 고려한 정책이라고 볼 수 있다. 이러한 UI의 평가는 이용자가 얼마나 편리하게 이용하는지가 매우 중요하다. 이러한 이용자의 기호는 시대마다, 개인마다 차이가 나기 때문에 지속적인 변화 및 개선 노력과 함

그림 6.1 문화복지정책이 삶의 질에 미치는 발전 논리

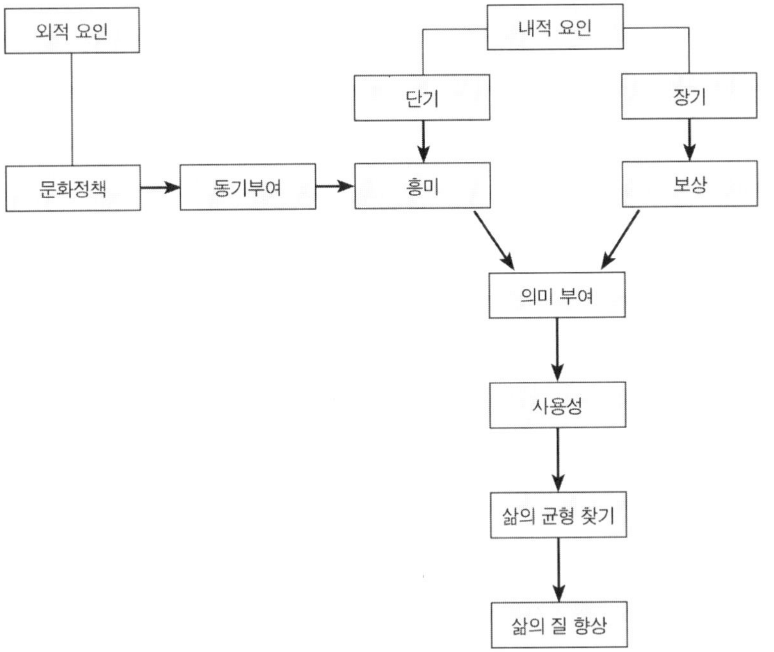

외적 요인
문화정책
동기부여
내적 요인
단기
장기
흥미
보상
의미 부여
사용성
삶의 균형 찾기
삶의 질 향상

께 다양화가 함께 추진되어야 한다.

한편 이용자의 편의성[UI]뿐만 아니라 이제는 이용자의 감정[UX]도 문화복지정책 수립에서 중요하게 고려해야 한다. 제공된 문화복지정책을 UI로 본다면 이 정책들에 대한 서비스 이용자들의 반응 '흥미롭다', '즐겁다' 혹은 '무의미하다' 등의 감정을 UX라고 볼 수 있다. 즉, 문화복지정책을 수립하는 과정에서 정책 수용자에 대한 이해와 존중이 매우 중요해졌으며 수용자의 욕구뿐만 아니라 취향까지 고려해야 한다. 이와 같은 과정을 거쳐야만 문화복지정책이 시민 삶의 질 향상이라는 목표를 달성했다고 볼 수 있을 것이다.

프랑스의 성공 사례가 그 필요성과 당위성을 뒷받침하고 있다. 프랑스는

'모두를 위한 문화'가 아닌 '모두에 의한 문화'를 위해서 문화교육에 힘쓰고 있다. 이를 바탕으로 프랑스인들은 개개인이 자신의 문화 향유 욕구를 충족하기 위해서 적극적인 태도를 취한다. 또한 프랑스 정부는 이러한 적극적인 문화이용도를 반영하여 끊임없이 문화정책을 발전시키기 위한 노력을 끊임없이 하고 있다. 이러한 문화복지정책을 만들어가는 과정에서 공급자와 수용자의 쌍방향 소통은 그 바탕에 평등이 존재하기 때문에 가능하다.[11]

결과적으로 한국도 프랑스의 제5공화국 초기 문화정책과 같이 '일정 수준

11 프랑스에서는 '문화복지정책'이라는 용어를 사용하지 않고 '공공문화서비스(le service public culturel)'라고 칭하고 있다. 1981년 출범한 미테랑(François Mitterrand) 정부에서 랑(Jack Lang) 문화부 장관은 '문화민주주의(Démocratie culturelle)'를 문화예술정책으로 시행했다. 문화민주주의는 문화민주화와 달리 '모두를 위한(Culture for everybody)' 것이 아니라 '모두에 의한(Culture by everyone)' 것이라는 이념 아래 모든 문화들 사이의 위계질서를 없애고, 서로를 인정해 주고 지지해 주는 상대주의적·진보적·민주적 정책이라고 할 수 있다. 특히 개인의 자유로운 발달을 중시해 창작활동을 촉진하는 정책을 많이 제시함으로써 개인의 문화적 실천(pratiques culturelles)을 다양하게 인정하고자 했다. 프랑스의 공공문화정책은 다양한 개인의 문화적 취향(Le goût culturel)을 인정하고, 문화 접근기회를 평등하게 제공함으로써 시민 개개인이 자신이 원하는 문화 향수를 즐길 수 있는 문화이용도를 높이기 위해 노력하고 있다. 즉, 프랑스의 문화·예술정책의 중심에는 개인의 문화·예술 향유를 위한 접근성(Accessiblité)뿐만 아니라 이용도, 즉 향유를 어떻게 보장할지가 매우 중요하다. 이러한 맥락에서 프랑스 문화정책의 중심에는 지방정부가 있고, 중앙정부는 지방정부가 시민들의 문화·예술 향유 증진을 위한 정책을 운영하는 데 큰 틀과 방향을 설정한 다음 이를 감시하고 지도하는 역할에 충실하다. 그리고 지방정부는 지역 주민의 문화·예술 욕구에 맞는 정책을 수립하고 운영하기 위한 노력을 기울이고 있다. 즉, 중앙정부의 예술정책은 프랑스 문화예술의 정체성과 문화유산을 계승하고 지키는 동시에 프랑스 예술의 경쟁력을 강화하기 위한 정책을 중심으로 운영되고 있으며, 시민들의 예술 창작과 예술 향유는 지방정부의 지원으로 이루어지고 있다. 물론 중앙정부와 지방정부의 역할이 명확하게 구분된 것은 아니다. 중앙정부가 기본적인 문화·예술 향유와 관련된 근간이 되는 정책을 수립하면 지방정부는 이를 바탕으로 실질적인 정책을 통해서 개인의 예술 창작과 예술 향유가 증진될 수 있도록 하고 있다(손동기, 2018).

의 문화 향수의 기회'를 제공하는 문화정책을 1982년 '문화생활기반 조성'과 같은 정책을 통해서 오늘날까지 꾸준히 발전시켜 왔다. 하지만 이제 우리도 프랑스의 1980년대와 같은 '문화민주주의'를 통한 문화정책의 변화가 필요한 시기를 맞이했다. 한국에서는 프랑스와 달리, 문화정책에 반영할 만큼의 현장에서의 실증적인 문화연구가 아직까지 부족하고 또한 시민들의 욕구를 파악하고 대응하기 위한 문화복지정책 거버넌스의 구축이 미비하다. 이제는 문화복지정책을 시행하면서 근본적인 이념과 새로운 거버넌스 구축을 진지하게 고려해야 할 때다.

한편, 개인들은 문화를 향유할 때 각기 다른 경험을 하게 되고 그 경험들을 바탕으로 다양한 개인적 '취향le goût'을 갖게 된다. 따라서 문화복지정책을 시행할 때, 이제는 정책 대상자들을 정책 수립의 필수적인 구성 요소로 고려해야 한다. 이를 위해 개인의 필요와 욕구 그리고 상태를 반영해 정책을 수립할 수 있는 메커니즘이 중요하다. 무엇보다 문화적 취약계층과 경제적 취약계층을 동일시하는 것에서 과감히 탈피하는 것이 중요하다. 시민 개인의 행복은 단순히 경제적 취약과 직접적인 관련이 있기보다 사회적·문화적 요인과도 밀접하게 관련되어 있다. 이에 문화복지정책은 행복에 영향을 주는 사회적 요인을 강화하는 데 기여할 수 있어야 한다. 그리고 문화적 취약계층의 부족한 부분을 채워주는 정책이 아니라 개인이 자신의 욕구를 스스로 충족할 수 있게 도움을 주는 정책으로 거듭나야 한다.

제 7 장

이민자정책 패러다임의 수렴에 관한 탐색적 연구: 스웨덴, 프랑스, 캐나다를 중심으로

심창학

1. 서론

1) 문제제기 및 연구의 배경

이민자정책 패러다임 변화에 대한 학계의 관심이 뜨겁다. 여기서 말하는 이민자정책 패러다임이란 이민 수용 국가로의 포용을 목적으로 신규 이민자 혹은 기존 이민자를 대상으로 실시되고 있는 정책과 관련된 인식체계를 말한다. 즉, 구체적인 정책으로 나타나거나 적어도 정책의 근저에 내재되어 있는 사고체계를 의미한다.

국제적으로 나타나는 이민자정책 패러다임 변화에 대해서는 크게 두 가지 견해가 있다. 첫 번째 견해는 동화주의에서 다문화주의를 거쳐 시민통합 패러다임으로 이행되었거나 이행 중에 있다고 보고 있다. 이러한 입장은 네덜란드를 비롯해 일부 유럽 국가에서 나타나는 시민통합정책의 등장에 바탕을 둔다. 여기에서 말하는 시민통합은 이민 관리 혹은 다양성 관리의 차원에서 이민자가 이민국가 사회에 적응할 책임을 개인의 몫으로 간주하고 이민자 개개인이 이민국가 사회의 언어, 역사, 제도에 대한 기본적인 지식을 습득하는 것이 사회통합에 필수적인 요소라고 보고 있다(Jong, 2016; 설동훈·이병하, 2013: 2010). 이는 시민통합정책 등장을 근거로 이민자정책 패러다임에서 국가 간 수렴 현상이 있음을 강조하고 있는 것이다. 예컨대 욥케(Joppke, 2007)는 네덜란드, 프랑스, 독일의 이민자통합정책에 대한 비교 분석을 통해 전통적으로 구분되었던 국가 모델 대신 시민통합정책의 특징이 점점 강하게 공유되는 모습을 보이고 있다고 강조했다.[1]

두 번째 입장은 수렴 현상은 일시적 혹은 부분적인 것이며 시민통합 패러다임으로의 이행 역시 불분명하다고 본다. 오히려 국가에 따라서는 기존의 이민자정책 패러다임을 고수하고 있거나 일견 대립적으로 보이는 다문화주의와 시민통합 등의 양자 패러다임을 동시에 보여주고 있는 국가도 있음을 유의할 필요가 있다고 강조하고 있다. 이 입장의 대표적인 학자로서 밴팅K. Banting을 들 수 있다. 그는 우선 유럽 국가에서 다문화주의의 후퇴는 실체보다는 담론 성격이 강하다고 주장한다. 또한 시민통합정책이 다문화주의의 대안이라는 일부 유럽 학자들의 견해를 반박한다. 그보다는 국가별 시민통합정책의 강제성 여부에 따라 다원주의적 시민통합과 비자유주의적 시민통합으로 구분할 수 있다고 진단한다. 이에 따라 이민자정책 패러다임의 변화에 대한 정확한 이해를 위해서는 국가별 특징에 천착할 필요가 있음을 주장한다(Banting, 2014). 이렇게 볼 때 수렴 여부와 관련된 주장이 충돌하는 지점은 첫째, 시민통합정책으로의 수렴 여부, 둘째, 다문화주의와 시민통합정책의 양립 가능성 여부다. 이 가운데 이 글은 첫 번째 사안에 초점을 두고자 한다. 왜냐하면 두

1 예컨대 전통적으로 네덜란드는 다문화주의, 프랑스는 동화주의 그리고 독일은 변별적 배제주의의 모습을 띠고 있다.

번째 논쟁은 실증 분석보다는 담론 수준의 성격이 강하기 때문이다. 따라서 이 장에서는 실증 분석에 근거하여 분석 대상 국가의 이민자정책에서 시민통합정책의 도입 및 실시가 발견되는지에 관심을 둘 것이다.

이상의 수렴 테제 논의는 세 가지 점에서 매우 중요하다. 첫째, 개별 국가의 이민자정책 변화를 이해하는 데 기여할 수 있는 것이 바로 수렴 테제다. 즉, 전통적인 모습과는 다른 성격을 지닌 정책이 도입될 때 수렴 테제에서 언급되고 있는 제도들과의 비교를 통해 새로운 제도가 지니고 있는 의미를 좀 더 정확하게 파악할 수 있다. 둘째, 국제적으로 이민자정책 패러다임 변화의 의미를 파악하는 데 중요한 단초가 될 수 있다. 즉, 국가별 이민자정책 패러다임 변화에서 나타나는 공통의 요소가 지니고 있는 의미를 파악할 때 수렴 테제는 이의 기준점이 될 수 있는 것이다. 셋째, 더용(de Jong, 2016)이 강조하듯이 수렴 테제 논의는 이민 관리 및 다양성 관리의 새로운 대안이 무엇인지에 대한 논의를 가능하게 한다. 다문화주의 모델 같은 기존의 이민자정책 패러다임은 결국은 이민자를 어떻게 관리할지에 대한 대응이기도 하다. 이의 연장선상에서 수렴 테제 논의는 이와 관련된 논의를 활성화하는 데 기여할 수 있을 것이다.

수렴 테제의 타당성을 검증하기 위한 사례 대상 국가로 스웨덴과 프랑스 그리고 캐나다를 선정했다. 스웨덴은 다문화주의정책의 선도 국가로서 유럽 일부 국가 혹은 덴마크 같은 북유럽 국가와는 달리 기존 정책을 고수하고 있는 대표적인 국가로 알려져 있다. 프랑스는 유럽 국가와는 달리 오래전부터 동화주의 패러다임을 보여주고 있는 국가다. 마지막으로 캐나다는 1960년대 초까지는 동화주의의 모습이 강했으나 지금은 다문화주의의 대표적인 국가로 알려져 있다. 따라서 이들 국가에서 수렴을 보여주는 공통된 정책이 실시되고 있는지의 여부는 수렴 테제의 타당성에 대한 평가뿐만 아니라 향후의 이민자정책 방향을 논의할 때 중요한 논거가 될 수 있을 것이다.

2) 연구 목적 및 분석틀

이 장은 이민자정책 패러다임에 관한 수렴 테제의 타당성을 평가하기 위한 연구의 하나로서 스웨덴과 프랑스, 캐나다의 이민자정책 변화 양상 및 그 의미를 살펴보는 것을 목적으로 한다. 분석틀로서 먼저, 이민자정책 패러다임의 변천에서 나타나는 주요 모델들을 살펴볼 것이다. 이는 3개국에서 보이는 변화의 모습이 지니고 있는 의미를 이해하는 데 도움을 줄 것이다. 이를 바탕으로 한 사례연구로서 3개국에 초점을 맞출 것이다. 이민자정책 패러다임의 관점에서 두 가지 분석틀을 제시하고자 한다. 첫째, 거시적인 차원에서 국가별 이민자정책의 근저에 흐르고 있는 사고체계의 변화다. 변별적 배제주의, 동화주의, 다문화주의, 시민통합정책이 이의 대표적인 사례다. 둘째, 국가별 이민자정책의 구체적인 사례 분석이다. 이는 자칫 추상적인 수준의 논의로 흐를 수 있는 첫 번째 분석틀의 한계를 보완함과 동시에 이민자정책의 국가별 특징이 부각되는 대목이기도 하다. 이상의 분석틀을 바탕으로 국가별 사례 분석 결과, 3개국에서 공통된 요소가 추출된다면 적어도 3개국에서는 이민자정책 패러다임 변화에서 수렴 현상을 보이고 있다는 것이 이 연구의 기본 가정이다.

문헌 연구에 바탕을 둔 이 장의 순서는 다음과 같다. 제2절에서는 이론적 논의로서 기존의 이민자정책 패러다임을 간략히 소개한 후 시민통합정책에 초점을 두고자 한다. 왜냐하면 수렴 테제 쟁점의 핵심에 자리 잡고 있는 것이 시민통합정책이기 때문이다. 그뿐만 아니라 3개국의 이민자정책 패러다임의 수렴 여부를 확인하기 위해서는 시민통합정책에 대한 이해가 선행되어야 할 것이다. 제3절에서는 국가별 이민자정책 사례를 분석한다. 이것은 위에서 언급한 두 가지 분석틀을 중심으로 살펴볼 것이다. 이를 바탕으로 결론에서는 국가별 특징과 함께 이민자정책 패러다임의 수렴 여부와 관련된 이 연구의 결과를 제시할 것이다.

2. 이민자정책 패러다임의 이론적 논의와 시민통합정책의 등장

1) 이민자정책 패러다임 유형

이민자정책 연구에서 가장 많은 경향을 보이는 연구가 바로 유형론적 구분 방법이다. 이는 이상형으로서 이민자정책에 관련된 몇 가지 모델(유형)을 제시하고 해당 모델에 속하는 국가를 언급하는 방식으로 연구 결과를 도출하고 있다. 여러 연구 중에서 이민자정책 유형론의 대표적인 학자인 캐슬Stephen Castle은 변별적 배제 모델differential exclusion, 동화주의적 모델assimilationist model, 다원주의 모델pluralist model(다문화주의 모델) 세 가지로 구분하고 있다.[2]

첫째, 변별적 배제 모델의 특징은 이민자들은 노동시장과 같은 사회의 특정 영역에는 포용되지만 다른 영역, 예컨대 복지 체계, 시민권과 정치 참여 영역에서의 접근이 거부되고 있다는 것이다. 여기에서 찾아볼 수 있는 배제 기제로는 참여 금지를 규정하고 있는 법적 기제뿐만 아니라 시민과 비시민 간 권리의 명확한 차별, 인종주의와 차별 같은 비공식적 실행 등을 들 수 있다. 따라서 이 모델에서의 이민자 상황은 소수 종족인으로서 시민사회의 일원이지만(즉 노동자, 소비자, 부모 등) 경제, 사회, 문화, 정치 측면에서 내국인과 동등하게 참여할 수 없다. 이민자들은 사회적·경제적으로 불리한 위치에

2 캐슬은 이 논문에서 세 가지 모델 외에 완전 배제 모델을 합쳐 총 네 가지 모델로 구분하고 있다. 하지만 완전 배제 모델은 1945년 이후 시기에는 현실적으로 존재하지 않는 모델로 간주하고 있다.

있으며 계급과 종족적 배경 사이에 강하고 영속적인 연계가 나타나는 것 또한 이 모델의 특징이다. 캐슬은 이 모델의 대표적인 국가로 독일과 일본을 꼽고 있으며 기존의 근로자 초청guest worker 국가(예컨대 스위스, 오스트리아, 벨기에), 1970년대 이후 중동 산유 국가 그리고 남부 유럽 국가도 이에 포함되는 것으로 보고 있다.

둘째, 동화주의적 모델이다. 여기에서의 동화는 일방적인 적응 과정을 통해 이민자들을 사회로 포용하는 정책을 의미한다. 따라서 이민자는 고유의 언어, 문화, 사회적 특성을 포기하게 되며 장기적으로는 다수 내국인과의 구분이 사라질 것으로 기대된다. 이 모델에서 국가의 역할은 지배 언어의 사용을 강조하며 이민 국가 사회에 대한 개인의 적응 가능성을 높이고 이민자의 사회 지배 문화 및 가치 수용에 용이한 환경을 창출하는 것이다. 따라서 여기에서의 이민자 상황은 특정 직업 혹은 특정 거주 지역에 집중하는 모습을 띠게 된다. 여러 사례 중 동화주의 모델의 전형은 프랑스라고 할 수 있다. 우선 프랑스는 개인으로서의 이민자 정체성에 초점을 두고 있다. 달리 말하면 이는 문화적 다양성 혹은 이민자공동체를 인정하지 않는다는 것을 의미한다. 그 대신 프랑스 거주민은 정치적 공동체인 국가에 충성한다면 누구나 프랑스 시민이 될 수 있으며 프랑스 시민은 상호 완전한 평등을 누릴 수 있음을 강조한다. 공화주의로 대변되는 사회 구성원의 평등사상은 프랑스 이민자정책의 한 축을 형성하고 있다. 즉, 평등사상에 바탕을 둔 이민자의 지배 문화로의 흡수가 프랑스 이민자정책의 핵심인 것이다. 공화주의와 동화주의의 결합이 발견되는 대목이다.

셋째, 다원주의 모델이다. 다원주의란 여러 세대에 걸쳐 언어, 문화, 사회 행위 그리고 단체와 관련해 다수 인구와 구분될 수 있는 종족공동체로서의 이민자 집단을 인정하는 것이다.[3] 그리고 이 모델에서 이민자들은 사회의 전 영역에서 내국인과 동등한 권리를 부여받아야 한다. 그 저변에는 이민자들이

표 7.1 이민자정책유형론

모델	특징	사례
변별적 배제 모델	· 포용과 배제의 영역 간 구분 · 임시 근로 이민 선호 · 정책: 영구 거주권 제한, 가족 결합 방지 · 계급과 종족적 배경 간 강한 상관성	· 독일과 일본 · 기존의 초청근로자체계 국가(스위스, 오스트리아, 벨기에)
동화주의 모델	· 지배 문화, 가치에 대한 이민자 개인의 일방적인 순응 · 이민자: 특정 직업 종사 혹은 특정 지역 거주 · 국가정책: 이민자 개인의 순응 및 다수 문화 가치에 유리한 조건 창출(교육, 언어 등) · 사회 경제적 지위와 종족적 배경 간 강한 상관성	· 프랑스 · 20세기 초 미국, 영국, 캐나다, 오스트레일리아
다원주의(다문화주의) 모델	· 이민자 '집단'의 정체성 인정(종족공동체) · 집단별 상이한 문화 공존 존중	· 방임적 접근 유형: 미국 · 명시적 다문화주의 정책 접근 유형: 캐나다, 오스트레일리아, 스웨덴

이민국의 주요 가치에 대해서는 순응할 것으로 기대됨에도 불구하고 그들의 다양성은 포기하지 않을 것이라는 점이 전제되어 있다. 캐슬의 분석에서 흥미로운 점은 다원주의 모델의 내적 구분에 관한 것이다. 그는 방임적 접근 유형laissez-faire approach과 명시적 다문화주의 정책 유형explicit multi-cultural policies으로 구분하고 있는데, 그 기준은 다원주의에 관한 국가정책 개입 여부다. 구체적으로, 전자는 차이를 허용하면서도 종족별 문화를 유지하는 것은 국가의 역할과 무관하다는 입장이다. 대표적인 국가는 미국이다. 한편, 명시적 다원주의정책 유형은 문화적 차이를 인정하고 이에 부응하는 방향으로 사회 행위의 변화, 제도적 구조 변화를 시도하려는 다수의 의지를 특징으로 하고 있

3 이는 이민자의 정체성을 개인 차원에 바탕을 두고 있는 동화주의와 근본적인 차이를 보이는 대목이다.

다. 캐나다, 오스트레일리아, 스웨덴이 이 유형에 포함된다.[4] 〈표 7.1〉은 지금까지의 내용을 포함해 각 모델의 특징을 정리한 것이다.

2) 새로운 유형의 등장?: 시민통합정책

앞에서 살펴본 캐슬의 유형론은 이민자정책의 국가 비교를 가능하게 했다는 점에서 매우 큰 의의를 지니고 있다. 하지만 이 역시 이념형으로서 현실 적합성이라는 문제를 안고 있다. 특히 1990년대 이후 유럽의 이민자정책이 급격하게 변화했음을 고려할 때 캐슬의 유형론이 이러한 변화의 모습을 충분히 반영하고 있는지에 대해서는 의문의 여지가 많다. 이와 관련하여 여기에서는 이민자정책의 새로운 모습으로서 시민통합정책에 주목하고자 한다.

(1) 시민통합정책의 등장 배경

이민자정책의 새로운 모습으로서 시민통합에 주목할 필요가 있다고 주장한 학자로는 욥케가 대표적이다. 욥케(Joppke, 2007)는 2007년의 관련 논문에서 국가별 이민자정책의 다양성보다는 수렴 현상이 일부 유럽 국가에서 발견된다고 주장하고 이를 시민통합정책civic integration policies으로 명명했다. 이를 이어 굿맨S. W. Goodman이나 쿠프먼스R. Koopmans 같은 학자가 시민통합정책에 대한 학문적·정책적 관심을 강조하고 있다(Goodman, 2010; Goodman and Wright, 2015; Koopmans et al., 2012).

4 한편, 국제기구 혹은 학자들은 국가 간 다문화주의정책 비교를 위해 다문화주의정책 지표(MCPs: Multiculturalism Policy Index)와 이민자통합정책 지표(Mipex: Migrant Integration Policy Index) 등을 사용하고 있다. 이들 수치가 높을수록 해당 국가의 다문화주의 경향이 강하다고 할 수 있다.

시민통합정책이 등장하게 된 가장 중요한 배경은 다문화주의에 대한 비판이다. 프랑스를 제외한 유럽 국가에서는 1970년대부터 1990년대 중반까지 다문화주의정책이 주를 이루었다. 캐슬의 용어대로라면 명확한 다문화주의 정책이 실시된 것이다. 대표적인 국가가 네덜란드다. 네덜란드는 1980년대 초부터 '종족적 소수자 정책ethnic minorities policy'이라는 이름으로 이민자들에게 한 집단으로서 자신들의 정체성을 버리지 않고 네덜란드 사회에 참여할 것을 장려했다. 이를 위해 모국어 교육, 무슬림, 힌두 학교 설립, 이민자 집단별로 방송국과 정치적 자문기구 설립 등을 추진했으며 이러한 정책들은 모두 국가의 재정지원을 통해 이루어졌다(설동훈·이병하, 2013: 216).

하지만 이러한 다문화주의정책은 유럽 각국에 여러 가지 문제를 낳았다. 이와 관련하여 등장한 용어가 바로 점진적 딜레마progressive dilemma다. 이의 핵심은 다문화주의 자체는 이민자에게는 좋으나 복지국가에 대한 대다수 인구 집단의 지지를 하락시키기 때문에 복지국가와 다문화주의정책은 양립할 수 없다는 것이다.[5] 한편, 쿠프먼스는 한 걸음 더 나아가 다문화주의는 복지국가는 물론이거니와 이민자들에게조차 유익한 것이 아니라고 주장한다. 그 근거로서 다문화주의정책을 실시하고 있는 국가의 이민자들은 복지제도에 의존하는 경향이 강하며 사회적·경제적 주변화가 초래되고 있음을 들고 있다(Koopmans, 2010).[6] 또한 다문화주의는 좌파와 우파 진영 모두의 비판

5 이는 굿하트(Goodhart, 2004)가 주장한 이후 다문화주의에 비판적인 학자들의 많은 관심을 받았다.

6 쿠프먼스(Koopmans, 2010)는 같은 논문에서 노동시장 통합, 주거 분리, 범죄 발생 정도를 기준으로 다문화주의정책 실시 국가와 동화정책 실시 국가를 비교한 결과 다문화주의정책 실시 국가에서 나타나는 이민자의 사회통합 정도가 낮다고 결론지었다. 반면에 다문화주의가 이민자의 사회적·정치적 통합을 훼손하고 있다는 주장은 근거 없는 것이라는 연구 결과도 있다(Wright and Bloemraad, 2012 참조).

대상이 되었다. 우파 진영에서는 다문화주의에서 나타나는 도가 지나친 다양성은 대다수 사회 구성원의 일상생활에 위협으로 작용하고 있다고 주장한다. 이러한 입장은 토착주의nativism와 반이민 정치운동으로 확산되었다. 한편, 좌파 진영 역시 다문화주의를 비판했다. 이들은 주로 다문화주의 자체의 한계를 지적했는데, 소수민 사회적 배제의 극복 실패와 수혜자에 대한 불충분한 지원이 결국 이민자들을 사회에 고립시켰다는 것이다(Kymlicka, 2012). 지금까지 서술한 다문화주의에 대한 일부 유럽 국가의 대응이 바로 시민통합정책이다.

(2) 시민통합정책의 특징

1990년대 후반부터 네덜란드에서 시작되어 핀란드, 덴마크, 독일, 오스트리아 등으로 확산된 시민통합정책의 특징은 다음 세 가지다(설동훈·이병하, 2013: 212~215 재인용). 첫째, 이민자의 참여와 이민자 개인의 책임을 강조하는 적극적 시민권이다. 이는 집단 차원에서 이민자의 정체성을 확인하려는 다문화주의와 차이를 보이는 대목이다. 주지하다시피 다문화주의는 집단 기반 접근에 바탕을 두고 기회 접근 차원에서 특정한 필요와 권리를 지닌 집단의 존재를 인정한다. 그리고 정부의 적극적인 개입을 통해 이민국의 주류 집단에 비해 열등한 위치에 있는 '집단'으로서의 이민자 상황을 개선하고자 한다. 이에 반해 시민통합정책은 이민자 '개인' 스스로의 통합 노력을 강조한다. 이를 위해 이민국의 노동시장에 적극 참여하고 이민국의 언어와 역사를 배워야 하는 이민자 개인의 책임이 강조되고 있는 것이 바로 시민통합정책인 것이다.

둘째, 공유된 시민권이다. 이는 사회 구성원 전체에게 공유될 수 있는 공통의 문화를 강조하고 있다. 상호문화주의interculturalism로 대변될 수 있는 이 특징은 소수민의 지배 문화 순응을 강요하는 동화주의와 다르며 이민자 집단 고유의 문화, 가치, 역사를 용인하고 장려하는 다문화주의와도 차이를 보

표 7.2 시민통합정책 개관

특징	사례
· 시민권(적극적, 공유된, 도덕적) · 공통의 문화 창출 · 이민 승인과 시민권(국적) 취득을 위한 요건 강화(이민국에 대한 충성 및 일체감 입증)	· 1990년대 이후 일부 유럽 국가(네덜란드, 덴마크, 오스트리아 등)

이는 부분이다.[7]

셋째, 이민국에 대한 충성과 일체감을 강조하는 도덕적 시민권이다. 이는 국가에 따라 다르지만 입국 전과 입국 후로 구분된다. 입국 전에는 이민 신청자가 어느 정도 이민국의 언어 구사력이 있는지를 테스트한다. 기준에 미달하는 경우에는 이민을 불허하거나 일정 기간 언어능력 향상을 위한 노력을 요구한다. 입국 후에는 영구 거주 혹은 국적 취득에서 도덕적 시민권 요건을 강화하고 있는 추세다. 국적 취득 요건에는 이민국 역사 및 사회에 대한 지식 정도와 언어 테스트 등이 포함된다. 더 나아가 충성 서약식까지 포함되어 있는 국가도 있다.

다문화주의 아래에서 최소한의 주거 요건만 갖추면 국적 취득이 가능했던 과거에 비해 이러한 변화는 이민자정책의 흐름까지 바꿀 수 있을 정도로 시사하는 바가 크다. 이처럼 시민통합정책의 주창자들은 시민통합정책이 지향점은 유사하나 방법이 좀 더 적극적이라는 점에서 동화주의와 차별성을 보여주고 있으며 모자이크 사회가 아니라 용광로 사회를 지향하고 있다는 점에서 다문화주의정책과 근본적으로 다름을 강조한다. 〈표 7.2〉는 지금까지

7 여기에서 제기되는 문제는 공통의 문화가 무엇이며 이를 어떻게 창출할지에 관한 것이다. 이에 대해서는 어느 국가도 분명한 해법을 제시하지 못하고 있다.

언급한 이민자정책유형론의 주요 내용을 정리한 것이다.[8]

3. 국가별 이민자정책 사례 분석

지금까지의 논의를 바탕으로 스웨덴, 프랑스, 캐나다의 이민자통합정책의 특징과 국가별 대표 정책 혹은 프로그램을 살펴본다.

1) 스웨덴

(1) 다문화주의의 변천과 특징

앞에서 언급한 바와 같이 엄격한 의미에서 다문화주의는 집단으로서의 이민자의 정체성을 인정하고 집단별 상이한 문화의 공존을 지향하는 것을 의미한다.[9] 스웨덴에서 이러한 정책 기조가 마련된 시기는 1970년대 중반이다. 1975년 스웨덴 정부는 이민자 및 원주민 정책과 관련하여 3대 목표를 제시한다.[10] 이는 1974년에 구성된 의회조사위원회의 의견을 반영한 것으로, 평등equality, 선택의 자유freedom of choice 그리고 파트너십partnership이다. 먼저 평등은

8 시민통합정책의 국가 간 비교를 위한 대표적인 지표로는 굿맨이 개발한 시민통합지표(CIVIX: civic integration index)를 들 수 있다. 세부 지표로는 언어/통합 요건(입국 단계), 통합 요건(정착 단계), 언어/시민 요건, 공식행사/선서(이상 국적 취득 단계) 등이 있다(Goodman, 2010). 수치가 높을수록 해당 국가의 시민통합정책 경향이 강한 것으로 평가된다.

9 다문화주의에 대한 이데올로기, 정책, 사회 현실 측면에서의 구분 시도에 대해서는 Kallen (2004)을 참조하라.

10 이에 대해서는 Soininen(1999), Westin(2006), Brochmann and Hagellund(2011), 장석인 외(2013)의 관련 내용을 참조할 것.

이민자의 삶의 조건은 여타 인구, 구체적으로 스웨덴 국민과 유사해야 함을 의미한다. 따라서 이민자는 복지 시스템 접근을 포함하여 각 영역에서 스웨덴 국민과 동일한 권리를 보장받아야 된다는 것이다. 이는 보편주의적 복지국가의 원칙과 맥을 같이하는 것으로 집단 간 차이를 최소화하겠다는 의지의 표현이기도 하다. 두 번째 정책 목표는 선택의 자유다. 이는 이민자 고유의 문화 유지 정도 혹은 스웨덴 지배 문화에의 적응 정도를 스웨덴 국가가 아니라 이민자 스스로 결정할 수 있는 자유를 부여하는 것을 말한다. 이는 또한 이민자 자녀를 위한 표적화된 언어 지원을 의미하기도 한다. 마지막으로 파트너십(협력)은, 이민자의 선호가 무엇이든지 간에 이는 스웨덴의 본질적인 가치 및 규범과 충돌해서는 안 된다는 것을 의미한다. 이를 위해 이민자 공동체와 스웨덴 국민 간의 원만한 소통을 통해 문화 차이를 인정하는 동시에 협력을 추구하고자 한다.

이와 같은 목표 아래에서 스웨덴 정부는 집단으로서의 이민자의 정체성을 인정하는 여러 조치를 취했다. 예컨대 이민자와 그 자녀에게 고유의 언어 보존과 문화 활동을 보장하는 여러 사회 조치가 있다. 1975년부터 실시된, 정주 기간이 3년이 지난 이민자를 대상으로 지방선거 선거권과 피선거권을 부여하는 조치는 파트너십 정책 목표가 반영된 것이다(Westin, 2006). 한편, 이러한 조치는 미래 사회의 발전을 관리하는 데 필요한 국가 능력에 대한 강한 믿음과 계획에 대한 낙관주의적 신뢰에 바탕을 둔 것이다. 그리고 3대 목표의 근저에는 이민자도 차별 없이 스웨덴 원주민과 동등하게 헌법의 보호 대상이 되어야 한다는 인식이 깔려 있었다.

한편, 이러한 인식은 1980년대에 접어들어 변하기 시작한다. 첫째, 1982년에 구성된 의회조사단의 의견에 따라 스웨덴 정부는 법적 차원에서 이민자와 원주민 간 구분을 시도한다. 헌법상 보호 대상은 원주민만을 위한 것으로 이민자는 집단에 기반한 권리 행사의 주체가 아니라는 것이다. 둘째, 선택의 자유 역시 문화적 정체성의 수용 정도를 결정할 수 있는 주체는 이민자 개인이라는 점이다. 이는 집단으로서의 이민자 고유의 언어 및 문화 활동을 보장하려는 기존 입장의 후퇴를 의미한다. 예컨대 이민자 고유의 언어 정보는 모국어 보호의 차원이 아니라 이들의 서비스 접근에 필요한 지원의 성격을 띠고 있다(Brochmann and Hagellund, 2011). 셋째, 선택의 자유의 범위를 명확히 하고 있다. 즉, 스웨덴 사회의 지배적인 관습과 수용 가능성 아래에서 언어와 전통 그리고 제한적 의미의 문화에 한정하고 있다. 이러한 변화는 1975년에 설정된 3대 목표의 오류에 대한 반성에서 비롯되었다. 예컨대 당시 스웨덴의 실질적·경제적 상황을 고려하면 광범위한 의미에서의 평등 및 선택의 자유라는 목표는 실현 불가능하다는 것이다. 이를 두고 한 연구는 1970년대의 정책이 이민자와 원주민을 동일시하는 이른바 '이민자와 원주민 정책'이라면, 이러한 정책 기조는 1980년대에 접어들어 양자 집단의 구분에 바탕을 둔 '이민자정책'으로 변화되었다고 보고 있다(Soininen, 1999). 이민자의 문화적 권리 정체성은 집단에서 개인 차원으로 약화된 반면에 지방선거에의 참여 보장을 통해 이민자의 정치적 권리는 강화된 것이 이 시기의 특징이라고 할 수 있다. 그리고 이민자를 스웨덴 국민과는 다른 집단으로 간주하고 이들을 대상으로 한 스웨덴어 교육 프로그램SFI: Swedish for Immigrants 같은 특별한 정책은 여전히 실시되었다.[11]

이러한 스웨덴 이민자정책은 1990년대에 접어들어 새로운 양상을 보이게 된다. 대표적인 것이 이민(자)정책에서 통합정책으로의 이행이다. 이는 1996년 스웨덴 정부가 공식적으로 발표한 것으로 「스웨덴, 미래와 다양성: 이민정책

11 스웨덴은 이민자 통합의 중요성을 가장 일찍 인지한 국가들 가운데 하나로, 이민자를 대상으로 한 스웨덴어 강좌는 1965년부터 실시되었다(Wiesbrock, 2011: 50).

에서 통합정책으로」라는 다소 긴 제목의 법안에 기초하고 있다. 1997년에 통과된 이 법은 사회발전과 다양성에 바탕을 둔 사회적 결속을 천명하고 있는데, 여기에서의 사회적 결속은 종족적·문화적 배경과 무관한 동등 권리와 책임, 모든 사람을 위한 기회 제공, 민주주의 사회의 틀 내에서의 상호 존중을 특징으로 하고 있다. 이민정책에서 통합정책으로의 공식적인 이행은 이민자 같은 특정 집단이 아니라 전체 인구 집단의 포괄적인 통합이라는 필요에서 연유한 것이다(Wiesbrock, 2011: 50). 이의 연장선상에서 종족적 다양성은 이민자 접근 방식의 출발점으로 간주되고 있으며, 새로운 정책은 모든 사회 구성원의 권리와 의무, 기회의 존재 그리고 인종적·종족적 차별 투쟁의 중요성을 강조하고 있다.[12] 동시에 신규 이민자에 대한 새로운 정책이 도입된 것 또한 바로 이 시기의 특징이다. 신규 이민자 입국 프로그램introductory programmes for newcomers이라고 불리는 이 정책은 1994년에 이미 도입된 것으로, 같은 해 도입된 통합 수당integration allowance과 함께 현행 스웨덴의 대표적인 신규 이민자 제도로 간주되고 있다(Brochmann and Hagellund, 2011).[13] 이에 따라 스웨덴의 통합정책은 기존 이민자 및 내국인 등 다양한 인구 집단 전체를 적용 대상으로 한 보편적인 정책과 신규 이민자를 적용 대상으로 한 표적화된 정책의 두 가지로 양분되었다.

2000년대 이후 스웨덴 정책은 큰 틀에서의 변화 없이 지속되고 있다. 하지만 이전에 비해 신규 이민자의 노동시장 통합을 많이 강조하고 있는 점은

12 이를 정책적으로 뒷받침하기 위해 1996년에는 내무부 내에 기존 이민 담당 장관직 대신 통합 장관직이 신설되었다. 한편, 2017년부터는 고용부 산하의 고용과 통합 장관이 업무를 관장하고 있다.

13 이 프로그램은 2010년에 새로운 형태로 도입되어 지금도 실시되고 있다. 이의 구체적 내용은 뒤에서 밝힌다.

중요한 차이라고 할 수 있다. 예컨대 노동시장 통합을 촉진하기 위해 신규 이민자가 갖추어야 할 언어 요건을 제시하고 있는 점, 신규 이민자의 입국 프로그램에의 참여를 적극 장려하고 있는 점 등이 최근에 도입된 노동시장통합 정책이자 시민통합정책의 성격을 보여주는 점으로 간주되고 있다(Wiesbrock, 2011: 51~57).[14]

이상 1970년대 이후 스웨덴 이민자정책의 변화를 살펴보았다. 1970년대의 정책이 '이민자와 원주민 정책'이라면 1980년대에는 '이민자정책'으로 바뀌었으며 이는 1999년대에 접어들어 다시 통합정책으로 이행되었다. 이 과정에서 나타난 특징을 정리하면 다음과 같다. 첫째, 다문화주의의 기본 틀은 변함이 없음에 주목할 필요가 있다. 개인 차원에서 이민자의 문화적 권리는 여전히 존중되고 있는 점, 이민자에게 선택의 자유가 여전히 보장되고 있는 점, 종족적 다양성의 기반 위에서 사회 구성원들 사이에 동등한 권리의 존중이라는 원칙이 지속되고 있는 점 등은 스웨덴의 다문화주의의 유지를 보여주는 중요한 징표라고 할 수 있다. 둘째, 그럼에도 다문화주의의 성격이 약간 변화를 겪고 있는 것 또한 사실이다. 대표적으로 이민자의 문화적 정체성 인정 기준이 집단 차원에서 개인 차원으로 바뀐 것이다.[15] 또한 노동시장에 국한된 것이지만 시민통합정책의 요소가 보이기 시작한 점도 주요 변화라고 할 수 있다.

14 뒤에서 서술하겠지만, 그럼에도 불구하고 스웨덴의 시민통합정책은 이민자의 자발적 참여에 기초하고 있음을 유의할 필요가 있다. 국적 취득 요건 또한 유럽의 여타 국가에 비해서는 관대한 편이다(OCDE, 2011; Brochmann, 2014: 296).

15 논란의 여지는 있으나 이러한 변화는 일부 학자들에 의해 스웨덴 다문화주의의 후퇴를 주장하는 근거로 언급되기도 한다(Brochmann and Hagellund, 2011 참조).

(2) 이민자 통합 프로그램—① 스웨덴어 교육 프로그램

OECD가 강조하고 있는 바와 같이 언어는 이민자의 경제적·사회적 포용의 속도와 성공 여부를 결정짓는 주요 요인이다. 특히 노동시장에서 구사되는 이민자의 스웨덴어 능력은 스웨덴 국민과 네트워크를 형성하고 구직 시기와 취업 후에 더 많은 기술을 습득하기 위한 본질적인 전제 조건이다. 스웨덴어를 본국의 공용 언어로 사용하고 있는 이민자 비율이 영어나 불어 등에 비해 현저히 낮은 점을 고려한다면,[16] 스웨덴어 교육 프로그램SFI: Swedish for Immigrants이 뒤에서 자세히 다룰 스웨덴 입국계획introduction plan의 법정 요소로 지자체의 책임하에 지역 공공 고용 서비스와 협력하여 시행되고 있는 점은 주목할 만하다. 우선 수혜 대상은 덴마크어와 노르웨이어 구사 능력이 있는 사람을 제외한 16세 이상 이민자 가운데 스웨덴어에 대한 기본 지식이 없는 사람이다. 비용은 이민자 거주 지역의 지자체에서 부담하며 수강생은 무료다. 강좌는 수준에 따라 가장 낮은 Sfi 1(courses A와 B)에서 중간 수준인 Sfi 2(courses B와 C) 그리고 가장 높은 수준의 Sfi 3(courses C와 D)으로 이루어져 있다.

SFI 중앙 센터에 따르면 총 137개의 외국어를 사용하는 사람들이 이 프로그램에 참가하고 있다. 국가별로는 이라크(1만 3477명)가 가장 많으며, 소말리아(1만 355명), 태국(5558명)이 그 뒤를 따르고 있다. 2005년에 비해 2011년도의 언어교육 프로그램 참가자 수는 2배 이상 늘었다. 하지만 참가자 가운데 23%는 중도 탈락하고 38%는 최하위 등급으로 이수하는 등 성취율이 낮은 점은 문제점으로 지적되고 있다. 이에 스웨덴 정부는 2009년에 성취보너

16 스웨덴 이민자 중 본국의 공식 언어가 스웨덴어인 비율은 13%이다. 이는 캐나다, 프랑스, 영국의 45%, 뉴질랜드의 76%에 비해 현저히 낮은 수치이다.

스지급제도를 도입했다가 2014년에 폐지했다(OECD, 2014: 7~8).

② 입국계획과 입문수당: 시민통합정책적 요소의 등장

스웨덴에서는 이민자 가운데서도 신규 이민자의 노동통합을 촉진하기 위해 여러 정책과 제도가 시행되고 있다. 이는 스웨덴 이민자정책의 성과에 대한 상반된 평가에 기인한 것이다. 구체적으로 Mipex 같은 다문화 관련 지표의 국가 비교에서 스웨덴은 항상 최상위에 위치하고 있다.[17] 반면에 스웨덴 이민자의 노동시장 통합은 상대적으로 열악한 모습을 보이고 있다. 2002년 기준 스웨덴 남성 이민자와 여성 이민자의 고용률은 각각 63.0%와 58.4%로, 이를 내국인(스웨덴 국민)과 비교할 때 그 격차는 EU 15개국 평균에 비해 스웨덴이 훨씬 큰 것으로 나타났다(신정완, 2013: 264).[18]

더욱 심각한 문제는 이민자의 노동시장 통합을 위한 스웨덴의 정책적 노력은 어느 국가보다 강함에도 불구하고 그 성과는 좋지 않다는 점이다. 이에 대한 정책적 대응으로 나타난 것이 바로 입국계획introduction plan과 연계 프로그램인 입문수당introduction allowance이다. 이 제도의 변천은 두 시기로 구분할 수 있다. 첫 번째 시기는 제도가 처음 도입되었던 1994년 전후다. 이때부터 스웨덴은 덴마크와 노르웨이 등 이웃 국가와 유사한 정책 방향을 취하게 되었다.[19] 두 번째 시기는 2010년으로, 기존 프로그램을 대체하는 새로운 입국

17 예컨대 2014년을 기준으로 한 Mipex 국가 비교에서 스웨덴은 조사 대상 국가 38개국 가운데 1위를 차지했다. 이는 스웨덴의 다문화주의 성격이 그만큼 강하다는 것을 의미한다(http://www.mipex.eu/).

18 저학력일수록 내국인과의 고용률 차이가 큰 것으로 나타나는데, 이는 고학력일수록 차이가 심한 프랑스와 대비된다(OECD, 2014).

19 3개국 가운데 유사 제도가 가장 먼저 도입된 국가는 덴마크이며(1988년), 노르웨이는 가장

계획제도가 도입되었다.

기존 프로그램과의 차이점을 정리하면 다음과 같다. 첫째, 이민자의 전반적인 관리는 여전히 지자체 권한임에도 불구하고[20] 새로운 프로그램은 이전 프로그램에 비해 중앙정부의 책임 강화 및 역할 조정 기관으로서 공공고용서비스센터PES의 역할을 상대적으로 많이 강조하고 있다. 특히 이 프로그램에서 공공고용서비스센터는 신규 이민자 활동 조정을 책임지는 핵심 기관으로 부상했다. 공공고용서비스센터의 역할 강화는 취업이 우선이라는 것이 신규 이민자정책의 핵심 원칙임을 시사하는 대목이다. 둘째, 신규 이민자의 취업을 도와주는 새로운 서비스 제공기관이 출범했다. 입문 가이드introduction guide로 불리는 이 기관은 민간 비영리 조직 혹은 기업으로, PES의 업무를 위탁받아 신규 이민자에게 구직과 경력 지도를 위한 정보 제공, 사회문제 조언, 네트워크 접근 제공과 관련된 역할을 수행하고 있다. 이를 위해 PES는 이민자에게 입문 가이드 기관에 대한 정보를 제공하고 재정을 지원하는 역할을 수행하고 있다.[21] 여기에서의 재정지원은 입문 가이드 기관에 대한 것으로 PES는 서비스 이용량에 준해 기본적인 재정지원과 취업 결과에 따른 추가 지원을 하고 있다. 셋째, 신규 난민에게도 동일한 권리를 보장하고 있는 점 또한 기존 프로그램과의 차이이다. 이상의 차이점을 고려하면서 프로그램의 내용을 살펴보면 다음과 같다(OECD, 2014: 26). 먼저, 이 프로그램의 수혜 대상은 20~64세의 신규 이민자와 난민이다. 이들은 입국과 동시에 주거 관할 지역 PES의 사

늦게 도입되었다(2003년).

20 난민 접수, 신규 이민자의 스웨덴어 교육, 기타 부인 교육, 주거 시설 제공, 아동 및 청소년 보호 등.

21 입문 가이드 기관의 선택은 전적으로 이민자의 몫이다. 만약 이민자가 선택하지 않으면 거주지 근처의 기관에 배속된다.

례관리자와 입국 인터뷰를 한다. 이는 이민자의 본국에서의 근로 경험, 교육, 열망을 밝히는 기회임과 동시에 사례관리자의 입장에서는 이민자의 가정환경 및 욕구 확인에도 도움을 주고 있다. 이를 바탕으로 향후 2년 동안의 입국계획을 작성한다. 이민자와 PES 사례관리자 간 협의의 결과물로서 입국계획은 세 가지 공통사항으로 구성되어 있는데 스웨덴어 교육, 취업 준비(근로 경험, 교육 및 직업 경험), 사회 교육(스웨덴 사회에 대한 기본지식 함양)이다.

입국계획의 작성과 실행에 참여하는 이민자에 대해서는 법정 급여인 입문수당이 제공된다. 입문수당의 지급은 두 단계로 진행된다.[22] 첫째, 입문계획 작성 기간에 제공되는 것으로, 급여 수준은 하루 기준 231SK(한화로는 약 2만 8000원)다.[23] 둘째, 입문계획 활동 수행 기간에 제공되는 것으로, 급여 수준은 활동 정도에 따라 다르나 풀타임 활동의 경우에는 하루 기준 308SK다. 입문수당은 취업 후 6개월 동안은 중복 수급도 가능하다. 입문수당을 받기 위해 이민자는 PES에 신청서를 제출하고 PES는 심사를 거쳐 수급 자격 여부 및 수준을 결정한 후 그 결과를 신청자에게 통보한다. 이를 근거로 신청자는 사회보험기관Swedish social insurance agency에 입문수당을 청구한다.[24] 한편, 2013년에는 새로운 규정이 발효되어 입문계획 참여 이민자는 PES의 적당한 일자리 제의를 받아들이는 것을 의무화하고 있다(OECD, 2014: 10). 이처럼 입문수당은

22 이에 관한 내용은 스웨덴 공공고용서비스센터의 영문판 홈페이지를 참조했다(https://www.arbetsformedlingen.se/For-arbetssokande/Stod-och-service/Ny-i-Sverige/engelska/New-in-Sweden/For-you-in-the-introduction-programme.html).

23 주급은 5일로 산정되며 월 2회 지급.

24 입문수당의 재원은 중앙정부다. 사회부조가 지자체 재정으로 이루어지는 점을 고려하면 이는 신규 이민자의 노동시장 통합과 관련하여 중앙정부의 책임이 강화되었다는 점을 시사한다(Ministry of Integration and Gender Equality, 2010).

신규 이민자에게 입문계획 활동에 대한 적극적 참여와 근로를 장려하기 위해 마련된 것이다.[25]

이처럼 스웨덴 역시 신규 이민자를 대상으로 인근 국가와 유사한 제도를 실시하고 있다. 하지만 스웨덴 사례에서 특이한 점은 첫째, 입문계획의 집행이 이민자의 자발성에 바탕을 두고 있다는 점이다. 즉, 이 프로그램에 대한 참여 여부의 결정은 어디까지나 신규 이민자의 자발적 선택에 달려 있는 것이다. 그뿐만 아니라 비참여에 대한 법적 제재 조치도 존재하지 않는다. 그 대신 프로그램 참여를 권장하는 차원에서 입문수당의 수준을 상향 조정하는 조치를 취하고 있을 뿐이다.[26] 이는 강제적 성격이 점점 강화되고 있는 덴마크 혹은 노르웨이와 분명한 차이를 보인다. 둘째, 그럼에도 불구하고 이민자의 노동시장 통합을 위한 이러한 프로그램의 도입은 시민통합정책이 여타 영역까지 확대될 가능성이 있음을 보여주는 징후라는 지적에 유의할 필요가 있다(Brochmann and Hagellund, 2011: 21). 이는 스웨덴 특유의 자발적 시민통합정책이 나타날 가능성을 배제하지 못한다는 점을 시사한다.

2) 프랑스

(1) 공화주의적 동화주의

역사적으로 동화주의는 다문화주의가 등장하기 전에 나타난 특정 시기의

25 입문수당 외에도 신규 이민자는 자녀가 있는 경우에는 보충입문수당(supplement), 가족 없이 개인 소유의 거주 시설에서 살고 있는 1인 이민자는 주거 지원입문수당(rent supplement) 등을 받을 수 있다.

26 한편, 참여자가 입문계획을 제대로 이행하지 않은 경우에는 급여 삭감 혹은 중지 조치가 수반된다.

이민자정책 패러다임이다. 〈표 7.1〉에서처럼 20세기 초의 미국 그리고 1945년 전후의 영국이나 캐나다가 대표적인 사례다. 하지만 시기에 관계없이 줄곧 동화주의, 구체적으로 공화주의적 동화주의를 표방하고 있는 국가가 있으니 바로 프랑스다. 그렇다면 프랑스는 어떤 배경에서 공화주의적 동화주의를 견지하고 있는지를 살펴보아야 한다. 첫째, 프랑스 고유의 민족 개념이다. 일반적으로 민족이라는 용어는 집단 간 차이를 인정하고 구분하는 가장 중요한 양식이며 배타성을 전제로 한다. 그럼에도 이러한 민족이 어떻게 형성되는지는 국가별로 상이한 민족 개념에 달려 있다. 그뿐만 아니라 민족 개념은 이민자의 민족 구성원으로서의 포함 여부를 정하는 가늠자의 기능을 수행하기도 한다. 이러한 관점에서 국가별 민족 개념은 이민자의 사회 포용inclusion 혹은 통합integration에 매우 중요한 사안인 것이다. 이와 관련하여 브루베이커(Brubaker, 1990)는 프랑스의 민족 개념은 공민적civic, 정치적political 공동체에 바탕을 두고 있다고 강조한다. 따라서 종족적·인종적 출신에 관계없이 누구나 공민적·정치적 공동체의 구성원이 될 수 있는 기회가 부여된다.

또한 프랑스 민족 형성에 중요한 것은 개인의 정치적 선택이다. 즉, 공동체에 대한 구성원들의 자발적이고 능동적인 의지 그리고 함께 살고자 하는 동의를 이룬 집단이 민족의 구성원이 되는 것이다. 따라서 프랑스 민족 개념에서 중요한 것은 정치적 시민인 것이다.[27] 그 결과, 유대인뿐만 아니라 유색인, 외국인, 노예 등 그 누구라도 공화국을 구성하는 개방적이며 정치적인 민족이 등장했다(정해조·이정욱, 2011: 92).[28] 이는 어떤 의미에서는 민족에 대한 다른

27 민족 개념에 대한 이러한 인식은 외국인 국적 취득에서 속지주의 원칙을 적용하는 결과를 낳고 있다. 한편, 이러한 프랑스적 특징은 민족의 종족적·문화적 공동체 성격을 강조하는 독일과 매우 대조적인 것이라고 브루베이커는 강조하고 있다.

28 한편, 정해조와 이정욱(2011 참조)은 독일(종족, 문화적 민족), 프랑스(데모스 시민), 영국

개념을 가진 어떤 국가보다도 이민자가 프랑스에서 민족의 일원이 될 수 있는 가능성이 높음을 시사한다. 여기에서 제기되는 문제는 이민자가 프랑스 민족의 일원, 즉 정치적 시민이 될 수 있는 자격 요건은 무엇이며 자격 요건 충족을 위해 프랑스가 취하고 있는 정책은 무엇인가 하는 점일 것이다.

둘째, 이의 연장선상에서 프랑스 동화주의는 공화주의 모델에 바탕을 두고 있다. 프랑스 공화주의는 프랑스 대혁명을 통해서 정립된 것으로 정치 및 사회 이념이자 프랑스 국가의 운영 지배 원칙이다. 이러한 공화국 이념은 1946년 제4공화국 그리고 1958년의 제5공화국 헌법 전문에 구체화되어 있다. 통합과 관련된 프랑스 공화주의 모델은 네 가지 원칙에 바탕을 두고 있는데,[29] 첫째, 사적 영역과 공적 영역의 분리다. 이는 사적 영역에서의 종족 및 인종의 차이와 무관하게 공적 영역에서는 모든 사람이 법 앞에서 평등함을 의미한다. 다시 말하면 평등에 기초하는 보편주의가 사회통합의 원칙인 것이다. 둘째, 집단 권리에 대한 개인 권리의 우월성이다. 이는 프랑스 대혁명기에 등장한 것으로, 중요한 점은 국가가 일반의지의 실현을 위해 개인의 권리를 국가에 양도한 국민의 삶을 어떻게 보장할지에 관한 것이다. 여기에서 집단 권리는 일반의지를 실현하는 데 장애물에 불과하다. 이는 이민자에 대한 프랑스의 접근 방식과 일맥상통하는 측면이 강하다. 즉, 집단보다는 개인으로서의 이민자 정체성을 인정하기 때문에 이민자 집단만을 위한 특별한 조치나 중개 구조를 허용하지 않는다(Soysal, 1994). 그뿐만 아니라 소수자 우대 정책이나 긍정적 차별 등 특정 집단의 소수자들을 배려하는, 그들의 사회

(신영연방 시민으로서의 민족) 등 3개국의 민족 개념과 국가별 이주민 사회통합정책 특성 간의 관련성을 밝히고 있다.

29 이는 Bigea(2016)과 정해조·이정욱(2011)의 관련 내용을 종합한 것이다.

적 진입을 제도적으로 유도하는 정책은 존재하지 않는다. 셋째, 세속주의 secularism(프랑스어로는 laïcité)다. 정교 분리 원칙으로, 이 역시 프랑스 대혁명기에 정립된 것이다. 중요한 것은 이러한 원칙이 국가와 종교의 관계에만 적용되는 것이 아니라는 점이다. 국가가 종교 외에 시민의 종족적·문화적 특징까지도 의도적으로 무시한다는 점이 강조되며 따라서 사적 영역에서의 문화적 차이는 존중된다. 넷째, 하나의, 불가분의 공화국이다. 이는 세속주의와 마찬가지로 프랑스 헌법 제1조에 명시되어 있다. 이는 국가를 분리하는 외부의 이질적인 어떤 정체성과도 양립할 수 없다는 점을 천명하는 것이다. 오직 하나의 정체성에 의한 통일성과 국민 통합을 공화국 최상의 가치로 두고자 하는 것이다. 이는 바로 지배 문화 및 가치에 대한 이민자의 순응을 강조하는 동화주의와 맥을 같이한다. 구체적으로, 이민자들은 프랑스 사회의 가치나 관습, 문화 등 프랑스적인 것에 속해져야 함을 강조하는 것이다.[30]

이러한 공화주의적 원칙의 틀에서 투표와 이익 표출에 바탕을 둔 공공 생활에의 참가, 학교·군·작업장·가족을 통한 사회 포용, 중앙집권적 국가 등의 토대가 구축되어 있다(Bigea, 2016: 23). 이렇게 볼 때 프랑스의 공화주의적 동화주의는 집단이 아닌 개인의 법적 평등, 사적 영역과 공적 영역의 엄격한 분리, 사적 영역에서의 문화적 차이 인정이라는 공화국 정신을 존중하는 이민자의 민족 구성원으로서의 인정을 바탕으로 이들을 프랑스의 지배적인 가치 혹은 문화에 순응시키려는 이념 혹은 정책 패러다임을 말한다. 따라서 프랑스는 스웨덴이나 캐나다와 달리 이민자를 특별 집단으로 간주하고 이들만을 대상으로 하는 정책이나 제도는 거의 실시되지 않는다. 이민자 역시 프랑스

30 이러한 의미에서 무슬림의 공동체주의를 인정하는 것은 곧 프랑스 공화국을 분열하는 정책으로 평가되고 이들의 '다를 권리'를 인정하는 것조차도 다문화주의정책을 연상시키는 것으로 간주되기 때문에 정책의 우선순위에서 배제된다(박단, 2007: 39 참조).

국민과 마찬가지로 동등한 권리를 가진 법적 주체로 간주하기 때문이다.

지금까지 살펴본 프랑스의 공화주의적 동화주의는 정부의 행정조직에서도 그 특징이 그대로 드러난다. 구체적으로 앞에서 살펴본 스웨덴 그리고 뒤에서 살펴볼 캐나다에서는 이민자통합정책을 전담하거나 적어도 이를 주요 업무로 맡고 있는 정부 부처가 존재하고 있다.[31] 이와는 달리 프랑스에서는 지금까지 특정 시기[32]를 제외하고는 이민 문제를 전담하는 행정 부처가 있었던 적이 없다. 대부분의 시기에 행정 부처 산하의 청장 혹은 위임장관이 이민 문제를 관장했다. 특히 2012년 이후 이민 정책은 청장이나 위임장관이 아예 없는 상태에서 내무부 소속 직제, 구체적으로 프랑스 거주 외국인정책총국DGEF에서 외국인과 이민자 관련 제반 문제를 총괄하고 있을 뿐이다. 여기에 바로 공화주의적 동화주의가 내재되어 있는 것이다. 즉, 프랑스에서 이민자는 내국인과 동등한 권리를 지닌 법적 주체로서, 프랑스의 가치와 문화에 동화될 것으로 기대되는 잠재적인 민족 구성원인 것이다. 따라서 스웨덴이나 캐나다와 달리 프랑스는 교육, 고용, 문화 차원에서 소수민족 및 이들의 문화를 보존하고 유지하려는 적극적 노력이 덜하다. 이는 다문화주의정책 지표, 이민자통합정책 지표 등 다문화정책 정도를 가늠하는 지표의 국가별 비교에서 낮은 평가를 받고 있는 이유이기도 하다.[33]

31 스웨덴은 '이민자 담당 장관→통합 장관(1996년)→고용과 통합 장관(2017년)'으로 변화했고 캐나다는 '시민권 및 이민부(1994년)→이민, 난민 그리고 시민권부(2015년)'로 변화했다.

32 필자의 조사 결과에 따르면 1974년부터 지금까지 이민 전담 행정 부처가 있었던 시기는 2007년부터 2010년까지가 유일하다.

33 2010년 기준 다문화주의정책 지표에서 프랑스는 8점 만점에 2점을 기록하여 약한 다문화주의 국가로 분류되었으며, 2014년 기준 이민자통합정책 지표에서 54점을 받아 38개 국가 중 17위를 차지했다.

한편, 주요 변화 중 하나는 기존의 공화주의적 동화주의 패러다임에 시민통합정책 요소가 추가되고 있다는 점이다. 대표적인 사례가 국적 취득 요건의 강화다. 기존에는 유럽 국가 중 자유주의 국가로 불릴 정도로 덜 엄격했으나 생존 수단 증명이나 언어 항목 등의 요소가 추가되었다. 이는 국적 취득을 더 이상 이민자 통합 수단이 아니라 성공적인 통합의 보상으로 보려는 시각이 팽배해 있음을 보여준다(OECD, 2017: 140). 또한 공화주의 통합계약 프로그램CIR 역시 프랑스의 대표적인 시민통합정책으로 손꼽힌다.

(2) 프랑스의 이민자 통합 프로그램: ① 교육 및 언어—동화주의 프로그램

여러 정책 중 프랑스의 교육정책은 이민자를 프랑스 사회에 통합하는 강력한 도구다. 프랑스 공교육제도는 공화주의 전통 계승이라는 미명하에 종족, 종교적 차이를 고려하지 않는 평등 원칙을 견지하고 있다. 학교에서 발생하는 이슬람 2세와의 충돌은 바로 여기에서 연유한 것이다. 프랑스 정부는 문화 부문에서도 이슬람 출신 이민자들의 급증에도 불구하고 이들의 문화적 특수성을 고려하거나 지원하는 정책을 취하지 않는데, 이 역시 동화주의에 바탕을 둔 이민자통합정책의 중요한 표징이라 할 수 있다. 이는 어떤 의미에서는 평등을 강조하는 공화주의와 지배 문화에 대한 소수민족의 순응을 강조하는 동화주의가 상호 충돌하는 지점이기도 하다.[34]

한편, 프랑스 교육부는 이민자 자녀만을 대상으로 하는 언어교육을 실시하는 데 매우 소극적이다. 신규 이민자를 위한 언어 강좌가 이민자를 대상으로 이루어지고 있는 유일한 제도다. 그 대신 이민자는 취약 지구의 교육 성

34 공화주의적 동화주의의 문제점에 대한 국내 연구로는 김민정(2007)을 참조하라. 한편, 취업 분야 제한 같은 프랑스의 노동시장정책을 통해서 나타나는 이민자 차별에 대해서는 김상호·강욱모·심창학(2016: 177~179)을 참조하라.

취 프로그램 같은 지역 기반 프로그램의 주요 적용 대상에 포함될 수 있다(Escafré-Dublet, 2014: 1).

② 통합수용계약CAI에서 공화주의 통합계약CIR으로 – 시민통합정책의 등장

프랑스 이민자정책에서 두드러지는 현상 가운데 하나는 기존의 공화주의적 동화주의에 시민통합정책 성격이 추가되고 있다는 점이다. 이미 살펴본 바와 같이 시민통합정책은 장기적인 관점에서 공통의 문화 창출이라는 목표 하에 이민자의 적극적이고 공유된 도덕적 시민권 창출을 강조하고 있다. 그 중 가시적인 국가정책으로 나타난 것은 도덕적 시민권으로, 시민통합정책을 사용하고 있는 국가는 한결같이 이민 승인과 시민권(국적) 취득을 위한 요건을 강화하고 있다. 프랑스에서 이러한 성격의 제도가 등장한 시기는 2003년으로, 당시 우파 정부의 내무상은 사르코지Nicolas Sarkozy였다. 이 시기에 프랑스의 이민정책은 기존의 이민 중단에서 선택적 이민으로 방향을 선회했다. 이와 동시에 장기 체류를 목적으로 하는 외국인에 대한 시민통합정책이 실시되었는데 대표적인 것이 바로 통합수용계약CAI: Contrat d'Accueil et d'Intégration이다.[35] 시범 실시에 이어 2005년에 본격적으로 실시된 이 제도의 적용 대상은 장기 체류를 목적으로 프랑스에 처음 입국하는 외국인이며, 개별 면담을 거쳐 프랑스어 능력이 확인된 후 도의 경찰청장과 외국인 사이에 계약을 체결한다.[36] 계약 기간은 1년이며 1회 연장 가능하다. 만약 정당한 사유 없이 계약

35 이에 대한 자세한 내용은 해당 웹사이트(http://www.vie-publique.fr/actualite/dossier/integration/contrat-accueil-integration-parcours-obligatoire-condition-installation-durable.html)를 참조하라.

36 이민자 개별 면담은 내무부 산하에 이민 문제를 전담하고 있는 이민 및 통합 사무소(OFII)에서 맡고 있다. OFII의 법적 성격은 행정 성격을 띤 공공 단체(공법인)로, 지방 사무소 50곳

내용을 제대로 이해하지 않을 경우 도의 경찰청장은 계약을 일방적으로 해지할 수 있다. 한편, 계약 내용의 대부분은 국가의 의무보다 이민자의 의무 사항으로 이루어져 있다. 관련 사항은 언어 테스트 참여 및 필요한 언어 강좌에의 성실 참여, 시민교육 및 일상생활 정보 관련 강좌 참석, 노동시장 참여를 위한 직업 능력 강좌에의 참석 등이다. 여기에서 이민자의 성실 참여가 중요한 이유는 장기 체류증 발급 결정을 위한 중요한 평가 기준이 되기 때문이다.[37] 즉, 이민자의 프랑스 공화주의 가치 수용 여부를 확인하기 위한 방법으로 시민통합정책이 도입되었으며, 이는 궁극적으로 이민자가 프랑스의 지배적인 가치 및 문화를 수용하는 것을 목적으로 하고 있다. 이렇게 볼 때 프랑스에서 시민통합정책은 공화주의적 동화주의를 실현하기 위한 수단으로 사용되고 있는 것이다. 여기에서 공통의 문화 창출이라는 시민통합정책 본연의 철학은 찾아보기 어렵다.

한편, CAI 제도는 2016년 공화주의 통합계약CIR: Contrat d'Intégration Républcaine에 의해 대체되었다.[38] 좌파 정부 시기에 개정된 외국인 법은 통합 경로 보장을 위한 새로운 규정을 만들었는데, 그중 하나가 CIR 제도의 도입이다. 기본 운영 방식은 CAI와 유사하다. 하지만 두 가지 점에서 CIR 제도는 시민통합정책의 성격이 더욱 강화되었다. 첫째, 적용 대상자의 확대다. 기존의 최초 입국 외국인뿐만 아니라 기존 외국인 가운데 영구 거주 희망 이민자까지 포함한다.[39] 이는 신규 이민자뿐만 아니라 기존 이민자들도 공화주의적 동화주의

과 해외 사무소 8곳에서 총 900여 명의 직원이 일하고 있다.

37 2009년 기준 19만 3000여 명의 입국 외국인 중 9만 8000명 정도가 계약을 체결했다.

38 CIR 제도에 대해서는 해당 웹사이트(http://www.ofii.fr/le-contrat-d-integration-republicaine)를 참조하라.

39 적용 대상 규모는 연 11만 명으로 예상된다.

구현의 걸림돌이라는 인식에 바탕을 두고 있다. 둘째, 시민교육 및 언어 요건의 강화다. 시민교육의 경우 이수 기간을 기존의 하루에서 이틀로 늘렸다. 한편, 언어 테스트를 통해 수준이 A1 미만인 경우에는 언어 강좌에 의무적으로 참여해야 한다. 이보다 더 중요한 변화는 장기 체류 혹은 국적 취득에 필요한 언어 요건을 명시하고 있다는 점이다.[40]

지금까지 살펴본 바와 같이 프랑스의 이민자통합정책은 공화주의적 동화주의를 유지하면서 이를 실현하기 위한 수단적 성격의 정책인 시민통합정책의 도입에 많은 관심을 기울이고 있다.

3) 캐나다

(1) 다문화주의 혹은 시민통합적 다문화주의?: ① 다문화주의

이민자통합정책에서 캐나다는 다문화주의의 대표적인 국가로 알려져 있다. 다문화주의는 집단으로서의 이민자 정체성 인정(종족공동체)과 집단별 상이한 문화의 공존 및 상호 존중에 바탕을 두고 있다. 한편, 캐나다가 다른 국가와 분명한 차이를 보이고 있는 점은 다문화주의를 국가 이념이자 정책으로 간주하고 다문화주의를 실현하기 위한 국가의 역할을 인정하고 있다는 점이다. 그뿐만 아니라 캐나다는 세계 최초로 다문화국가임을 선언한 국가이면서 동시에 다문화주의가 헌법에 명시되어 있는 유일한 국가다(Kymlicka, 2012). 이를 고려하면서 캐나다 다문화주의의 등장 및 변천 과정 그리고 정체성을 살펴보면 다음과 같다. 우선, 유의해야 할 점은 다문화주의에 대한 캐나

40 구체적으로 유럽표준 언어체계(CECRL)에 따라 초급(A1)부터 고급(C2)까지 총 6등급 중 장기 체류는 A2, 프랑스 국적 취득을 위해서는 최저 B1 등급 이상의 프랑스어 구사 능력을 지녀야 한다.

다의 관심이 시작된 시점은 1960년대로, 그 역사가 그렇게 길지 않다는 점이다. 킴리카(Kymlicka, 2012)는 캐나다 이민자통합정책의 변천을 건국 초기의 일국시민주의에서 동화주의를 거쳐 1970년대 초에 다문화주의가 채택된 것으로 보고 있다. 이와 관련하여 역사적 분수령이 되는 사건을 정리하면 다음과 같다.

첫째, 캐나다가 다문화주의 국가임을 공식적으로 선언한 것은 1971년으로 당시 트뤼도P. Trudeau 수상은 의회 연설을 통해 다문화주의와 문화적 자유를 동일시한다고 천명하면서 다문화주의 채택의 중요성을 강조했다. 이 자리에서 트뤼도 수상은 이민자 집단의 주류 사회로의 통합 역시 강조하는 동시에 사회 전체와 소수집단을 연결하는 네 가지 정책 축을 제시했다. 바로 문화 발전을 위한 공적 지원, 캐나다 사회참여 보장 및 이를 위한 문화적 장애 철폐, 국민 통합을 위한 종족 집단 간 교류 촉진, 이민자의 사회참여를 위한 공용어 습득이다(Reitz, 2012).[41] 이는 집단으로서의 이민자의 정체성을 인정하는 동시에 이와 관련된 캐나다 정부의 관여(공적 지원)를 강조하고 있다. 한편, 공용어(영어 혹은 프랑스어)에 대한 이민자의 습득도 동시에 언급되었다. 2개 언어·다문화주의가 이 선언의 핵심인 것이다.[42]

둘째, 다문화주의에 대한 캐나다 정부의 의지는 1982년에 제정된 헌법을

41 이 시기에 이루어진 다문화주의 국가 선언의 배경은 다음과 같다. 첫째, 1960년대와 1970년대에 캐나다의 새로운 국가 단결심을 추구해야 할 필요성이 생긴 것이다. 반영과 반미 그리고 퀘벡의 분리주의 운동에 대처할 수 있는 국가 철학 혹은 이념이 필요했는데, 다문화주의는 이러한 조건을 충족할 수 있는 것으로 간주되었다(Bloemraad, 2012). 둘째, 1969년에 2언어 2문화주의 왕립위원회가 발족되었다. 이는 명칭에서 그대로 드러나듯이 지배 문화 혹은 공용어로서 영국과 프랑스에 초점을 맞춘 것이다. 이는 즉각 다른 국가 출신 이민자들의 반발에 부딪쳤고, 이의 대안으로 결국은 다문화주의가 제안되었다(Reitz, 2012).

42 "one people, two official languages, many cultures."

통해 확고해졌음을 보여주고 있다. 헌법 Part 1의 제목은 '캐나다 권리와 자유 헌장'으로 다음과 같이 구성되어 있다. 우선, 헌법 15조 제1항은 인종, 국적, 민족, 피부색, 종교, 성별, 연령, 장애에 관계없이 모든 개인은 법에 의해 동등하게 보호받고 혜택받을 권리를 갖고 있음을 명시하고 있다. 또한 15조 제2항은 비가시적 소수집단의 불이익을 개선하기 위한 적극적 조치의 필요성을 강조하고 있다. 한편, 소수언어교육 권리가 명시되어 있다(23조). 예컨대 영어가 공용어인 주의 거주민이 프랑스어로 기초 교육을 받았다면 초·중등학교에서 프랑스어로 교육을 받을 수 있는 권리가 보장되어 있다.[43] 또한 27조는 '캐나다 권리와 자유 헌장'이 다문화주의 유산 보호 및 강화와 양립할 것임을 천명하고 있다. 한편, 밴팅은 이 헌법이 다문화주의적 통합이라는 접근 방법의 경계를 제시하고 있음을 강조하고 있다. 예컨대 종교 및 사상의 자유 등의 조항은 다수로부터 소수 종족을 보호하려는 의지를 담고 있다. 반면에 이 헌법은 용납할 수 없는 다문화주의의 위협을 방지하는 역할도 하고 있다. 다시 말하면, 정당한 문화적 전통의 영역을 한정하고 있는 것이다. 예컨대 남녀동등 적용 조항은 특정 종교에서 나타나는 여성 억압적 요소는 용납하지 않을 것임을 시사하고 있다(Banting, 2014). 이처럼 캐나다의 다문화주의는 단순히 정치적 수사가 아니라 헌법 사안이자 국가이념인 것이다.

셋째, 1998년 다문화주의에 관한 법이 제정되었다. 여기에서는 다양성을 캐나다 사회의 기본 성격으로 규정하면서 이러한 다양성 유지와 평등 실현을 위해 다양한 문화적 유산 보존 및 강화, 경제·문화·정치 등 모든 영역에서의 평등 달성을 천명하고 있다. 특히 이 법은 다문화주의를 유지하고 강화

43 한편, 프랑스어와 영어 등 2개 공용어의 주별 공식적 지위에 대해서는 김진수(2011: 103)의 표를 참조하라.

하기 위한 연방기구의 의무를 구체적으로 명시하고 있다. 그리고 이러한 연방기구의 활동은 연간 보고서를 통해 평가받게 했다. 이처럼 이 법은 실질적 실행 법률의 성격과 기능을 수행하고 있다. 그리고 2002년에는 6월 27일을 다문화주의의 날canadian multiculturalism day로 정하는 왕령이 공포되어 오늘날까지 시행하고 있다.

지금까지 언급한 법들을 바탕으로 캐나다는 여러 다문화주의정책을 실시하고 있다. 여기에서 나타나는 특징으로, 우선 캐나다 이민자통합정책은 연방정부와 주정부의 역할이 분담된 상황에서 실시된다는 점을 들 수 있다. 또한 캐나다의 통합정책 추진에서 현저하게 드러나는 다른 하나는 비영리조직NPO의 역할이다(Evans and Shields, 2014). 예컨대 연방정부 혹은 주정부가 재정지원 역할을 수행하고 있다면 비영리기구는 이를 바탕으로 서비스를 실질적으로 제공하는 역할을 담당하고 있다.[44] 이러한 공사 역할 분담 모형은 1990년대 말에 형성된 것으로, 연방정부의 이민자통합정책 방향 설정, 지역 특성에 맞는 주정부의 정착 지원 서비스 체계 설정, 전문성을 지닌 비영리기관에 의한 서비스 제공이라는 특징을 보여주고 있다. 이들 기관 중 상대적으로 규모가 큰 복합 서비스multi-service 기관은 연방정부 통합 프로그램을 위탁받아 수행하거나 이민자 대상 프로그램과 서비스를 직접 개발하고 조율하는 일을 하고 있다. 한편, 지금까지 언급한 다문화주의정책은 이민자통합정책 지표 같은 다문화 관련 지표의 국가 비교에서 캐나다가 최정상의 순위를 유지하는 결과를 낳고 있다.[45]

44 캐나다에서는 이런 역할을 수행하는 민간 비영리조직을 서비스 제공기관(SPOs: service provider organizations)으로 부르고 있다.

45 예컨대 2010년을 기준으로 다문화주의정책 지표 국가 비교에서 캐나다는 7.5점을 기록해 1980년에 관련 조사가 실시된 이후 줄곧 강한 다문화주의정책 국가 유형에 포함되었다.

② 시민통합정책의 조기 도입

한편, 필자가 제기하려는 질문은 한국 학계에서 알려진 바와 같이 캐나다의 이민자통합정책이 다문화주의 성격에 국한되어 있는가 하는 것이다. 이와 관련해 캐나다 이민자정책 전개 과정의 한 축을 살펴보면 첫째, 일부 유럽 국가에서 나타나는 시민통합정책 가운데 상당 부분이 캐나다에서는 1970년대에 이미 도입되거나 정착되었다.[46] 그 결과 영어, 프랑스어 언어교육 같은 통합을 위한 정착 서비스에 소요되는 재정은 다문화주의 프로그램의 50배에 달할 정도로 시민통합정책에 관심이 지대하다.[47] 둘째, 캐나다의 국적 취득 요건은 상당히 엄격하여 언어능력, 역사·사회 지식, 경제적 자기 충분성의 검증 절차(테스트)가 필요하며 국적증서 수여식에도 참석해야 하는데 이 역시 시민통합적 요소에 그대로 부합되는 것이다.

이렇게 볼 때 캐나다의 이민자통합정책은 다문화주의정책과 시민통합정책이 결합한 산물임을 알 수 있다. 즉, 다양성을 바탕으로 집단으로서의 이민자의 정체성을 인정하고 집단별 상이한 문화 공존을 위한 국가의 관여를 당연하게 여기는 다문화주의와 시민통합적 요소가 결합된 '시민통합적 다문화주의civic integration multiculturalism'로 보는 것이 적절할 것이며 이의 구체적 정책 사례는 다음과 같다.

38개국을 대상으로 하는 이민자통합정책 지표 국가 비교에서 캐나다는 68점을 기록해 여섯 번째에 위치하고 있다. 특히 2014년 기준 반차별 정책 영역에서 최고 점수(98점)를 보여주고 있다.

46 대표적으로 연방정부와 주정부의 공동 재정 부담을 통해 주별로 실시되고 있는 정착 서비스를 들 수 있다.

47 10억 캐나다달러 대 2000만 캐나다달러.

(2) 시민통합적 다문화주의정책: ① 다문화주의 프로그램

캐나다의 다문화주의정책은 1988년에 제정된 다문화주의에 관한 법에 바탕을 두고 있다. 1988년 이후 다문화주의정책은 모든 캐나다인에게 개방적인 포용적 사회 건설 및 사회적 결속의 공고화를 목적으로 하는 프로그램에 대해서 재정지원을 하고 있다(CIC, 2012).[48] 여기에서 말하는 다문화주의정책은 네 가지 목표를 지니고 있다. 첫째, 공공정책 결정 과정에 종족·문화적/인종적 소수집단의 참여(시민 참여), 둘째, 인종주의에 대항하는 지속적 활동과 비공식적 대화에의 공동체 혹은 폭넓은 공공 관여(반인종주의/반혐오/문화 간 상호 이해), 셋째, 시스템 차원의 장애물 제거를 위한 공적제도(제도적 변화), 넷째, 다양성에 부응하는 연방정부 정책, 프로그램 및 서비스(연방제도 변화)다. 이를 구현하기 위해 다문화주의 프로그램은 다음과 같이 네 가지 요소로 구성되어 있다. 첫째, 'Inter-Action'이라고 불리는 요소로서 다문화주의 프로젝트를 수행하는 기관에 대한 재정지원이다. 이를 위해 재정지원을 원하는 기관은 계획서CFP: Call for proposals를 제출해야 한다. 법정 절차를 거쳐 계획서당 최대 140만 캐나다달러의 재정지원이 이루어진다. 둘째, 대중 교육 및 증진 요소다. 여기에는 5개 주체가 있는데 그 가운데 'Asian Heritage MonthAHM'가 있다. 매년 5월에 열리는 이 행사는 캐나다의 문화적 다양성, 경제발전에 미친 아시아 유산의 공헌을 캐나다 사람들에게 알리는 것을 목적으로 하고 있다.[49] 이처럼 소수집단이 캐나다 역사와 경제, 문화 발달에 끼친 공헌을 널리 알림으로써 소수집단에 대한 캐나다인들의 올바른 인식 정향에 도움을 주려는 것이다. 셋째, 연방 및 여타 공적제도 지원이다. 이는 다문화주의의 홍보

48 시민권 및 이민부(CIC)는 2015년 이민, 난민 및 시민권부(IRCC)로 개칭했다.

49 2018년 행사 캠페인은 'Passing it forward: Culture through the generations'이다.

및 번창에 필요한 워크숍 등 행사 개최, 여론 조사, 보고서 발간 등의 임무를 맡고 있는 연방기구와 여타 공적제도에 대한 지원을 의미한다. 또한 연방정부와 주정부의 정보 교환을 촉진하고 다양성 접근에서 최상의 실행 사례를 널리 알리는 역할도 포함된다. 넷째, 다문화주의와 직결되는 국제 활동 촉진을 들 수 있다. 이처럼 캐나다는 단순히 정치적 수사가 아니라 국가를 대표하는 상징적 표상이자 이념인 다문화주의를 유지하고 발전시키기 위한 여러 정책이나 프로그램을 시행하고 있다. 이를 위해 캐나다 연방정부는 연 1500만~2000만 캐나다달러(한화로 130억~170억 원)의 예산을 지출하고 있다.[50]

한편, 캐나다의 다문화주의에 포함될 수 있는 정책으로 다언어교육정책을 들 수 있다(박영순, 2007). 다언어교육에는 네 가지 유형이 있다. 원주민을 대상으로 하는 토착어-영어의 이중언어교육, 이민자들을 대상으로 이루어지는 모국어-영어의 이중언어교육, 프랑스어 사용 지역의 프랑스어-영어 이중언어교육, 마지막으로 다수민을 위한 부가적 언어교육이다. 이 중 다문화주의의 정신에 부합되는 것은 두 번째 유형이다. 즉, 프랑스어와 영어를 공용어로 채택하면서도 이민자 집단의 모국어 강좌 역시 공교육기관을 통해 개설하는 것이다.

② 시민통합정책 프로그램

밴팅이 강조한 바와 같이 1990년대 중반에 일부 유럽 국가에서 등장한 시민통합정책이 캐나다에서는 이미 1970년대 중반에 도입되었다. 대표적인 프로그램 두 가지만 살펴보면 다음과 같다.[51]

50 2009~2010년과 2010~2011년의 다문화주의 분야 정부지출은 각각 1320만 캐나다달러, 1530만 캐나다달러다.

첫 번째 프로그램은 정착 프로그램SP이다.[52] 1974년에 도입되어 지금도 실시되고 있다. 연방정부 및 주정부의 역할 분담 아래에서 각 지역단위 이민자 정착 지원 서비스 기관에 대규모 재원을 지지하는 서비스들의 총칭이다. 2011년 명칭 변경과 함께 재편된 서비스는 성격상 직접적 서비스 전달, 지원 서비스, 간접서비스로 구분된다(IRCC, 2017). 직접적 서비스 전달은 서비스 제공기관에 재정지원을 하는 것으로, 서비스 제공기관은 욕구 사정 및 의뢰NARS, 정보 제공 및 오리엔테이션 서비스i&o, 언어 평가LA, 언어 훈련LT, 고용서비스ER, 지역사회연계CC라는 총 6가지 서비스 가운데 하나 이상을 담당하고 있다. 이 중 언어 평가는 캐나다 언어 벤치마킹CLB 혹은 캐나다어 능력 정도NCLC에 맞춰 진행된다. 고용서비스에는 일자리 배치, 고용 네트워킹 등이 포함되어 있다. 지원서비스는 신규 이민자의 직접적 서비스 접근에 장애가 되는 요소를 제거하는 데 역점을 두고 있다. 예컨대 보육서비스, 통역, 이동, 장애 지원, 긴급 상담 등을 들 수 있다. 마지막으로 간접서비스는 서비스 제공기관 파트너십 고양, 역량 구축, 최상의 실행 사례 공유 등의 프로젝트를 포함한다. 지역이민 파트너십LIP과 프랑스어권 이민 네트워크RIF 등 2곳의 거대 기관이 간접서비스 활동에 관여하고 있다. 유의해야 할 점은 신규 이민자의 정착에 필요함에도 불구하고 이 프로그램의 참여가 의무가 아니라는 점이다. 2017년 기준으로, 대략 연간 이민자 20만여 명 가운데 39%에 해당하는 8만여 명이 적어도 하나 이상의 프로그램에 참여한 것으로 나타난다(IRCC, 2017: 4).

두 번째 프로그램은 신규 이민자 언어 강좌LINC: Language Instruction for Newcomers

51 한편, 한국의 대부분 연구는 이를 다문화주의정책에 포함하고 있는데, 이는 다문화주의에 대한 오해 혹은 시민통합정책에 대한 인식 부족에서 비롯된 것으로 보인다.

52 기존 이민자 정착 및 적응 프로그램(ISAP)에서 2011년에 정착 프로그램으로 개칭되었다(CIC, 2011 참조).

to Canada다. 1992년에 도입된 이 프로그램의 목표는 이민자의 사회통합을 촉진하여 그들이 가능한 한 빠른 시간 내에 캐나다 사회의 구성원으로서 참여할 수 있도록 무료로 영어나 프랑스어 교육을 제공하는 것이다. 앞에서 언급한 언어 평가 및 훈련 정착 프로그램과 비교할 때 성격상 유사성에도 불구하고 적용 대상이 제한적이라는 점에서 차이가 난다. 구체적으로 신청 자격은 신규 이민자 가운데 학교 교육을 이수한 18세 이상의 영구 거주자 혹은 신청 절차가 진행 중인 이민자와 난민이다. 반면에 난민 신청자와 임시 거주자는 적용 대상에서 제외된다. 그리고 신청 자격에 부합하는 사람들은 언어평가센터에서 실시하고 있는 언어능력검증시험에 반드시 응해야 한다.[53] LINC는 캐나다에서 실시하고 있는 정착 프로그램 가운데 가장 지출 규모가 크고 가장 많은 참여 규모를 보이고 있다.[54] 이 프로그램 역시 ISAP와 마찬가지로 임의적 성격을 지니고 있다. 이와 관련해 밴팅(Banting, 2014: 82)은 시민통합정책을 강제성 여부에 따라 비자유주의적 시민통합 유형과 자발적·다원주의적 시민통합 유형으로 구분하며 후자 유형의 대표적 국가가 바로 캐나다라고 강조하고 있다. 이런 측면에서 캐나다 사례는 다문화주의와 자발성에 바탕을 둔 시민통합정책의 결합 가능성을 보여주고 있다.

53 https://settlement.org/ontario/education/english-as-a-second-language-esl/linc-program/what-is-the-language-instruction-for-newcomers-to-canada-linc-program/.

54 2009년 기준으로 약 10억 캐나다달러에 달하는 정착 프로그램 총지출의 34.2%를 차지하며 참여자는 약 5만 명이다(CIC, 2010 참조). 이 외에도 내국인 자원봉사에 바탕을 두고 있는 호스트 프로그램, 재정지원을 주요 골자로 하는 재정착 프로그램 등이 실시되고 있다.

4. 결론

지금까지 이민자통합정책 패러다임의 최근 흐름에서 나타나는 두 가지 상반된 주장의 타당성을 국가별 실증 분석을 통해 살펴보았다. 첫 번째 주장은 동화주의에서 다문화주의를 거쳐 시민통합정책 패러다임으로 수렴되고 있다는 것이다(수렴 테제). 이와는 반대로 두 번째 주장은 수렴 현상은 일시적 혹은 부분적인 것에 지나지 않으며 오히려 기존의 이민자정책 패러다임을 고수하고 있다는 주장이다. 이를 위해 실증 분석을 통해 스웨덴, 프랑스 그리고 캐나다의 이민자통합정책에 초점을 두었다. 그리고 분석한 결과, 기존의 패러다임은 고수하면서도 시민통합정책의 실시라는 공통된 현상이 있음을 발견할 수 있었다.

첫째, 스웨덴은 1970년대 중반에 제시된 다문화주의 3대 목표의 부분적인 후퇴에도 불구하고 이민자 개인의 문화적 권리 인정, 문화 선택에 대한 개인의 자유 존중, 종족적 다양성에 기반을 둔 사회 구성원들 사이의 동등 권리 존중으로 대변되는 다문화주의가 견지되고 있다. 반면에 이민자를 노동시장에 통합할 목적으로 스웨덴어 교육 프로그램, 입국계획과 입문수당 같은 제도 등이 도입되고 있음을 확인할 수 있다. 이는 이민자의 자발적 참여에 바탕을 두고 있음에도 불구하고 시민통합적 요소가 이민자 노동시장 통합정책에 나타나기 시작했음을 의미한다.

둘째, 전통적으로 동화주의 패러다임의 대표적인 국가인 프랑스는 엄밀하게는 공화주의적 동화주의를 지향하고 있다. 개방적인 민족 개념을 바탕으로 공화주의 원칙을 존중하는 사람은 누구나 프랑스 국민이 될 수 있으며 이들에게는 동등 권리가 보장됨을 강조하고 있다. 따라서 이민자만을 위한 선별적 제도와 정책은 공화주의 정신에 위배되는 것이다. 이민자 집단의 문화적 권리는 당연히 부정되며 이민자가 프랑스 사회에 살기 위해서는 프랑스의 지배적 가치와 문화 수용이 필요함을 강조한다. 한편, 프랑스 역시 스웨덴과 마찬가지로 시민통합정책이 도입되는 모습을 보이고 있다. 대표적인 프로그램으로 2005년에 도입된 통합수용계약, 2016년의 공화주의 통합계약을 들 수 있다.

셋째, 캐나다는 다문화주의 선도 국가다. 1971년 세계 최초로 다문화주의 국가 선언, 1982년 제정 헌법에 명시된 다문화주의 관련 조항, 이에 바탕을 둔 1988년의 다문화주의에 관한 법 등은 어디에서도 유례를 찾아보기 힘들다. 이에 캐나다 연방정부는 주정부 혹은 서비스 제공기관과의 협력을 통해 여러 다문화주의정책을 실시하고 있다. 한편, 캐나다 사례 분석에서 발견된 또 하나의 중요한 사실은 이민자 정착 및 적응 프로그램처럼 일찍이 시민통합정책이 실시되었다는 점이다. 이렇게 볼 때 캐나다의 이민자정책은 엄밀히 말하면 다문화주의라기보다는 시민통합적 다문화주의라고 하는 편이 더욱 적절할 것이다.

결국에 시민통합정책 도입 여부의 측면에서 살펴본 수렴 테제는 적어도 이 장에서 분석 대상이 된 스웨덴과 프랑스, 캐나다의 경우에는 타당성이 있다고 할 수 있다. 사실 시민통합정책의 도입은 3개국뿐만 아니라 유럽 국가에서 전반적으로 나타나는 현상이기도 하다. 문제는 시민통합정책이 국가별 지배적인 이민자정책 패러다임의 변화로 연결되는가 하는 것이다. 현 단계에서 이에 대한 대답은 유보적인 입장이다.

한편, 이 연구는 이민자정책 패러다임의 수렴을 확인하는 탐색적 연구로서 그 결과를 일반화하기에는 한계가 있다. 이를 보완하기 위해서는 사례 대상 분석 국가의 확대 혹은 새로운 연구 방법의 도입을 통한 연구가 지속되어야 할 것이다. 한편, 이 글에서도 나타나듯이 이민 관리 혹은 다양성 관리를 위해 시민통합정책을 도입하고 있는 외국 사례는 한국의 이민자정책 방향의 설정과 구체적 정책을 마련하는 데 중요한 시사점을 제공한다.

제 8 장

한국 보육정책에서의 쟁점 연구: 근로자와 사용자 개념에 대한 고찰을 중심으로

이윤진

1. 서론

영유아를 대상으로 한 돌봄정책 내지 보육정책은 기관에서의 돌봄 지원과 가정 내에서의 돌봄 지원으로 크게 분류할 수 있다.[1] 보육child care and education의 사전적 의미는 아동에 대한 보호와 양육을 모두 포함하는 개념으로 어린 아이를 정신적·육체적으로 '기르는 것'의 의미를 지닌 육아childcare와 대상적 측면에서 광의의 의미를 가지는 돌봄caring과는 다소 상이하다고 할 수 있다. 또한 광의의 의미에서 돌봄정책의 한 범주에 보육서비스가 포함된다고 전제했을 때 보육정책은 그 주체가 누구인지, 보육이 이루어지는 공간이 어디인지에 따라서 서비스의 종류를 구분할 수 있을 것이고 이에 따라 관련 법률관계가 형성된다고 할 수 있다.

한편, 법률상 근로자 해당 여부는 종사자의 노동법상 보호 범위를 결정짓

1 영유아를 대상으로 한 돌봄정책은 보육정책이 대표적이다.

는다. 현행 법제도에서 근로기준법의 근로자에 해당할 경우에 사회적 기본권을 포함한 각종 법률상의 권리와 권한을 가지게 되는 경우가 대부분이기 때문이다. 이렇듯 근로기준법의 근로자 개념을 바탕으로 각종 사회보장과 관련한 권리의 실현이 일반적인 것을 볼 때,[2] 현행법상 근로자 인정 여부는 궁극적으로 인간으로서 기본적인 권리를 보장받게 되는지와 연결된다고 할 수 있다. 따라서 인간으로서 포괄적 기본권을 실질적으로 보장하기 위해서는 근로기준법의 근로자에 해당하는지를 명확히 살펴볼 필요성이 있다.[3] 하지만 헌법상 인간답게 살 권리를 바탕으로 한 각종 사회적 기본권의 보장은 근로기준법상 근로자 해당 여부를 불문하고 인간의 기본적인 권리로서 보장받아야 함이 마땅하다는 사실 또한 간과해서는 안 된다.

한편, 사회서비스 영역에서의 근로자에 대해서는 다른 영역의 근로자와는 다소 차별적인 관점으로 접근할 필요가 있다. 사회서비스는 공공성과 수요자 접근성, 서비스의 질적 측면 등이 중요한 요소이기에 서비스 이용자의 입장에서 안정적인 서비스를 제공받기 위해서 해당 서비스를 제공하는 근로자의 법적 안정성 내지는 근로 환경에 대한 보장이 매우 중요하기 때문이다. 더불어 서비스 제공자의 고용안정성은 서비스의 질에 영향을 미친다는 다수의 선행연구에 비추어볼 때도 서비스 제공자의 복리후생과 근로조건은 해당 서비스를 제공함에 있어 우선 검토해야 할 부분이라고 할 수 있다(윤건향 외, 2011; 이윤진, 2018b). 특히 이러한 사회서비스 영역 중에서도 영유아 돌봄을 담당하는 보육서비스는 서비스 대상이 아동이라는 점, 서비스업에 주로 종사하

2 고용보험법, 국민연금법, 산재보험법 등은 근로기준법상 근로자를 피보험자로 보고 있다.

3 물론, 근로기준법의 근로자 개념과 사회보험 대상자 내지는 사회보장을 받을 권리의 대상자가 일치해야 하는가와 관련해 논란이 있다. 이 글에서는 논의의 범위를 고려해 이와 같은 쟁점은 포괄하지 않는다.

는 사람의 근로 환경이 영유아의 발달과 직결된다는 점을 고려해 관련 종사자들의 법적 지위를 고찰할 필요가 있다. 재차 언급하는 바와 같이 이들의 근로 환경에 대한 보장은 서비스 이용자 입장에서는 안정된 서비스의 제공과 연관될 뿐만 아니라 보육서비스는 아동의 삶과 직결되고 궁극적으로 보육정책은 일·가정 양립 정책의 핵심적인 부분이기 때문이다.

앞서 언급한 바와 같이 한국의 보육서비스를 크게 구분하면, 서비스 제공 장소에 따라 기관 내 보육과 가정 내 보육으로 구분할 수 있다. 기관 내 보육의 경우 영유아와 아동이 가정을 떠나 일정 공간에서 생활하기에 그 공간에 머물 동안 기관 내의 보호자는 대리 양육자로서 의무를 다하게 된다. 반면에 가정 내 양육의 경우 부모가 제공하거나 부모가 아닌 경우 부모와 함께 혹은 단독으로 가정에서 부모 대신 대리 양육을 행한다. 이때 수요자인 부모와 아동의 입장에서 체감하는 보육서비스의 불균형한 제공은 결국 인생의 출발선상에서부터 불평등을 야기한다고 해석할 수 있다. 기관과 가정에서 원하는 시기에 원하는 형태로 국가가 제공하는 보육서비스를 받을 수 있는 아동과 받을 수 없는 아동이 애초에 구분된다면 보육 기회에 있어 불평등한 현상이라고 볼 수 있기 때문이다. 질적인 문제와 관련하여 불평등한 상황이 발생해도 마찬가지다. 더욱이 법률상의 해석으로 인해, 법제도의 구조적인 문제로 인해 이러한 불평등이 야기된다면 이는 반드시 재고해야 할 사항이다.

한국은 2013년 전면 무상보육이 도입된 이후 영유아의 기관 보육 이용률이 증가했고,[4] 관련 기관의 수가 늘어남과 동시에 국공립 어린이집이 지속적으로 확충되면서 어린이집을 대표로 하는 보육시설의 공공화가 꾸준히 진행

4 특히 취업모의 어린이집 이용률이 큰 폭으로 증가했는데, 취업모 유아의 어린이집 이용률은 2012년 45.9%에서 2015년 66.5%로 높아졌다(보건복지부, 2018a).

되고 있다. 또한 일정한 법정 요건을 충족한 기업의 경우 직장 어린이집 설치를 의무화함으로써 국공립 어린이집 외에 기업 복지의 한 종류로서 직장 어린이집의 공급을 보장하고 있다. 하지만 이러한 기관 중심의 보육서비스 제공은 수요자의 다양한 욕구를 충족하지 못한다는 단점이 있어 이에 대응하기 위한 방편으로서 가정 내 양육지원정책인 아이돌봄서비스를 병행하고 있다.

이렇듯 한국의 보육서비스는 기관 보육과 가정 내 보육이 수요자의 필요에 조응해 함께 제공되고 있다. 하지만 그동안 보육서비스 제공 주체로서의 근로자와 사용자 개념을 중심으로 해당 정책을 면밀히 살핀 연구는 미약했다. 이는 곧 보육서비스의 질을 결정짓는 요인으로 작용하는 서비스 제공자의 고용안정성에 대한 논의가 부족하다는 현실을 반영한다. 또한 보육서비스의 질을 결정짓는 요인이 이러한 법제도의 설정에 근거한다는 점을 간과한 것이기도 하다. 나아가 보육서비스를 이용하는 수요자의 욕구가 제대로 충족되고 있는지를 제도적·법적으로 고찰하고 있지 않다는 사실을 나타낸다. 이에 이 장은 보육정책에서 사용자와 근로자 개념이 문제되는 영역을 선정한 다음 이들의 법적 지위를 검토하고, 보육서비스의 질적 향상 및 수요자의 보육 욕구 충족을 위한 방안과 일·가정 양립이 실현되는 삶의 질 개선을 위한 방안에 대해 논의를 진행하고자 한다.

2. 분석 방법과 범위

이 연구에서는 다루고자 하는 법제도의 내용 분석contents analysis을 시도한다. 법률 내용 분석은 해당 법률의 내용을 구체적으로 살펴볼 수 있는 동시에 다른 법률들과 비교를 가능하게 하므로 법제도의 문제점을 발견하는 데

표 8.1 연구 대상과 분석 주제

연구 대상		분석 주제	비고	해당 법률
기관 내 돌봄서비스	국공립 어린이집	보육 교직원 법적 처우	사용자의 또 다른 근로자성 문제, 보육 교직원 법적 지위	영유아보육법, 근로기준법
	직장 어린이집	근로자 및 사용자 개념	사용자와 상시근로자 범위에 대한 법조문 해석	영유아보육법, 근로기준법, 파견근로자에 관한 법률
가정 내 돌봄서비스	아이돌봄 서비스	아이돌보미 근로자성	근로기준법상 근로자에의 포괄 여부	아이돌봄기본법, 근로기준법, 파견근로자에 관한 법률

긍정적인 역할을 한다(이윤진, 2018a).

연구 대상은 대표적인 기관 내 돌봄서비스인 어린이집 서비스와 가정 내 돌봄서비스인 아이돌봄서비스이고, 구체적으로 국공립 어린이집과 직장 어린이집에서 나타날 수 있는 사용자와 근로자 문제와 아이돌봄서비스의 아이돌보미 근로자성 문제를 함께 고찰하고자 한다. 이 장에서 분석할 법률의 범위는 이러한 연구 대상을 고려하여, 영유아 보육과 관련한 기본법이라고 할 수 있는 영유아보육법을 비롯해 아이돌봄기본법, 근로기준법 등을 대상으로 한다. 관련 내용을 요약하면 〈표 8.1〉과 같다.

3. 개념적 정의

1) 근로자와 사용자

근로기준법 제2조 제1항 제1호는 근로자의 개념을 명문화하고 있다. 이에 의하면 근로자는 "직업의 종류와 관계없이 임금을 목적으로 사업이나 사업장에 근로를 제공하는 자"를 말하며, 이때 임금이란 사용자가 근로의 대가로 근로자에게 임금, 봉급, 그 밖의 어떠한 명칭으로든지 지급하는 일체의 금품(근로기준법 제2조 제1항 제5호)을 일컫는다. 또한 대법원 판례에 따르면 "근로기준법상의 근로자는 그 계약의 형식이 민법상 고용계약인지, 도급계약인지 관계없이 실질적으로 사업 또는 사업장에 임금을 목적으로 사용자와의 관계에 있어 종속적인 관계에서 근로를 제공하였는지 여부"에 따른다(대법원 2004.3.11. 선고 2004두916 판결). 이때 종속성에 대해 판례는 근로기준법상 근로자에 해당하는지 여부를 인적 종속성과 경제적 종속성에 근거해 판단하고 있다.

구체적으로는 ① 업무의 내용이 사용자에 의하여 정해지고, ② 취업규칙이나 복무규정 등의 적용을 받는지, ③ 업무 수행 과정에서 사용자로부터 지휘 감독을 받는지, ④ 근무시간과 근무장소가 지정되고 구속을 받는지, ⑤ 보수의 성격이 근로 자체의 대상적 성격이 있는지, ⑥ 사회보장제도 같은 법령에 의해 근로자로서 인정받는지 등 경제적·사회적 조건을 종합해 판단하고 있다(대법원 2004.3.11. 선고 2004두916 판결 참조). 이때 어느 한 부분에는 해당하지만 다른 요건에는 해당하지 않는 경우 이와 같은 자들을 근로자로 보아야 하는가에 의문이 생길 여지가 있다. 예를 들어, 사용자에 의해 업무의 내용이 정해지고 근로 자체의 대상적 성격을 가지는 보수를 사용자로부터 지급받으나 취업규칙 등이 명문화되어 있지 않은 경우 등에 이들을 근로자로 보아야 할지의 문제가 발생하기 때문이다. 또한 사용자로부터 지휘 감독을 받고 임금을 지급받지만 사회보장제도의 적용을 받지 않는 경우는 어떻게 해석해야 하는지의 문제도 발생할 여지가 있다. 이 외에 근로관계상 지휘 감독 관계, 종속적인 관계가 있었는지 문제된 사안에서 그 실질을 반영하여 근로자임이 인정된 사례가 존재한다. 대표적으로는 2006년 대법원 판례로 종합반 강사의 근로자성 여부에 대한 판단이다(대법원 2006.12.7. 선고 2004다29736 판결). 같은 판례에서는 다음과 같이 판시했다.

대학입시학원 종합반 강사들이 매년 학원 측과 강의용역제공계약이라는 이름의 계약서를 작성하였고, 일반 직원들에게 적용되는 취업규칙 등의 적용을 받지 않았으며 보수에 고정급이 없고, 부가가치세법상 사업자 등록을 하고 근로소득세가 아닌 사업소득세를 원천징수 당하였으며 지역의료보험에 가입하였다고 하더라도 위 강사들의 근로자성을 부정할 수 없다.

즉, 도급계약의 형식을 통해 근로를 제공했다 하더라도 실질을 반영해 근로자성을 인정한 것이다.

또한 요양보호사의 근로자성이 문제된 사안을 검토하면 다음과 같다(대법원 2012.11.15. 선고 2011도9077판결 참조). 해당 판결에서는 다음과 같이 판시했다.

회사가 요양대상자와 요양계약을 체결하고, 그 계약의 내용에 따라 요양보호사의 근무시간, 장소, 내용이 모두 정해지는 점, 요양보호사가 근무시간을 변경하거나 휴가를 내기 위해서는 요양대상자와 처리할 수 없고 회사에 사전 보고하여 조정하여야 하는 점, 매일 근무시간 및 근무내용을 기록한 근무 상황일지를 작성하여 이를 회사에 매달 보고하여야 하는 점 …… 주의 사항 등을 회사가 교육하도록 되어 있는 점 등을 종합하여 볼 때 이 사건 회사의 요양보호사는 업무 수행 전반에서 회사로부터 상당한 지휘 감독을 받아 종속적인 관계에서 노무를 제공하는 근로자에 해당한다.

해당 판결을 통해 볼 때 회사와 근로계약을 체결한다는 점, 사용종속성이 인정된다는 점을 주된 근로자 인정의 판단 근거로 삼고 있음을 알 수 있다.

화물차 운전자의 근로자성이 문제가 된 사안에서는 다음과 같이 판단하면서 이들을 근로기준법상의 근로자로 판단했다(대법원 2013.4.26. 선고 2012조5835 판결).

> 피해 근로자들은 피고인이 운영하는 회사에 대하여 종속적인 관계에서 자신들의 소유인 차량을 이용하여 근로를 제공하고 이에 대하여 회사로부터 실비변상적인 성격의 금원을 포함한 포괄적인 형태의 임금을 받아왔다.

이와 같은 판례들을 종합하면 '업무 수행 과정에서의 지휘 감독'은 사용종속성을 판단하는 중요한 요소로 작용하고, 이에 의해 근로자 해당 여부가 정해질 여지가 크다고 할 수 있다. 즉, 사용자의 업무 지시에 따라 종속적인 형태로 근로를 제공하고, 지휘 감독의 범위가 이들에게 미쳤다면 사용자와의 관계에서 근로기준법상 근로자로 판단하고 있는 것이다. 이는 결국 형식상의 근로관계보다는 실질적인 관계를 고려하고 있다는 것을 보여준다.

한편, 근로기준법에서 예외적으로 적용 제외를 규정한 직군에 해당하는 경우에는 이들을 근로자로 인정하는 것이 명문에 반하게 되므로 이들이 근로기준법상 제외 업종임에도 불구하고 실질적으로는 사용종속성을 가지고 있을 때 관련하여 논쟁이 발생하게 된다. 대표적으로 가사근로자는 근로기준법과 이를 바탕으로 한 최저임금법, 근로자퇴직급여보장법 등의 적용에서 제외되어 있다(근로기준법 제11조 제1항). 가정 내 보육서비스를 제공하는 민간 아이돌보미가 가사근로자로 분류될 경우가 이들이 근로자로서 보호받지 못하는 가장 큰 이유라고 할 수 있다. 이들을 근로자로 본다면 과연 사용자는 누가 될 것인가, 이들의 법률적인 근로관계가 인정된다면 부차적인 이들의 권리를 어떻게 보장해야 할 것인가 등의 논의로 연결되므로 다차원적인 고민을 수반하게 된다.

이러한 근로자와 사용자 개념과 관련한 연구는 노동법 영역에서 고전적으로 상당 부분 축적되어 왔다고 할 수 있다. 들어 근로자 개념이 확장되면서 관련 연구들은 어느 정도 범위까지의 근로관계를 인정하여 이들을 근로자로 개념화해야 하는가의 문제를 주로 다루고 있는데, 보육과 가장 유관한 분야로는 돌봄 영역에서 종사하는 자들의 근로자와 사용자 개념과 관련한 연구가 진행되고 있다. 하지만 거시적인 관점에서 보육정책에서의 근로자와 사용자 개념이 문제가 될 만한 사례를 다양하게 살펴본 연구는 부재하다. 이 글에서는 보육정책 내에서 서비스 형태를 중심으로 한 세 가지 경우를 선정하여 해당 개념에 대한 법적 고찰을 시도하고자 한다.

2) 기관 내 보육서비스: 어린이집

어린이집은 대표적인 기관 내 보육서비스를 제공하는 시설로 분류할 수 있다. 어린이집은 영유아보육법에 의해 그 종류가 규정되어 있다. 영유아보육법 제10조에 의하면 어린이집은 운영 주체에 따라 국공립 어린이집, 사회복지 어린이집, 법인과 단체 어린이집, 직장 어린이집, 가정 어린이집, 협동 어린이집, 민간 어린이집으로 구분된다. 국공립 어린이집의 확충은 저출산고령화기본계획과 보육중장기기본계획이 처음 시행된 이후 꾸준히 진행된 바 있다. 문재인 정부는 국공립 어린이집의 비율을 40%까지 확충하겠다는 공약을 대통령 선거 당시에 제시했으며(더불어민주당, 2017), 가정 어린이집의 국공립 전환, 국공립 어린이집 신설 등이 이루어지고 있다. 따라서 관련 계획을 실행에 옮기고 있다고 평가할 수 있다.

영유아보육법에 의할 때도 국가나 지방자치단체는 국공립 어린이집을 설치하고 운영해야 할 의무를 지니며 국공립 어린이집은 영유아보육법 제11조의 보육계획에 따라 일정 지역에 우선적으로 설치해야 한다(영유아보육법 제12조). 한편, 영유아보육법 시행규칙은 국공립 어린이집의 운영 위탁(영유아보육법 시행규칙 제24조)을 규정하고 있다. 이에 의하면, 보건복지부 장관, 시·도지사 또는 시장·군수·구청장은 영유아보육법 제24조 제2항에 따라 국공립 어린이집의 운영을 위탁하려는 경우에 미리 위탁의 기준, 절차 및 방법 등을 해당 기관의 게시판이나 인터넷 홈페이지 등을 이용하여 공고해야 하고, 국공립 어린이집의 운영을 위탁받으려는 자는 어린이집 위탁신청서를 첨부하여 보건복지부 장관, 시·도지사 또는 시장·군수·구청장에게 제출해야 한다. 그 후 위탁신청서를 받은 보건복지부 장관, 시·도지사 및 시장·군수·구청장은 보육정책위원회의 심의를 거쳐 수탁기관을 결정하여 위탁계약을 체결한 후 어린이집 위탁계약증서를 발급해야 한다. 즉, 위탁 운영 방식에 의해 국공립 어린이집을 국가가 직접 운영하는 것은 아니지만 국가와 위탁계약을 맺은 민간단체가 국가를 대신해 운영할 수 있는 것이다. 한편, 운영 위탁과 관련하여 일정 요건에 해당될 경우에[5] 보건복지부 장관, 시·도지사 또는 시장·군수·구청장이 취소할 수 있는 사유가 별도로 제시되어 있다.

결국 국공립과 민간, 가정 어린이집 등을 불문하고 보육서비스 제공은 보육기관 종사자를 통해 이루어진다. 이들은 어린이집에 종사하면서 서비스 수요자에게 관련 서비스를 전달하는 주체로서 교사 취득 자격 요건 등의 일정 요건을 충족할 때 서비스 제공이 가능한 자들이다. 이때 사회서비스 가운데 보육서비스가 보육이라는 영역의 전문성을 유지하고 서비스 질을 향상

5 영유아보호법 시행규칙 제25조:
1. 법 제26조 제1항에 따른 취약보육을 우선적으로 실시하지 아니하거나 법 제28조에 따른 저소득층 자녀 등의 우선 보육을 실시하지 아니한 경우
2. 법 제31조에 따른 건강진단 실시 또는 응급조치 등을 이행하지 아니한 경우
3. 법 제36조 및 영 제24조에 따른 보조금을 목적 외의 용도에 사용한 경우
4. 법 제36조 및 영 제24조에 따른 보조금을 거짓이나 그 밖의 부정한 방법으로 받은 경우
5. 보육대상 영유아를 방임하거나 학대하는 등 아동복지법 제17조에 따른 금지행위를 한 경우
6. 운영위탁계약서의 계약 내용을 위반한 경우
7. 법 제45조에 따른 운영정지처분을 받은 경우
8. 법 제46조에 따른 자격정지처분을 받은 경우

하기 위해서는 종사자들의 근로 환경이 그 무엇보다 중요하다. 보육교사의 경우 일반적으로 근로기준법에서 명시하고 있는 근로조건 외에도 교사 1인당 돌보는 영유아 수, 시간 외 근로시간, 업무 내용 등이 중요하다고 할 수 있는 데, 이는 해당 서비스의 특성상 일률적으로 근로 환경과 서비스의 질을 담보할 수 없는 것과 연관된다. 이 중에 교사 1인당 돌보는 영유아 수와 관련하여 영유아보육법은 만 0세의 경우 교사 1인당 3명, 만 1세의 경우 교사 1인당 5명, 만 2세 7명, 만 3세 15명, 만 4세 이상 20명으로 규정하고 있다(보건복지부, 2018a). 이 부분은 특히 보육교사라는 직업군의 특수성이 반영되어야 할 부분인데, 이들 업무의 강도는 교사 1인당 아이를 돌보는 비율로 결정되기 때문이다.

그 외에도 사회보장급여 가운데 퇴직급여와 실업급여를 보육교사 대상으로 적용할지의 여부는 영유아보육법과 보건복지부 지침으로 명시하고 있다. 이에 의하면 어린이집을 설치 및 운영하는 자는 퇴직하는 근로자에게 퇴직급여 및 퇴직적립금을 지급하기 위해 근로자퇴직급여보장법의 퇴직급여제도 중 하나 이상의 제도를 설정하도록 되어 있고, 국고에 의한 지원을 받지는 않고 있다(보건복지부, 2018b).

종합하면, 어린이집의 경우 근로관계의 특성상 사용자와 근로자가 명확하게 결정된다. 어린이집 원장이 보육교사 및 보육 교직원을 채용한 다음 양자가 근로계약을 맺게 되므로 보육 교직원과의 관계에서 원장이 사용자가 되고 보육서비스를 제공하는 보육 교직원이 근로자가 되기 때문이다. 따라서 이는 논란의 여지가 없는 부분이다. 하지만 국공립 어린이집의 민간 위탁의 경우 논란이 생길 여지가 있다. 명시적인 근로계약 체결상 사용자의 지위를 가지는 어린이집 원장의 근로자성과 관련된 부분이다. 이에 대해서는 뒤에서 자세히 밝힌다.

3) 가정 내 보육서비스: 아이돌봄지원사업

아이돌봄지원사업은 여성가족부가 주체가 되어 시행하는 사업으로, 대표적인 가정 내 보육서비스라고 할 수 있다. 엄밀히 말하면 가정 내 보육서비스보다는 양육지원서비스라는 명칭으로 언급되고 있으며, 큰 틀에서 영유아 돌봄을 제공한다는 의미에서 보육정책에 해당하므로 여기에서 다루기로 한다.

아이돌봄지원사업은 공공영역에서 가정 내 돌보미를 지원하는 것으로, 일반적인 민간 영역에서의 양육 지원자인 민간 베이비시터와는 차별성을 가진다. 여성가족부가 주도적으로 운영하는 아이돌봄서비스는 부모의 맞벌이 같은 사유로 인해 양육 공백이 발생할 경우에 가정으로 아이돌보미가 직접 찾아가 양육을 지원하는 서비스로서, 만 12세 이하 아동을 대상으로 제공한다(여성가족부, 2018). 모든 만 12세 이하 아동을 양육하는 가정은 시간 단위 돌봄을 제공하는 시간제 서비스를 이용할 수 있으며, 만 36개월 이하는 영아를 온종일 돌보는 종일제 서비스도 선택하여 이용할 수 있다(여성가족부, 2018).

한국은 해당 서비스의 법적 근거를 명확히 하기 위해 아이돌봄지원법을 2012년부터 제정하여 시행하고 있는데 동법은 아이돌봄서비스의 기본법이라고 할 수 있다. 아이돌봄지원법에는 아이돌보미의 자격 사항과 의무, 근로관계 제공에 있어서 계약서의 작성 등과 관련한 사항을 규정하고 있다. 관련 내용은 〈표 8.2〉에 자세하게 제시한다.

아이돌봄지원법에 의하면 아이돌봄서비스 제공기관 또는 지원기관과 아이돌보미는 표준계약서를 작성하도록 되어 있다. 이 표준계약서는 '아이돌봄지원사업 아이돌보미 근로계약서'의 명칭을 가진다. 계약서에는 활동 기관, 활동 장소, 활동 내용, 근무시간, 수당, 수당 지급일, 수당 지급 방법 등이 규정되어 있다. 다음으로 아이돌봄지원법에는 아이돌보미의 직무 내용, 계약해지 사유 등이 규정되어 있다. 하지만 아이돌보미의 근로자로서의 지위, 법

표 8.2 아이돌봄지원법의 아이돌보미 관련 법 규정

구분	관련 내용	비고
제2장 아이돌보미의 직무 등	(수행 업무의 범위) 1. 아이에게 질병·사고 등이 발생한 경우 의료기관에의 이송 2. 안전하고 균형 있는 영양의 급식 및 간식 제공 3. 아이의 청결과 위생의 유지 4. 그 밖에 여성가족부령으로 정하는 사항	- 아동 돌봄의 업무 내용을 명시
	(결격 사유) 1. 미성년자·피성년후견인 또는 피한정후견인 2. 정신질환자 3. 마약·대마 또는 향정신성의약품 중독자 4. 파산선고를 받고 복권되지 아니한 사람 5. 금고 이상의 실형을 선고받고 그 집행이 종료(집행이 종료된 것으로 보는 경우를 포함한다)되거나 집행이 면제된 날부터 3년이 경과되지 아니한 사람 6. 금고 이상의 형의 집행유예를 선고받고 그 유예기간 중에 있는 사람 및 아동복지법 위반자	- 자격이 박탈되는 사유로, 영유아보육법상 보육 교직원 근무 결격 사유와 동일
	(아이돌보미의 자격) 제9조에 따른 교육기관에서 교육과정을 수료하거나 대통령령으로 정하는 일정 자격을 갖춰야 함	- 일정한 자격 요건 충족 시 활동 가능 - 교육 이수 후 활동 가능하나 자격증이 있지는 않음
제3장 아이돌봄서비스 제공기관	제공기관 지정, 정보 제출 의무 등 규정과 함께 임무 규정 (임무: 제13조) - 서비스 기관은 보호자로부터 서비스의 제공을 요청받은 때 이를 거부하여서는 안 되나 예외적으로 아이돌보미의 수급이 원활하지 아니한 경우 등 정당한 사유가 있는 경우 거부 가능 - 서비스 기관은 아이돌봄서비스 제공 시 아이의 건강 및 위생 관리 등 여성가족부령으로 정하는 사항을 이행해야 하고 서비스 제공 중 안전사고로 인해 생명·신체에 피해를 입은 아이돌보미와 아이에 대한 보상 등을 하기 위해 손해배상보험 등에 가입하는 등 필요한 안전조치를 취하여야 함 - 24개월 이하 가정은 보육교사형 선택 가능	- 아이돌보미를 가정으로 지원하는 서비스 제공기관의 의무 제시 - 아이돌보미는 반드시 서비스 제공기관을 통해야만 활동이 가능함
	아이돌보미와 기관의 표준계약서 작성	- 아이돌보미와 서비스 제공기관은 표준계약서에 의해 근로계약을 맺음

제6장 지도 및 감독 등	(아이돌보미 자격 정지: 제32조) - 아이의 신체에 폭행을 가하거나 상해를 입히는 행위 - 아이를 유기하거나 의식주를 포함한 기본적 보호를 소홀히 하는 행위 - 아이의 주거지에서 행한 절도 등 불법행위 - 아이돌보미가 업무 수행 중 고의나 중대한 과실로 아이 또는 보호자에게 신체상 또는 재산상 손해를 입힌 경우 - 제10조에 따른 보수교육을 연속하여 3회 이상 받지 아니한 경우 - 영리를 목적으로 보호자에게 불필요한 서비스를 알선·유인하거나 이를 조장한 경우	- 보육교사와 유사한 자격 정지 사유와 더불어 가정 내 양육이라는 특징으로 정지 사유가 강화되어 있는 특징을 가짐
	(아이돌보미 자격 취소: 제33조) - 거짓이나 그 밖의 부정한 방법으로 자격을 취득한 경우 - 아이돌보미가 업무 수행 중 고의나 중대한 과실로 아이 또는 보호자에게 신체상 또는 재산상 손해를 입혀 금고 이상의 형을 선고받은 경우 - 아동복지법 제17조의 금지행위를 하여 동법 제71조 제1항에 따른 처벌을 받은 경우 등 아동복지법 위반 시 - 자격 정지 3회 이상 시	- 자격 정지보다 중한 사유로 아이를 돌보는 직무임을 감안하여 관련 요건이 강화

적인 사회보장 등 근로 환경에 대한 조항은 명시하고 있지 않다. 국가가 반드시 아이돌보미의 근로자 여부를 해당 법에 명시해야 할 당위성을 가지고 있지는 않으나 해당 법 자체에 아이돌보미가 근로기준법상 근로자에 해당함을 전제하고 있지 않기 때문에 근로자 여부에 대한 논란이 있어온 것도 사실이다.

근로기준법상의 근로자는 앞서 언급한 바와 같이 근로 제공 형태와 상관없이 사용자를 위해 일하는 자로 인적·경제적 종속성이 인정될 때 근로자로서의 지위를 가진다. 그렇다면 아이돌보미가 근로자로서의 지위를 가지는가? 지금부터는 이와 관련된 다른 쟁점과 함께 살펴본다.

4. 쟁점 사례 분석

1) 국공립 어린이집 민간 위탁과 보육 교직원의 근로자성

(1) 국공립 어린이집 민간 위탁계약과 보육 교직원 처우 보장 문제

보육시설을 포함한 사회복지시설 운영과 관련한 여러 쟁점 가운데 민간 위탁 방식의 운영 문제는 지속적으로 제기되고 있는 이슈다. 민간 위탁의 경우 국가 혹은 지방자치단체와 수탁기관(민간기관)과의 위탁계약이 성립해 수탁기관에서 근무하는 근로자의 경우 국가의 간접고용 형태가 될 여지가 있기 때문이다(신동윤, 2015). 따라서 직접고용의 관계와 간접고용의 관계로 나누어 분석할 경우 논란이 발생할 수 있다. 국공립 어린이집 민간 위탁의 법률관계를 개괄하면 〈그림 8.1〉과 같다.

우선, 국공립 어린이집에 근무하는 보육 교직원은 크게 어린이집 원장과 보육교사로 구분할 수 있다. 보육교사의 경우 국공립 어린이집에서 노동을 제공하는 근로기준법상의 근로자임이 명백하다. 이에 대해서는 이론의 여지

그림 8.1 국공립 민간 위탁의 경우 사용자-근로자 법률관계

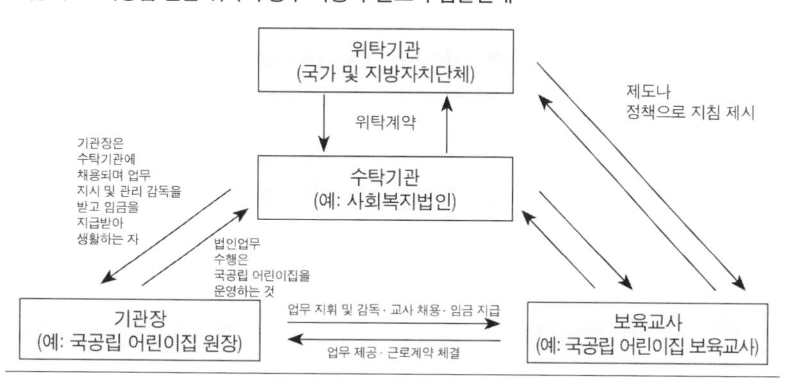

가 없다고 할 수 있다. 하지만 근로조건과 관련하여 다시 살펴보아야 할 상황이 발생한다. 국공립 어린이집의 경우 중앙정부 또는 지방자치단체가 민간 사회복지법인 혹은 민간인인 개인 등과 업무위탁계약을 맺고 어린이집 원장이 채용한 보육교사가 근로를 제공하는 법률관계를 가진다. 이는 민법상의 업무위탁계약관계에 근거하여 어린이집(원장)과 보육교사가 직접고용의 형태로 근로계약을 맺지만 실제로 임금을 지급하는 것은 위탁기관이므로 임금을 지급하는 사용자와 업무의 지휘 감독권을 가지는 사용자가 일치하지 않게 된다. 결국 일면에서는 간접고용의 형태가 혼용된다는 것을 알 수 있다.

만약 도급 내지는 업무위탁계약관계에 근거한다면 보육교사는 어린이집과 근로계약을 맺고 어린이집 원장의 지휘명령을 받기에 사용자는 어린이집 원장이 될 것이므로, 이때 위탁기관인 국가 혹은 지방자치단체를 보육교사의 사용자로 보기에는 무리가 따른다. 따라서 해당 계약에 근거할 때는 보육교사가 위탁기관인 정부나 지방자치단체에 대해 근로조건과 관련한 여타의 권리를 주장할 수 없을 것이다. 반면에 어린이집(원장)에 대해서는 근로관계에 기반하여 발생하는 여러 권리를 주장할 수 있게 된다. 만약에 국가에 의한 근로자 파견이라는 계약관계를 적용하면 파견사업주는 국가 내지는 지방자치단체, 사용사업주는 어린이집이 되므로 법률관계를 또 다른 시각으로 판단해야 할 것이다. 하지만 어린이집에서 근무하는 보육교사 근무 환경의 개선을 국가에 요구한다는 점을 전제로 이들을 파견근로자로 보기에는 무리가 따를 것이다. 따라서 국가와 민간기관 또는 개인 간의 업무위탁관계라는 전제하에 이들의 근로조건에 대한 보장을 국가가 책임질 수 있는 방안을 모색하는 것이 현실적이라고 할 수 있다.

한편, '행정 권한의 위임 및 위탁에 관한 규정'에 의하면, 행정기관은 법령으로 정하는 바에 따라 그 소관 사무 중 조사·검사·검정·관리 사무 등 국민의 권리·의무와 직접 관계되지 아니하는 사무[6]를 민간에 위탁할 수 있다('행정 권한의 위임 및 위탁에 관한 규정' 제11조 제1항). 위탁이란 법률에 규정된 행정기관의 장의 권한 중 일부를 다른 행정기관의 장에게 맡겨 그의 권한과 책임 아래 행사하도록 하는 것을 말한다(동법 제2조의 2). 이때 행정기관의 장은 허가·인가·등록 등 민원에 관한 사무, 정책의 구체화에 따른 집행사무 및 일상적으로 반복되는 사무로서 그가 직접 시행해야 할 사무를 제외한 일부 권한(이하 '행정권한')을 그 보조기관 또는 하급행정기관의 장, 다른 행정기관의 장, 지방자치단체의 장에게 위임 및 위탁한다(동법 제3조 제1항). 그 후 행정기관은 민간 수탁기관이 선정되면 민간 수탁기관과 위탁에 관한 계약을 체결해야 한다(동법 제13조 제1항). 행정기관은 민간 수탁기관과 위탁에 관한 계약을 체결할 때는 계약 내용에 민간 위탁의 목적, 위탁 수수료 또는 비용, 위탁 기간, 민간 수탁기관의 의무, 계약 위반 시의 책임과 그 밖에 필요한 사항을 포함해야 하고(동법 제13조 제2항), 위탁기관은 민간 위탁사무의 처리에 대해 민간 수탁기관을 지휘하고 감독하며, 필요하다고 인정될 때에는 민간 수탁기관에 민간 위탁사무에 관해 필요한 지시를 하거나 조치를 명할 수 있다(동법 제14조). 또한 위탁기관은 민간 수탁기관에 대해 필요한 사항을 보고하게 할 수 있고 위탁기관은 민간 수탁기관의 사무 처리가 위법하거나 부당하다고 인정될 때는 이를 취소하거나 정지시킬 수 있으며 위탁기관이 제3항에 따라 취소하거나 정지시킬 때는 그 취소 또는 정지의 사유를 문서로 민간 수탁기관에 통보하고 사전에 의견 진술의 기회를 주어야 한다(동법 제14조).

이러한 법 규정을 통해 볼 때, 민간 위탁의 경우 위탁기관은 관리·감독의

6 1. 단순 사실행위인 행정작용
2. 공익성보다 능률성이 현저히 요청되는 사무
3. 특수한 전문지식 및 기술이 필요한 사무
4. 그 밖에 국민 생활과 직결된 단순 행정사무

측면에서 실질적인 사용자로서의 지위와 책무를 일부 가지고 있고, 민간 위탁기관은 근로자를 모집하고 채용할 권한을 가지지만 이에 대해 보수를 지급함에 있어 독립적이지 못하다는 측면에서 사용자로서의 지위를 온전히 독립적으로 가지고 있다고 할 수 없다. 물론, 국가의 보조금으로 보수를 지급한다고 해서 국가가 사용자로서의 지위를 가진다는 의미는 아니다. 하지만 이들의 근로조건 보장에 대한 국가적 책임은 다른 위탁 관계 내지는 파견 근로관계에 비해 강화되어야 한다. 국가가 보육서비스의 공공성을 강화하기 위해 국공립 어린이집을 확충하고 그 방식으로 직접 운영이 아니라 민간 위탁을 택했으므로, 그리고 서비스 이용 대상이 영유아라는 점에서 일반적인 위탁계약에서의 단순한 근로자-사용자 관계를 상정해서는 안 되기 때문이다. 이에 해당 업무 종사자들의 근로 여건, 노동권 보장, 처우 개선 등에 대해 직접적인 근로계약을 맺은 민간 시설뿐만 아니라 국가가 직접적으로 지원하고 개선에 앞장서야 하는 당연한 의무를 지닌다.

(2) 국공립 어린이집 민간 위탁과 기관장의 근로자성 문제

앞서 언급한 바와 같이 보육 교직원 중 보육교사는 당연히 근로자성이 인정되므로 근로기준법과 기타 노동관계 법률의 적용을 받는 것이 원칙이다. 따라서 근로자로서의 법적 지위를 당연히 보장받게 되고 헌법과 근로기준법상의 모든 권리와 의무를 가지게 된다. 해당 기관은 근로기준법 위반 시 기관에 대해 해당 법과 관련한 처우 개선을 요구할 수 있고 근로기준법상의 모든 권리를 주장하는 것이 가능하다. 하지만 현실적으로, 보육서비스의 특성상 근로자성 인정과 무관하게 이들의 근로조건과 환경은 상대적으로 다른 일반적인 근로자들에 비해 열악한 것이 사실이다. 대표적으로 보육교사의 휴게시간을 보장하고자 근로기준법이 개정되었지만, 업무의 특성상 휴게시간을 여타의 근로자들과 동일한 방식으로 사용하기에는 역부족인 것이 현실

이라고 할 수 있다.

한편, 실질적인 계약 내용에 의할 때 수탁기관인 어린이집이 보육교사들에 대한 사용자로서 기능하지만 민간 위탁의 경우 관련 법률에 의해 수탁기관은 위탁기관의 지휘 감독과 필요한 지시나 조치를 받을 수 있는 지위에 있다. 따라서 임금, 업무 내용 등은 위탁기관인 국가의 제도와 정책에 영향을 받게 마련이다. 이러한 측면에서 위탁기관인 국가가 실질적인 사용자로서 기능하게 될 여지를 상정해 볼 수 있다. 위탁기관인 국가가 보육교사의 직접적인 사용자가 될지 여부는 구체적인 사안에 따라 면밀하게 살펴보아야 할 문제이지만, 만약 위탁계약에 의해 보육교사가 위탁기관의 근로자와 동일하게 그 지위를 인정받을 수 있게 된다면 근로 환경의 개선만큼은 국가를 상대로 정당하게 요구할 수 있는 권리를 가진다고 할 수 있다. 결국 보육서비스 제공에 있어 민간 위탁이라는 방식을 지속적으로 이용할 경우에 관련 종사자들의 처우 개선과 법적인 근로 환경 보장을 국가가 외면할 수만은 없는 상황임을 인지해야 할 것이다.

다음으로 보육 교직원 중 보육교사가 아닌 보육기관의 장長의 경우에는 단순히 사용자로서의 지위만 가지게 되는 것인가? 이와 관련하여 사회복지시설장은 고용보험 피보험 자격이 없다는 고용보험 심판례(재결 2013-1007 사건)를 눈여겨볼 필요가 있다. 이는 결국 민간 위탁으로 운영하는 국공립 어린이집에 종사하는 원장의 경우 이들이 근로기준법상 근로자에 해당할 여지가 있는지가 또 다른 쟁점이 됨을 알 수 있다. 국가와 (민간) 사회복지법인의 민간 위탁계약에 의해 어린이집 시설을 운영하는 경우 어린이집 원장은 국가 업무를 위탁받은 민간 위탁기관인 사회복지법인에 종속되어 해당 법인과 근로계약을 체결하고 시설장의 역할을 수행하게 된다. 즉, 어린이집 자체의 공간에서 보육교사와의 관계에서는 당연히 사용자가 되지만, 민간 위탁을 받은 수탁기관인 사회복지법인과의 관계에서 이들의 근로자성을 인정할 수 있는지의 문제가 새로이 발생하게 되는 것이다.

고용보험 재심사 사례에서는 유사한 사안과 관련하여 ① 시설장으로 임명을 받고, ② 해당 기관(국가와 업무위탁계약을 맺은 사회복지법인)으로부터 보수를 받고, ③ 해당 기관(민간 위탁을 수행하는 사회복지법인)의 인사복무규정을 적용받을지라도, ④ 일반적인 직원과는 다른 특별한 지위가 인정되고, ⑤ 해당 시설-국공립 어린이집과 같은-의 직원 임면, 징계와 관련한 업무, 시설 운영에 대한 중요한 정책 결정에 관한 업무 등에 대한 결재권을 행사한다는 점, ⑥ 소속 직원과의 사이에서 근로계약 체결 시 사용자의 위치를 가진다는 점에서 ⑦ 실제 업무집행권을 행사하는 자이므로 시설장을 근로자로 인정할 수 없다고 판단했다. 해당 사례는 국가와 업무 위탁계약을 맺은 사회복지법인의 시설장이 본인을 시설장으로 채용한 해당 법인에 대해 본인의 근로자로서의 지위를 인정해 달라고 하여 고용보험 실업급여의 지급을 요구한 사안이다. 만약 해당 심사례의 논리를 그대로 민간 위탁받은 법인이 운영하는 국공립 어린이집에 적용한다면, 국공립 어린이집 원장은 사용자의 지위만이 인정되고 수탁기관의 관계에서 근로자로서의 지위는 인정받을 수 없게 된다.

해당 법률관계를 종합하여 정리하면 다음과 같다. 우선, 어린이집 원장과 보육교사는 직접적인 근로계약관계에 의해 각각 사용자와 근로자의 지위를 가지게 된다. 보육교사는 원장, 즉 민간 위탁의 방식으로 운영하는 국공립 어린이집의 시설장과의 계약관계에 의해 노무를 제공하게 되고, 원장은 보육교사에 대해 지휘 감독권을 행사하며 임금을 지급하게 된다. 하지만 보육교사는 국가 및 지방자치단체가 정한 제도와 정책에 의해 업무를 수행하면서 임금을 보조받으며 일정한 경우 국가로부터 관리 감독을 받는 위치에 있다. 다른 한편으로, 원장은 국가와 위탁계약을 맺은 민간단체 내지는 법인과 근로계약을 맺은 자로서 국가가 아닌 민간 위탁법인의 지휘 및 감독을 받고 이

표 8.3 국공립 어린이집 민간 위탁과 근로자 사용자 쟁점

구분	분류	관련 쟁점	판단
위탁기관	국가와 지방자치단체	-	-
수탁기관	민간 사회복지법인	-	-
국공립 어린이집 원장의 근로계약관계	민간사회복지법인과 원장의 근로계약	원장은 민간사회복지법인과의 관계에서 근로자의 지위를 인정받을 수 있는가?	유사한 사례인 민간 위탁시설인 사회복지법인 시설장을 대상으로 한 고용보험 재심사 사례에 의할 때, 보육교사와의 관계에서 사용자성이 인정될 뿐 근로자로서의 지위는 부정될 여지가 큼
국공립 어린이집 보육교사의 근로계약관계	국공립 어린이집 내지 해당 기관 원장과 보육교사 간의 근로계약	보육교사는 국가에 근로 조건에 대한 보장과 법적 처우 보장을 요구할 수 있는 지위에 있는가?	명백한 법적 판단은 현재까지 없으나 국가로부터 임금을 일부 지급받는다는 점, 국가의 정책과 제도에 의해 업무 내용이 정해진다는 점에서 국가가 직접적으로 고용한 근로자는 아니나 국가에 대해 처우 개선을 요구할 수 있는 근거를 가진다고 보임

로부터 보수를 지급받지만—개인이 위탁받은 경우에는 당연히 해당 사항이 없을 것이다—해당 위탁법인과의 관계에는 근로자로서의 지위를 인정받지 못하고, 본인이 채용되어 실질적으로 운영하는 어린이집 내의 기관장이라는 지위만 인정되어 보육교사들과의 관계에서 사용자의 지위만 가지게 된다. 이와 같은 국공립 어린이집 민간 위탁에서의 근로자, 사용자 문제를 표로 정리하면 〈표 8.3〉과 같다.

결국, 국공립 어린이집의 민간 위탁계약에 의한 근로자와 사용자 간 법률관계의 형성은 보육서비스 제공에 있어 질적인 부분에 영향을 미칠 수밖에 없게 된다. 왜냐하면 이들의 불안정한 법적 처우와 근로조건은 근로 환경의 불안정성을 야기하고 이는 보육서비스 질과 밀접한 연관을 가지기 때문이다. 보육서비스는 서비스 대상이 영유아이기 때문에 서비스 질의 저하는 곧 영유아 생활의 질과 곧바로 연동된다는 점에서 사회에 더욱 큰 영향을 미치는 점을 고려해야 한다. 시설장의 불완전한 법적 지위와 국가로부터 사무를

위탁받은 민간기관이 해결할 수 없는 보육교사의 열악한 근무 환경은 곧 근로 환경에 대한 불안정성으로 연결될 수밖에 없을 것이다. 보육서비스의 질적 향상을 꾀한다면, 국공립이라는 허울 아래에 존재하는 민간 위탁시설의 문제를 해결하기 위해 국가에 의한 직접 고용 내지 책임 있는 처우에 대한 관리가 하루 빨리 이루어져야 함을 알 수 있는 대목이다.

2) 직장 어린이집 설치 의무와 파견근로자 관련 쟁점

(1) 직장 어린이집의 법률상 설치 요건

직장 어린이집은 사업주가 사업장의 근로자를 위해 설치하고 운영하는 어린이집—국가나 지방자치단체의 장이 소속 공무원 및 국가나 지방자치단체의 장과 근로계약을 체결한 자로서 공무원이 아닌 자를 위해 설치하고 운영하는 어린이집을 포함한다—으로 영유아보육법에 근거한다(영유아보육법 제10조). 한편, 대통령령으로 정하는 일정 규모 이상의 사업장의 사업주는 직장 어린이집을 설치해야 할 의무를 지닌다. 다만, 사업장의 사업주가 직장 어린이집을 단독으로 설치할 수 없을 때는 사업주 공동으로 직장 어린이집을 설치·운영하거나, 지역의 어린이집과 위탁계약을 맺어 근로자 자녀의 보육을 지원(위탁보육)해야 한다(동법 제14조 제1항). 한편, 영유아보육법 시행령에 의하면 법 제14조 제1항에 따라 사업주가 직장 어린이집을 설치해야 하는 사업장은 상시 여성근로자 300명 이상 또는 상시근로자 500명 이상을 고용하고 있는 사업장이다(동법 시행령 제20조). 직장 어린이집 지원과 관련하여 국공립 어린이집 지원 확대와 별도로 고용노동부는 설치비와 운영비를 일정 금액 이상 직접 지원하고, 세제 지원 혜택을 줌으로써 간접적으로 재정지원을 병행하고 있는 상황이다(보건복지부, 2018).

이와 같은 법령상 기준에 근거할 때, 직장 어린이집은 '사업장'의 근로자

규모를 기준으로 의무사업장을 구분한다. 의무사업장 여부를 판단하기 위한 상시근로자의 수 산정은 전체 기업 규모가 아닌 단위사업장을 기준으로 하며, 이 경우 '사업장'은 사업이 행해지고 있는 인적·물적 시설이 존재하는 장소적 범위를 중심으로 보는 개념으로서 동일 장소에 소재해야 한다는 것을 의미한다(보건복지부, 2018a). 또한 '상시근로자'는 임시직, 정규직, 일용직 등을 총망라하여 평균적으로 사용하는 근로자를 말한다(보건복지부, 2018a). 요약하면, 직장 어린이집 설치 기준이 되는 사업장이라 함은 '장소적·물리적 개념'을 의미하는데, 해당 사업체의 총근로자 수가 500명 이상이더라도 물리적 공간으로서의 사업장 한 곳에서 상시 500명 이상 근로자를 고용하고 있지 않으면 직장 어린이집 설치 의무가 없다는 것을 의미한다.

(2) 파견근로자의 상시근로자 수 산입 시 법적 쟁점

이때 눈여겨보아야 할 쟁점은, 직장 어린이집 설치 요건인 상시근로자로 포함되는 '근로자의 범위'다. 보건복지부 사업안내 지침(2018)을 참조하면 상시근로자는 정규직, 임시직, 일용직, 육아휴직자, 단시간근로자들이 포함되나 그 사업장에서 근무하고 있는 파견근로자는 제외한다고 명시하고 있다. 당해 지침이 법률은 아니지만, 법률의 해석을 담고 있으므로 실제 업무를 진행함에 있어서 해당 보건복지부의 지침에 근거하게 마련이다. 따라서 이러한 지침의 해석은 정당성을 가져야 하며 이와 관련하여 일반적인 근로자의 종류부터 살펴보아야 할 것이다.

근로자는 우선 종사상 지위에 따라 구분할 때 임금근로자와 비임금근로자[7]로 구분할 수 있고, 임금근로자를 기준으로 크게 상용직, 임시직, 일용직

7 비임금근로자는 자영업자와 무급가족종사자를 지칭한다(통계청 홈페이지).

근로자로 구분한다. 즉, 임금근로자가 직장 어린이집을 이용하는 근로자로서 논의의 대상이 된다고 할 수 있는데, 이러한 임금근로자를 근로형태에 따라 구분할 때 비정규직과 정규직으로 구분하게 된다. 구체적으로 정규직 근로자는 고용 기간의 종료를 미리 정하지 않고 전일제로 근무하며 사용자와 근로자가 직접 고용계약을 맺고 일하는 근로자를 말한다. 이에 반해 비정규직 근로자는 정규직 근로자의 잔여 범주에 해당하는 근로자로서 한시적 근로자, 시간제 근로자, 비전형 근로자가 포함된다. 한시적 근로자는 근로계약 기간을 정한 기간제 근로자와 근로계약 기간을 정하지 않았으나 계약의 반복 갱신으로 계속 일할 수 있거나 비자발적 사유로 계속 근무를 기대할 수 없는 비기간제 근로자를 말하고, 시간제 근로자는 한 주에 36시간 미만 일하기로 정해져 있는 근로자, 비전형 근로자는 파견근로자, 용역근로자, 특수형태근로종사자, 가정내(재택, 가내)근로자, 일일(단기)근로자를 말한다. 이때 유의할 것은 비정규직 근로의 하위 범주인 한시적 근로, 시간제 근로, 비전형 근로는 상호 배타적인 개념이 아니기 때문에 이 세 범주 근로자의 합은 비정규직 근로자 규모보다 크다는 것이다(통계청, 2018).

이러한 일반적인 근로자의 개념에 근거할 때 보건복지부 지침으로 제시된 상시근로자의 종류는 근로자 개념의 층위를 무시한 것으로, 이와 같은 행정해석을 그대로 제도 집행에 적용할 때 기업에게는 직장 어린이집 미설치의 근거가, 수요자 입장에서는 복지 사각지대가 발생할 우려가 있다. 하지만 자세히 살펴보면 일단 상시근로자 수에서 파견근로자를 제외한 근거가 명확치 않다. 예를 들면, 상시근로자 수에 일용직 근로자는 포함하면서 파견근로자를 제외하면 비전형 근로자라는 개념적인 층위에 맞지 않게 되고, 임시직 근로자 역시 한시적 근로자를 의미한다면 이 또한 정합성에 어긋난다. 즉, 논리적으로 자체적인 모순을 내포하고 있다는 것이다. 따라서 파견근로자를 상시근로자 수에서 제외하고 있는 현행 행정해석은 철저하게 재고할 필요성이 있다.

한편, 파견근로자 보호 등에 관한 법률(이하 파견법)에 의하면, 파견근로자란 파견사업주가 고용한 근로자로서 근로자 파견의 대상이 되는 자를 말하는데, 실제로 일하는 사업장과 파견사업주의 사업장이 상이하다는 것을 전제로 한다. 이때 영유아보육법상 직장보육시설은 물리적 단위인 '사업장'을 기준으로 직장 어린이집 설치 의무를 부과하므로 파견근로자를 상시근로자 수로 제외한다는 것은 파견근로자들이 사용사업주의 사업장에서 근무하고 있는 일반적인 상황에 부합하지 않는다. 구체적으로 살펴보면, 이는 사용사업주의 사업장에서 근무를 하는 근로자에게 다른 근로자들과 동일한 복지 혜택을 제공해야 함에도 불구하고 제도를 설계할 때는 파견사업장을 중심으로 근로자 수를 파악하라는 것인데, 현실에 전혀 부합하지 않는다. 결국, 파견근로자는 사용사업주의 사업장에 통상적으로 근무해 현실 여건상 이용하게 되는 사업장이 사용사업장임에도 제도 설계 시에는 직장 어린이집 설립 의무를 좌우하는 상시근로자 수에서 배제되어 실제적으로 직장보육시설의 측면에서 복지 혜택을 전혀 받을 수 없는 결과를 초래할 여지가 있다.

물론, 모든 기업에서 직장 어린이집을 설치해야 한다는 것은 현실적으로도 불가능할 뿐만 아니라 그에 따른 논리도 그리 합리적이지만은 않다. 기업복지의 맥락에서 직장 어린이집 설치는 직장을 다니며 일과 육아를 병행하는 근로자들에게는 큰 혜택이지만 모든 기업이 이러한 여유를 가지고 있지 않을뿐더러 이를 대체할 수 있는 것으로 각 지역마다 또 다른 어린이집들이 존재하기 때문이다. 하지만 거주 지역에 수요자의 욕구에 부합하는 어린이집 내지는 보육시설이 부재한 경우, 또는 수요자의 근로 형태가 해당 지역의 어린이집을 사용하기 부적합한 경우 등 복지의 사각지대에 놓일 수 있는 수많은 근로자들을 고려할 때 이러한 해석 기준은 현실을 반영하지 못한 것이라고 할 수 있다.

첨언하면, 파견법 제21조 제1항은 파견사업주와 사용사업주는 파견근로자임을 이유로 사용사업주의 사업 내의 동종 또는 유사한 업무를 수행하는 근로자에 비하여 파견근로자에게 차별적 처우를 해서는 아니 된다고 규정하고 있다. 따라서 사업장에 직장보육시설이 설치되어 있음에도 불구하고 파견근로자가 사용사업주의 사업장에서 고용형태가 '파견'이라는 것을 이유로 제도의 설계 단계에서부터 제외된다면 이는 명백하게 차별적 처우에 해당할 여지가 있다. 또한 파견근로자가 상당수를 차지하는 사업장임에도 불구하고 상시근로자 수의 산정 요건에 해당하지 않는다면, 파견근로자라는 지위 보장 이전에 일반적인 근로자로서의 권리조차 보장받지 못하는 상황이 초래된다.[8] 더욱이 파견법 제23조는 파견사업주는 파견근로자의 희망과 능력에 적합한 취업 및 교육훈련기회의 확보, 근로조건의 향상, 기타 고용안정을 기하기 위해 필요한 조치를 강구함으로써 파견근로자의 복지 증진에 노력해야 하는 것을 전제로 하는데, 이를 문리적으로만 해석하여 파견사업주의 사업장에 직장보육시설을 설치한다면 실제적으로 사용사업주의 사업장에서 노동력을 제공하면서 동시에 보육시설을 이용하려는 근로자의 욕구를 현실적으로 전혀 충족하지 못하는 경우가 발생하게 될 것이다. 이러한 일례를 통해 보았을 때도 보육정책에 있어 근로자 개념을 독자적으로 정립해야 하는 이유는 명백하다고 할 수 있다.

8 예를 들어, 경기도 광명시에 소재하는 직원 1000명 규모의 인력파견회사가 서울 동작구에 위치하는 A 사업장에 직원 100명을 파견했다고 상정해 보자. 이때 파견근로자의 사용사업장은 서울 동작구이므로 직장보육시설의 혜택 역시 사용사업주의 사업장인 동작구에서 받아야 함이 현실에 부합하나, 사용사업장의 상시근로자 수에 파견근로자는 제외되어 있어 A 사업장이 직장보육시설 설치 의무사업장에서 제외되거나 파견근로자는 광명시 소재 인력파견회사의 직장 어린이집 이용자에 해당되어 현실적으로 해당 사업장의 직장 어린이집 이용에서 배제될 수 있다. 이는 수요자의 현실적인 욕구에 절대적으로 부합하지 않는다고 할 수 있다.

그림 8.2　파견근로자 법률관계

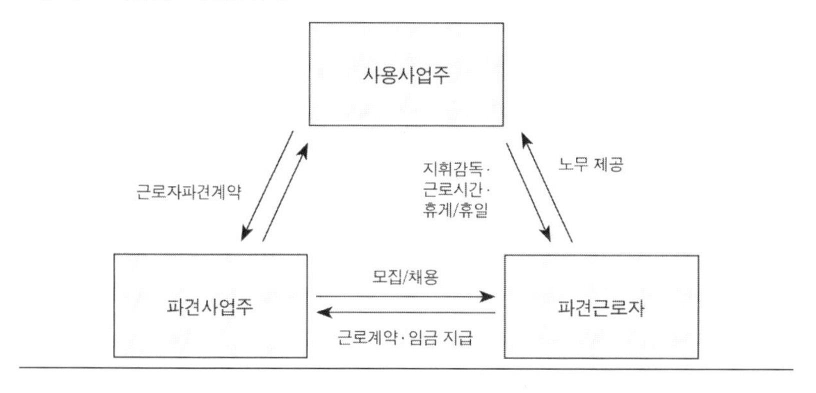

또한 파견법 제34조 제1항에 의하면 사용사업주는 파견근로자의 휴일, 휴가, 휴게, 생리휴가, 임산부 보호 등의 근로기준법상 규정을 준수해야 하는데, 이와 같은 규정을 확장하여 해석해 볼 때, 사용사업주의 사업장에서 근무하는 파견근로자도 상시 근로를 제공하는 자에 포함시켜 사용사업주의 직장어린이집 설치 의무를 강화해야 할 것이다. 이로써 파견근로자의 일·가정 양립 내지는 모성보호를 보장해야 한다는 결론 역시 도출할 수 있을 것이다.

3) 여성가족부 '아이돌봄지원사업'의 '아이돌보미'의 근로자성[9]

(1) 아이돌봄지원사업과 아이돌보미

여성가족부는 가정양육 지원사업으로 아이돌봄지원사업을 시행하고 있다. 이는 시설을 통한 보육 외에 가정 내에서의 보육을 지원하기 위한 정책으로 만 12세 이하 아동을 둔 맞벌이 가정 등에 아이돌보미가 직접 방문하여

9　자세한 내용은 이윤진(2018b)을 참고하라.

아동을 안전하게 돌봐주는 서비스다(여성가족부, 2018). 해당 사업은 영아 및 방과 후의 아동에 대한 보육 공백을 가정 내에서 메워줌으로써 안전한 보호를 가능하게 하고, 수요자가 원하는 형태의 보육을 제공한다는 점에서 수요자 중심의 보육서비스라고 할 수 있다. 더욱이 아이돌보미라는 사회서비스 일자리도 창출한다는 점에서 보육 수요의 충족과 함께 여성 일자리를 지원한다는 의미도 가진다.

해당 서비스는 시간제돌봄, 종일제돌봄, 기관파견돌봄, 질병감염아동특별지원으로 이루어지는데, 시간제돌봄과 종일제돌봄을 중심으로 서비스가 제공되고 있다. 이 서비스는 만 3개월부터 만 12세 이하 아동까지 모두 이용이 가능하며, 필요한 시간에 필요한 만큼 이용이 가능하다는 점에서 수요자의 욕구에 충실하게 운영하고 있다는 장점이 있다. 더욱이 일반형 돌봄서비스와 종합형 돌봄서비스를 구분하여 아이 돌봄 외에 가사가 필요한 가정은 가사 서비스까지 제공받을 수 있다는 점에서 가정 내 보육 수요를 실질적으로 충족하고 있다.

아이돌보미는 해당 지역의 서비스 제공기관에 활동하기를 지원한 후 선발되는 방식을 거쳐 활동을 개시하게 되며 아동을 안전하게 보호하는 것을 기본으로 한다. 구체적으로는 보육, 놀이 활동, 간식 챙겨주기, 등·하원, 가사서비스 등을 제공하고, 응급상황 발생 시에 적절한 응급조치를 취해야 한다. 한편, 법상의 요건을 충족할 때 서비스 기관은 지방자치단체 장의 권한으로 아이돌보미 자격을 중지하거나 취소할 수 있다(아이돌봄지원법 시행령 제5조).

(2) 아이돌보미의 근로자성

그렇다면 아이돌보미는 근로자로서의 지위를 가지는가? 먼저 아이돌봄서비스 제공 과정을 살펴보면 이용자 가정에 대한 서비스 제공을 중점적으로 고려할 때 여성가족부의 업무를 수행하는 서비스 제공기관, 아이돌보미, 이용자 가정이라는 당사자를 중심으로 법률관계 파악이 가능하다. 이때 서비스 제공기관은 서비스 이용자와 아이돌보미를 연계하는 기관으로, 서비스가 필요한 가정으로부터 연계 신청을 받으면 아이돌보미를 매칭하여 파견하는 역할을 하고, 아이돌보미는 서비스 제공 기간의 모집 일정에 따라 본인이 직접 지원하여 서류심사 및 면접을 거쳐 소정의 교육을 받은 다음 활동을 한다. 즉, 국가가 정한 기준으로 정형화되어 있는 서비스 제공기관의 채용 모집 과정을 거치게 되는 것이다. 그 후 이용 가정은 서비스 제공기관에 아이돌보미 파견 요청과 서비스 요구사항 등을 전달하고, 서비스 내용에 대한 직접적 요청은 본인의 가정에서 활동하는 아이돌보미에게 한다. 반면에 아이돌보미는 서비스 제공기관에 활동 지원을 한 다음 연결된 가정으로 직접 가서 활동하는 형태로 서비스를 제공하는데, 이러한 측면에서 볼 때 아이돌보미 입장에서 직접적인 사용자는 해당 가정이 된다고 할 수 있다.

아이돌보미는 민간 베이비시터와 달리 국가가 관할하는 서비스 제공기관과의 계약을 통해 고용한 근로자라는 특징을 가진다. 이는 서비스의 질과 연동되는데, 민간 베이비시터가 국가가 인증하지 않는 민간 영역에 속해 활동하는 영역이라면, 아이돌보미는 국가가 일정한 요건을 거쳐 인증하는 기관을 통해 활동하는 자로서 각 가정은 서비스 질에 대해 상대적인 기대감을 가지고 해당 서비스를 이용하게 된다. 즉, 아이돌보미가 해당 기관의 근로자인지 여부에 따라 각 가정이 제공받는 서비스의 질에 영향을 미치는 것이다.

우선, 아이돌보미는 아이돌봄지원법에 의해 해당 직무에 대한 구체적인 기준이 마련되어 있고(아이돌봄지원법 제5조), 아이돌봄지원법과 그 시행규칙에 의해 여성가족부와 위탁계약을 맺어 운영하는 서비스 기관과 아이돌보미는 표준계약서를 작성하도록 되어 있다(동법 제14조). 해당 계약은 표준계약서 방식으로 진행되기는 하나 활동 내용과 시간 및 장소, 근무시간, 수당 지급일, 지급 방법 등이 기재되어 있다는 점에서 아이돌보미는 임금을 목적으로 사업장에 근로를 제공하는 근로기준법상의 근로자에 해당한다고 볼 수 있다.

다음으로, 아이돌보미는 아이돌봄지원법에 근거해 수행해야 할 직무가 구체적으로 규정되어 있고, 자격 조건이 명시되어 있다(동법 제5조 및 제7조). 또한 여성가족부가 제공하는 아이돌봄지원사업 안내 지침에 따르면, 아이돌보미의 직무 내용과 자격, 임금, 계약 해지 사유뿐만 아니라 근무 기간과 근무 내용, 수당 등이 명시된 근로계약서를 작성하도록 되어 있으며 전반적인 활동에 대해 활동 일지를 작성하여 보고해야 하는 등 사업주로부터 관리 감독을 받는 관계임을 알 수 있다(여성가족부, 2018). 더욱이 여성가족부와 위탁계약을 맺고 아이돌보미를 가정으로 연계하는 일을 수행하는 기관은 아이돌보미를 모집 및 채용할 수 있고 4대 보험을 지급할 의무와 활동 상황을 점검할 의무를 이행해야 한다. 각 가정이 아이돌보미를 변경하고자 할 때도 가정은 해당 기관을 통해 해당 절차를 거치도록 되어 있다. 이를 통해 볼 때도 아이돌보미는 해당 기관이 사용자인 근로기준법상의 근로자에 해당함이 명백하다.

한편, 여성가족부는 아이돌보미 예산을 확보하고 지원하는 최상위의 전달체계이며, 서비스 이용 가정이 기초 지자체를 통해 지원을 신청하면 기초 지자체는 시·군·구와 시·도를 통해 예산 집행을 요청하고, 해당 시·군·구는 서비스 제공기관에 해당 정보를 전송하여 연결을 돕는다. 즉, 아이돌보미에게 대가를 지급하는 주체는 중앙정부가 된다. 아이돌보미를 이용하는 가정은 소득분위에 따라 서비스 이용료를 지급하게 되는데, 서비스 이용 요금을 해당 기관에 선지급하고 서비스를 이용하게 된다. 지금까지 설명한 아이돌보미 근로 제공의 법률관계를 정리하면 〈그림 8.3〉과 같다.

종합하면, '누구와 형식적인 근로계약을 맺는가'가 사용자 및 근로자를 결정짓는 중요 요인이 됨과 동시에 실질적 근로제공관계를 고려해야 한다. 따라서 아이돌보미는 서비스 제공기관과의 관계에서 근로자가 되고, 실제적인 근로제공관계를 고려한다면 이용자 가정과의 관계에서 근로자가 되는 이중

그림 8.3 아이돌보미 근로 제공 법률관계

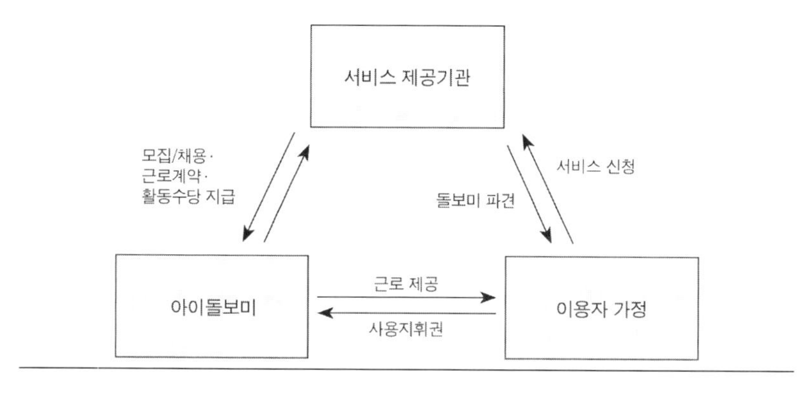

적인 지위를 가지는 것이다. 즉, 어떠한 관계에 의하더라도 아이돌보미는 근로자로서의 지위를 가진다. 또한 급여 제공에 있어서도 형식적으로는 서비스 제공기관이 주체가 되지만 결국 이용자 가정의 세금 내지는 국민들의 세금이 아이돌보미 급여의 재원이 된다는 측면에서 보면 이용자 가정은 실질적·형식적으로 모두 사용자로서의 지위를 가진다고도 할 수 있다.

결국 아이돌보미의 근로자성은 인정받아야 한다. 나아가 아이돌보미는 ① 국가에서 국가사업으로 시행하는 공공 부문 근로자라는 점, ② 단순히 가사를 지원하는 것 아니라 돌봄과 양육을 지원하는 점, ③ 아이돌봄지원법에 의해 근로자성이 인정될 명백할 근거를 가진다는 점 등을 근거로 삼으면 가사근로자가 근로자의 범위에서 제외된다고 해서 아이돌보미를 가사근로자와 유사한 지위로 인정하는 것은 옳지 않다. 또한 아이돌보미가 근로기준법상 근로자에 해당하는지의 논란을 별론으로 두더라도 헌법상 권리로서 사회보장수급권이 인간에게 보장되어야 하는 권리라고 한다면 현행 아이돌봄지원법을 전면 개정하여 아이돌보미의 법적 지위, 사회보험 관련 내용, 복리 후생 등의 관련 내용을 추가해야 할 것으로 보인다.

또한 아이돌보미와 유사한 법률관계를 통해 돌봄서비스를 제공하는 요양보호사의 법적 관계를 간략히 살펴보면 다음과 같다. 우선, 요양보호사는 노인장기요양보험법에 의해 장기요양기관에 소속되어 업무를 수행하는 자로 규정되어 있다(노인장기요양보험법 제2조 제5호). 즉, 장기요양제공기관은 급여를 직접적으로 제공하는 기관이며, 해당 사업은 보건복지부가 관장한다(동법 제7조 제1항). 장기요양서비스를 받고자 하는 자는 제공기관에 급여 신청을 하고 직접 급여를 제공받는다. 아이돌보미의 경우는 서비스를 신청한다고 해서 반드시 서비스를 이용할 수 있는 것이 아니고 서비스 이용료를 납부한 후 이용할 수 있다는 점에서 차이를 가진다. 또한 장기요양급여 제공기관은 민간기관이고, 이에 반해 아이돌봄서비스 제공기관은 국가의 위탁기관이라는 점에서 큰 차이가 있다. 반드시 이러한 연유에 근거한다고 볼 수는 없으나 노인장기요양보험법 시행규칙 제16조에 의하면 장기요양기관은 서비스 제공 과정에서 발생하는 사고에 직접적 책임을 지도록 하고 있고, 요양보호사와 장기요양기관은 노인장기요양보험법 제31조 제1항과 제32조 제2항에 의해 근로계약을 체결해야 하며 기관은 보호사에게 4대 보험을 제공해야 한다. 이와 같은 사실들에 근거하여 요양보호사는 대법원 판례를 통해 근로자로서의 지위를 인정받은 바 있다(대법원 2012.11.15. 선고 2011도9077 판결).

아이돌보미가 위와 같이 요양보호사와 유사한 역할을 하는데도 근로자로서의 지위를 인정받지 못한다면 서비스 간 비형평성을 야기하고 장기적으로는 서비스 질의 저하, 관련 종사자들의 생활 여건 저하 등의 문제가 지속적으로 제기될 것이다. 다행히 2018년 광주지방법원의 판결(광주지방법원 2016가합50308)에 의해 아이돌보미들의 근로자성이 일부 인정된 바 있고 여성가족부도 아이돌보미의 법적 처우 개선에 집중하고 있다고 발표한 바 있어 향후 이들의 근로자로서의 법적 권리 보장과 관련한 전망은 긍정적으로 기대된다.[10]

4) 소결

근로자와 사용자 개념은 근로기준법과 판례를 통해 정립되고 있다. 따라서 기존에 누적된 근로자 요건에 해당하지 않는 경우에는 근로기준법을 비롯한 노동관계 법률의 적용을 받지 못하면서 노동법적 보호의 영역에서 배제된다. 일차적으로는 여러 현실 관계 및 법률관계를 고려하여 업무상 종속성과 경제적 종속성이 인정될 경우에 근로자성을 인정해야 함이 마땅하다. 하지만 일괄적으로 노동법에 근거한 근로자 개념에 대한 해석을 진행하면 보육서비스라는 사회서비스의 특성을 고려할 때 수요자의 욕구 및 사회적 이익을 고려하지 못한 결과로 이어질 수 있다. 따라서 언급한 바와 같이 보육정책에서 근로자, 사용자 개념은 상황에 따라 개별적으로 해석할 여지가 존재한다.

우선, 민간 위탁계약의 문제와 관련해 국공립 어린이집 민간 위탁을 고려

표 8.4 연구 결과 요약

종류	민간 위탁 국공립 어린이집	직장 어린이집 설치 요건	아이돌봄지원사업의 아이돌보미
쟁점	보육 교직원의 근로자성과 법적 처우	사용자 개념과 상시근로자 개념 설정	아이돌보미의 근로자성과 법적 처우
적용 법률	헌법, 영유아보육법, 영유아보육법 시행령, 영유아보육법 시행규칙, 사회복지사업법, 행정권한의 위임 및 위탁에 관한 규정, 근로기준법, 민법	헌법, 파견법, 파견법 시행령, 영유아보육법, 영유아보육법 시행령, 근로기준법, 민법	헌법, 아이돌봄기본법, 파견법, 파견법 시행령, 근로기준법, 민법
개선 방안	보육교사에 대해서는 국가공무원 수준의 안정된 근로환경 보장, 기관장에 대해서는 근로자성 인정으로 안정된 근로 환경 보장	근로형태와 고용형태 불문하고 직장 어린이집을 이용할 수 있도록 배려하고, 현실적인 설치 의무화를 지원하여 일·가정 양립 최대한 보장	아이돌보미의 근로자성 인정으로 근로기준법상 법적 처우 보장

10 그러나 2019년 아이돌보미의 근로자성이 부정된 2심 판결이 있었다(광주고법 민사 2부, 2018나23307).

할 수 있다. 이 경우에 보육교사는 당연히 근로자성이 인정되지만 단순히 민간 시설의 근로자와는 달리 법적 처우에 관해서는 국가에 의한 보장을 받아야 한다. 이는 국가의 직접 채용은 아니지만, 서비스를 제공함에 있어 국가공무원과 일정 부분 유사한 법적 지위를 보장받아야 한다는 점을 내포하기도 한다. 또한 이와 같은 논리는 사회서비스공단 내지는 사회서비스원의 설립을 가능하게 하는 근거가 되기도 한다. 어린이집의 원장 역시 단순히 보육교사인 근로자와의 관계에서 사용자의 입장만 고려할 것이 아니라 국가로부터 위탁 사무를 수행하는 민간 위탁기관에 채용된 근로자로서의 지위를 일부 보장해 주어야 한다.

다음으로, 직장 어린이집 설치 요건에 대해 전면적인 고려가 필요하다. 이는 직장 어린이집 설치 의무자로서 사용자 범위와 해당 근로자의 범위가 모두 해당되는데, 근로자의 복리후생적 측면과 일·가정 양립에 대한 사회적 고려의 측면에서 근로자에게 유리하게 해석할 필요가 있다. 직장 어린이집의 설치 여부에 대한 찬반 논쟁과는 별개의 논의로 현 법률상 반드시 수정해야 할 부분이다.

마지막으로, 아이돌보미의 경우 근로기준법상 근로자임을 명확하게 인정해야 한다. 법상의 근거가 명시적으로 마련되어 있지 않고 행정해석조차 명확히 나와 있지 않은 상황이지만 향후 입법화하거나 여성가족부 지침으로 인정해야 할 부분으로 보인다. 덧붙여, 아이돌보미의 근로자성과 관련해서는 판결이 엇갈리는 경향을 보이나, 2018년 광주지법 판결[11]과 여성가족부의 입장을 통해 볼 때 향후 이들의 근로자성 보장은 긍정적일 것으로 예상된다.

11 2018년 6월 22일 광주지방법원 제11민사부의 판단에서 아이돌보미에게 초과근로수당을 지급하라는 결론이 내려졌다(광주지방법원 2016가합50308).

노무 제공과 사용지휘권, 임금 제공의 측면 등에서 국가가 가정으로 파견하는 파견근로자와 유사한 지위를 가진다고 볼 때도 근로자성은 명백하게 인정될 것이다.

5. 결론

이 글은 보육정책에서 근로자와 사용자와 관련한 여러 쟁점들을 세 가지로 축약해 법률 구조 분석을 중심으로 살펴보았다. 큰 맥락에서 보육서비스를 기관 보육과 가정 내 보육서비스로 구분한 다음 각각에서 발생할 수 있는 개념적 논의를 통해 보육서비스 근로자의 근로 환경, 수요자의 보육서비스 이용 등을 고찰하여 다음과 같은 결론을 도출했다.

첫째, 국공립 어린이집 민간 위탁의 경우 보육 교직원의 근로자성과 안정된 처우 보장이 문제가 되고 있다. 대다수 국공립 어린이집은 직접 운영이 아니라 민간 위탁 방식으로 운영되고 있는데,[12] 이는 결국 보육 교직원의 불안정한 고용을 초래하고 서비스 이용자 당사자인 영유아 보육 환경 질의 악화를 초래하는 첫 번째 원인이다. 보육 교직원의 인간다운 삶을 보장하기 위해서도, 서비스 이용자의 안정된 이용을 위해서도 보육 교직원의 법적인 처우 보장이 강화되어야 한다. 궁극적으로는 대부분을 차지하고 있는 국공립 어린이집 민간 위탁의 문제를 해결하기 위해 국가 책임 강화를 염두에 두어야 할 것이다.

둘째, 관련 법제도 사이에 정합성이 부재하고 법 규정이 미비하여 근로자

12 국공립 어린이집의 97.2%가 민간 위탁으로 운영되고 있다(≪연합뉴스≫, 2018.1.25).

개념을 둘러싼 논란이 발생하고 있다. 아이돌보미의 경우 근로기준법상의 근로자로 법률상 명시된 바 없고 아이돌봄기본법에서도 근로기준법에서 보장하고 있는 복리후생 등을 구체적으로 명시하고 있지 않아 이들의 근로자성과 처우 보장에 대한 논란이 지속되고 있다. 모든 근로자를 근로기준법에서 포괄해야 하는 것은 아니다. 하지만 근로자로서의 지위가 명확하지 않다면 종사자들의 처우 보장을 아이돌봄기본법을 통해 부가적으로 보장해야 할 것이다. 더욱이 이들의 근로자성이 인정된다는 것을 전제로 할 때는 근로기준법 내지 노동법상의 지위를 반드시 보장해야 할 것이다.

셋째, 직장 어린이집 설치 기준은 해당 사업장에서 일하는 근로자 개념을 넓게 해석해야 할 과제를 안고 있다. 영유아보육법의 자의적 해석이 그대로 드러난 보건복지부 행정지침은 서비스 수요자 중심으로 재해석될 필요가 있다. 종합하면, 보육이라는 개념을 중심으로 사용자와 근로자 개념의 법률 간 정합성을 재정립해야 하는 과제를 가진다.

마지막으로, 현실에서 수요자의 인식 변화가 필요하다. 보육의 핵심은 돌봄이라는 가치를 전제로 한다는 점을 기억해야 한다. 단순히 서비스를 제공하고 제공받는 관계라는 입장에서 나아가 일생을 살아나가는 데 중요한 시기를 함께할 대리양육자와 관련한 사항이라는 점을 중점으로 인식해야 한다. 이는 곧 아동을 중심으로 서비스를 설계해야 하고 정책을 마련해야 하며 법제도가 이를 뒷받침해야 한다는 것을 의미한다. 나아가 보육서비스 종사자들의 열악한 근로조건에 대한 보장이 우선 확보될 때 제도적 개선이 가능할 것이다.

이와 같은 결론을 바탕으로 한 이 글의 정책적 함의는 두 가지로 요약할 수 있다. 우선, 보육정책에서 근로자와 사용자 개념에 대해서는 특수성을 염두에 두고 논의를 진행해야 한다. 일반적인 근로자와 사용자 개념 논의에서 나아가 보육정책의 특수성을 반영해야 한다는 것이다. 이를 통해 보육서비스 제공자, 즉 보육 교직원과 아이돌보미의 법적 환경을 개선하는 것이 필요하다. 구체적으로는 이들의 복지와 처우에 대한 보장이 현실화되어야 할 것이다. 이는 관련 종사자들을 공공성이 확보된 고용형태로 전환할 필요성을 의미한다. 이는 결국 사회서비스원의 설립과도 맥락을 같이한다.

다음으로, 영유아보육법의 대대적인 개정이 필요하다. 보육 교직원과 보육서비스를 제공하는 자들의 근로자로서의 지위가 구체적으로 논의된 지 얼마 지나지 않은 탓에 법제도가 현실을 따라가지 못하고 있다. 이는 보육 수요자 입장에서도 서비스의 온전한 수혜를 불가능하게 한다. 따라서 근로기준법상의 근로자라는 지위를 논하기 이전에 보육서비스의 질적 향상을 위해 영유아보육법을 비롯한 여러 보육 관련 법률을 바탕으로 서비스 제공자와 관련한 법률상 내용의 대대적인 정비가 필요하다. 더불어 보육 관련 법제의 다른 관련 법률과의 정합성과 특수성을 함께 고려해야 한다.

제 9 장

최소자녀양육비 보상 수준과 기본권: 한국과 독일 비교*

이신용 · 이미화

1. 서론

대한민국 헌법 제10조는 국가는 인간의 존엄성을 보장해야 함을 천명한다. 이 목적을 실현할 수 있는 물질적 기반을 확보하기 위해 헌법 제34조는 사회보장 시행의 의무를 국가에 부과한다. 하지만 헌법은 인간의 존엄성을 유지하기 위한 수단인 사회보장제도의 급여 수준에 대해서는 언급하지 않는다. 독일 기본법 제20조는 독일은 사회국가임을 천명한다. 대한민국 헌법은 사회국가를 천명하지는 않지만 노동의 권리, 교육의 권리, 사회보장의 권리에 대해 천명하고 있다. 따라서 한국은 실질적으로 사회국가를 지향한다. 하지만 독일 기본법과 마찬가지로 한국 헌법에서도 사회국가의 실현 수단인 사회보장제도의 급여 수준에 대해서는 구체적으로 언급하고 있지 않다.

사회보장제도의 급여 수준에 관한 결정은 입법부나 입법부의 위임을 받은 행정부에 있다고 보는 것이 일반적인 견해다. 헌법재판소는 판례를 통해 이

* 이 연구는 고려대학교 학술연구비에 의해 지원되었다.

와 같은 견해에 정당성을 부여한다. 헌법재판소는 헌법 제10조가 말하는 인간의 존엄성을 유지하기 위한 최소한의 물질적인 보장 수준조차 국가의 역사·사회·경제 상황을 고려하여 입법부나 행정부가 결정해야 한다고 본다(헌법재판소, 2004: 1191 이하). 헌법재판소는 국가가 최소한의 물질적 보장조차 이행하지 않았을 때 위헌 판결을 내릴 수 있을 뿐이지 최소한의 물질적 보장 수준에 관해서는 관여할 수 없다는 입장을 일관되게 유지하고 있다.

그런데 헌법재판소는 인간의 존엄성을 보장하는 사회보장제도의 급여 수준에 전혀 관여할 수 없는 것일까? 사회보장제도의 급여 수준은 입법부나 행정부의 재량 권한에 속한 것이라서 헌법재판소의 개입이 가능하지 않은 영역인가? 독일 연방헌법재판소 역시 사회보장제도의 급여 수준은 의회가 결정해야 한다는 입장이다. 하지만 독일 연방헌법재판소는 사회보장제도의 급여 수준에 헌법재판소가 전혀 개입할 수 없다는 입장은 아니다.

독일 연방헌법재판소는 1990년대 판례를 통해 아동의 존엄성을 유지할 수 있는 최소한의 물질적 보장 수준을 제시했다. 국가가 보장하는 자녀양육비 보장 수준이 헌법재판소가 제시한 수준 이하이면 위헌임을 분명히 했다. 판례를 통해 독일 연방헌법재판소는 입법부나 행정부가 보장해야 할 최소자녀양육비의 기준을 제시했다. 아울러 독일 연방헌법재판소는 자녀공제 혹은 아동수당이 자녀 양육에 필요한 최소 비용을 과세 대상에서 제외해야 조세정의가 실현된다고 판시했다. 그렇게 해야 국가가 아동의 존엄성을 보장하는 것이고, 자녀가 없는 사람과 자녀가 있는 사람의 과세 형평성이 보장된다고 보았다.

한국의 소득세법도 자녀양육비를 보상하는 제도를 규정하고 있다. 인적공제제도를 통해 자녀에 대한 소득공제를 운영하고 있을 뿐 아니라 자녀세액공제제도도 운영하고 있다. 아울러 2018년 9월부터는 아동수당제도도 시행하고 있다. 그런데 한국의 헌법재판소는 독일 연방헌법재판소와는 다르게 자녀소득공제, 자녀세액공제, 아동수당의 수준에 대해서는 개입하지 않는다. 이 제도들의 급여 수준은 입법부와 행정부에 의해 통제되고 있다.

이 장에서는 사회보장제도 급여 수준에 대해서는 관여하지 않는다는 한국 헌법재판소의 기존 입장이 타당한가를 독일 사례와 비교해서 검토하고자 한다. 독일 연방헌법재판소도 1990년대 이전까지는 아동수당과 자녀소득공제 수준과 관련해서 한국과 같은 입장이었으나 이후 판례들을 통해 입장을 바꾸었다. 이 장에서는 독일 사례를 근거로 헌법재판소가 자녀소득공제, 자녀세액공제, 아동수당 급여 수준에 개입할 수 있는 논리를 제시할 것이다. 헌법재판소가 자녀소득공제, 자녀세액공제, 아동수당 급여 수준에 개입할 수 있는 헌법적 근거를 제시한다면 이 제도들의 급여 수준을 결정하는 입법부와 행정부의 재량권은 제한된다. 달리 표현하면, 입법부나 행정부는 헌법재판소가 제시하는 수준 이상으로 자녀소득공제, 자녀세액공제, 아동수당 급여 수준을 보장해야 한다. 이렇게 된다면 자녀를 양육하는 한국의 부모들은 최소한의 양육비를 국가로부터 보상받을 수 있게 된다.

2. 연구 방법

〈표 9.1〉은 한국과 독일을 비교하기 위해 필요한 지표들을 보여준다. 독일에서는 2년마다 아동최소생계비를 연방정부가 공표해야 한다. 아동최소생계비에 아동의 상황을 고려해 계산되는 양육 혹은 교육 비용을 더하면 최소자녀양육비가 된다. 이 최소자녀양육비는 불가피한 지출로 인정되어 아동수당이나 자녀공제를 통해 보상받는다.

독일과는 다르게 한국에서는 최소자녀양육비를 별도로 측정하지 않고 있다. 따라서 이 장에서는 독일의 기준에 맞춰 국민기초생활보장제도와 교육

표 9.1 한국과 독일 비교 지표

구분	한국	독일
최소자녀양육비	국민기초생활보장제도 (생계급여, 주거급여, 의료급여, 교육급여) + 교육비 지원사업	아동최소생계비 + 양육 혹은 교육 비용
자녀양육비보상 제도	아동수당, 자녀소득공제, 자녀세액공제	아동수당, 자녀공제

주: 한국에서는 독일과는 다르게 최소자녀생계비를 별도로 조사하지 않음. 독일 기준에 따라 한국의 최소자녀양육비를 자체적으로 산출함.

비 지원사업을 통해 한국의 최소자녀양육비를 계산했다. 국민기초생활보장제도의 급여 가운데 아동최소생계비와 관련된 급여는 생계급여, 주거급여, 의료급여, 교육급여다. 교육비 지원사업은 교육청과 지방자치단체의 예산으로 운영된다. 이 사업에서 제공되는 급여 항목은 고교 학비(입학금 및 수업료), 학교급식비, 방과후학교 자유수강권, 교육 정보화 지원(컴퓨터 및 인터넷 통신비)이다.

최소자녀양육비는 자녀와 부모의 기본권을 보장하기 위해 국가가 인정하는 최소한의 필요 경비라는 의미를 갖는다. 따라서 국가는 이 경비를 보상하기 위한 제도를 운영한다. 만일 최소자녀양육비를 보상하는 제도들의 보상 수준이 최소자녀양육비 수준보다 낮다면 자녀와 부모의 기본권이 제대로 보장되고 있지 않다는 것이다. 이런 경우에는 자녀양육비 보상 수준을 최소자녀양육비 수준만큼 상향 조정해야 한다. 그렇게 이행하지 않는다면 국가는 헌법을 위반하고 있는 것이다.

한국에서는 최소자녀양육비를 공표하지 않기 때문에 이 장에서는 먼저 한국의 최소자녀양육비를 계산했다. 그리고 자녀양육비 보상 수준을 알아보기 위해서 아동수당, 자녀소득공제, 자녀세액공제 수준을 조사했다. 만일 자녀양육비 보상 수준이 최소자녀양육비 수준만큼 되지 않는다면 아동수당법이나 소득세법은 헌법을 위배하고 있다는 것이다. 따라서 앞서 말했듯이 자녀양육비 보상 수준을 적어도 최소자녀양육비 수준만큼 상향 조정해야 한다. 지금부터는 한국에서 최소자녀양육비 수준만큼 자녀양육비를 보장하고 있는지를 분석할 것이다.

3. 독일의 최소자녀양육비 보상제도

독일에서는 1995년 6월 2일 연방의회의 결정에 따라 2년마다 최소생계비를 공표하고 있다. 성인과 아동의 최소생계비가 별도로 공표된다. 최소생계비를 공표하는 이유는 최소생계비를 생존을 위한 불가피한 지출로 보고 과세 대상에서 제외하기 위해서다(Bundesministerim der Finanzen, 2016). 따라서 국가는 성인과 아동의 최소생계비만큼을 가계소득에서 공제해야 한다. 성인의 최소생계비는 기본공제Grundfreibetrag로, 아동은 자녀공제Kinderfreibetrag로 공제된다. 2018년 성인 한 명당 기본공제액은 9000유로이고, 아동 한 명당 자녀공제액은 7428유로다.[1]

〈표 9.2〉에서와 같이 자녀공제액은 성인과 동일하게 사회부조법에 근거해서 산출한 최소생계비와 아동의 상황을 고려한 양육Betreuung und Erziehung 혹은 교육Ausbildung 비용으로 구성되어 있다. 최소생계비는 사회부조의 자녀표준급여, 교육과 사회성을 위한 비용, 주거비, 난방비로 구성되어 있다. 2018년 기준으로 1년 동안 아동 한 명당 최소생계비는 4788유로이고, 양육·교육비는 2640유로로 책정되어 있다. 따라서 2018년 자녀공제액은 7428유로가 된다.

자녀공제액은 불가피하게 지출해야 할 최소자녀양육비라는 의미로, 소득

1 2018년 11월 26일 기준 1유로는 매매기준율로 1282원이다.

표 9.2 2018년 독일 자녀공제액(유로)

아동 최소생계비	사회부조의 자녀표준급여	3,372
	교육과 사회성 비용	228
	주거비용	1,020
	난방비용	168
양육 혹은 교육 비용		2,640
자녀공제 총액		7,428

자료: Bundesministerim der Finanzen(2016).

세법에 따라 부모의 소득에 대해 세금이 부과될 때 이만큼은 최소한 공제되어야 한다. 부모가 자녀공제를 원하지 않을 경우에는 아동수당을 선택할 수 있다. 현금으로 지급되는 아동수당의 수준은 자녀공제에 의한 세금 감면액에 상응한다. 2018년 첫째와 둘째 자녀의 아동수당은 월 194유로, 셋째 자녀는 200유로, 넷째 이상은 225유로씩 지급된다. 부모의 소득이 높은 경우에는 누진제 때문에 아동수당보다 자녀공제가 더 이익이 된다.

독일 연방헌법재판소는 1980년대와 1990년대에 최소자녀양육비를 가계소득에서 공제하는 정책을 도입하는 데 큰 영향을 미쳤다. 히틀러 정부 당시에도 있었던 아동수당과 자녀공제제도는 제2차 세계대전이 끝난 후 다시 도입되어 이미 1950년대부터 급여가 실시되고 있었다. 다만 자녀양육 때문에 발생하는 비용을 보상하기에는 급여 수준은 충분하지 않았다. 그런데도 연방헌법재판소는 1976년 판례에서는 아동수당이나 자녀공제의 급여 수준이 자녀양육비를 전부 보장하지 않는 수준이어도 위헌이 아니라고 판시했다. 연방헌법재판소는 다른 사회보장제도의 급여 수준과 같이 아동수당이나 자녀공제의 급여 수준에 대한 결정 권한은 의회에 있으며, 국가가 자녀양육비를 전부 보상해 주어야 할 의무가 있는 것은 아니라고 판시했다(Bundesverfassungsgericht, 1976: 120, 124).

그동안 의회의 결정 권한을 인정한 연방헌법재판소의 입장은 1980년대 들어와서 수정되었다. 아동수당이나 자녀공제의 급여 수준에 대한 결정 권한은 의회에 속한다는 연방헌법재판소의 기존 입장은 원칙적으로 변하지 않았다. 다만 연방헌법재판소는 의회가 기본권이 보장될 수 있는 최소 수준을 보장해야 한다고 판시하면서 의회의 재량권에 제한을 두었다(Bundesverfassungsgericht, 1984, 1990). 독일 기본법 제1조는 인간의 존엄함을 선언한다. 따라서 국가는 국민의 존엄함을 보장해야 할 의무가 있다. 국민에는 성인뿐만 아니라 아동도 포함된다는 것을 연방헌법재판소는 분명히 했다(Bundesverfassungsgericht, 1990: 85). 즉, 한 인간으로서 아동 역시 국가로부터 존엄함을 보장받을 권리가 있다. 연방헌법재판소는 아동의 존엄성을 실현하기 위한 최소한의 물질적 기반인 최소자녀양육비가 소득에서 공제되어야 한다고 판시했다(Bundesverfassungsgericht, 1990: 78).

아울러 연방헌법재판소는 자녀를 양육하는 모든 부모에게 최소자녀양육비의 공제가 보장되지 않는다면 평등권에 위배된다고 판시했다(Bundesverfassungsgericht, 1990: 86). 조세 평등의 원칙에 따르면 동일한 소득에는 동일한 세금이 부과되어야 하고, 동일하지 않은 소득에는 다른 세금이 부과되어야 한다. 자녀양육비 같은 불가피한 지출은 소득에 포함하지 않는 것이 조세 정의에 부응하는 것이다(Bundesverfassungsgericht, 1976: 120). 따라서 자녀양육비를 공제하지 않고 세금을 부과한다면, 자녀가 없는 사람과 비교할 때 자녀를 양육하는 사람을 차별하는 것이라고 판시했다(Bundesverfassungsgericht, 1990: 86). 한편, 연방헌법재판소는 자녀가 있는 고소득자의 소득에서도 최소자녀양육비가 공제되는 것이 평등의 원칙을 위배하지 않는 것이라고 판시했다(Bundesverfassungsgericht, 1991: 3).

연방헌법재판소는 기본법 제6조의 국가의 가족 보호 및 증진 의무 조항도 자녀양육비 보장과 관련되어 있다는 점을 지적했다(Bundesverfassungsgericht, 1990: 86). 물론 이 조항은 자녀양육비 보장 수준에 관해 구체적으로 언급하지 않는

표 9.3 연방헌법재판소 판례 요약

판례(연도)	핵심 내용
1957, 1961, 1964	· 가족 보호와 증진에 대한 국가 의무 확인
1976	· 자녀양육비 보상 수준과 범위에 대한 의회의 재량권 확인 · 자녀양육비 같은 불가피한 지출은 과세 대상에서 제외 확인
1984	· 자녀를 양육하는 자와 무자녀자에게 동일한 과세 기준 적용은 위헌 가능성이 있음을 확인
1990	· 최소자녀양육비를 보상하지 않는 아동수당법과 소득세법 조항은 위헌 · 최소자녀양육비는 사회부조의 자녀표준급여로 산출
1992, 1994	· 최소자녀양육비에 사회부조의 자녀표준급여뿐만 아니라 주거비, 난방비, 아동의 욕구를 반영한 일회성 급여도 포함
1998a	· 주거비용 산정할 때 가중치 방식 사용 → 모든 부모 소득에서 최소자녀양육비 공제
1982, 1998b	· 일하는 부모에게 양육비 공제 확대 적용

자료: 이신용(2018: 185).

다. 다만, 이 조항은 자녀양육비와 관련해서 인간의 존엄성과 평등권 보장 의무와 더불어 가족의 보호와 장려 의무가 있는 국가에게 최소자녀양육비 보장 의무를 부과한다. 그런데 연방헌법재판소는 종전과는 다르게, 무엇을 근거로 최소자녀양육비를 산출해야 하는가에 대한 답을 제시해야 했다. 사회부조Sozialhilfe제도는 기본법 제1조에서 천명하고 있는 인간의 존엄성을 보장하는 최소한의 사회보장제도이기 때문에 아동의 존엄성을 보장해야 할 최소한의 물질적 수준도 사회부조에 따라야 한다는 것이 연방헌법재판소의 입장이었다(Bundesverfassungsgericht, 1990, 1992, 1994, 1998a). 따라서 가계소득에 세금이 부과될 때 공제되어야 할 최소자녀양육비의 수준은 적어도 사회부조의 급여에 포함되어 있는 자녀급여 수준 이상이어야 한다고 연방헌법재판소는 보았다(Bundesverfassungsgericht, 1990: 85). 연방헌법재판소는 한 걸음 더 나아가 부모의 소득 활동 때문에 자녀의 양육을 제3자에게 맡겨야 하는 경우에 발생하는 양육비도 불가피한 지출로 보고 공제되어야 한다고 판시했다(Bundesverfassungsgericht,

1982, 1998b).

독일 기본법 제1조와 같이 대한민국 헌법 제10조 제1항에서도 인간은 존엄하며 국가는 이를 보장해야 할 의무가 있음을 천명한다. 아울러 제34조 제1항은 모든 국민은 인간다운 생활을 할 권리가 있고 국가는 이를 보장해야 할 의무가 있다고도 천명한다. 독일과 마찬가지로 한국 헌법에서도 국민에는 성인뿐 아니라 아동이 당연히 포함된다. 따라서 대한민국도 아동의 존엄함과 인간다운 생활에 대한 보장의 의무가 있다.

그런데 헌법은 국가가 아동의 존엄함과 인간다운 생활에 대한 보장을 어떻게 수행해야 하는지에 대해서 구체적인 지침을 제공하지 않는다. 이 과제는 법률을 제정하는 국회로 위임된다. 성인뿐만 아니라 아동의 존엄함과 인간다운 생활을 보장하기 위해 제정된 법률 가운데 가장 대표적인 것은 국민기초생활보장법이다. 국민기초생활보장법에 규정된 급여 가운데 생계급여, 의료급여, 주거급여, 교육급여가 아동의 존엄성과 관련된 급여다. 이 급여들에서 아동의 몫이 대한민국이 보장하는 최소아동양육비라고 할 수 있다.

평등의 원칙에 따라 자녀를 양육하는 모든 부모에게 최소자녀양육비를 소득에서 공제하는 독일의 경우가 타당하다면 한국에서도 최소자녀양육비 공제는 자녀를 양육하는 모든 부모에게 적용해야 한다. 독일과 같이 대한민국 헌법 제11조는 모든 국민이 평등함을 선언하고 있다. 그러므로 동일한 소득을 다르게, 다른 소득 상태를 같게 취급하면 평등의 원칙을 위배하는 것이다(권영성, 2009: 713). 같은 소득수준일지라도 자녀가 있는 자와 자녀가 없는 자의 실제적인 소득수준은 다르다. 자녀양육비로 지출되는 비용을 고려해야 하기 때문이다. 대한민국 헌법재판소도 자신과 가족의 기본적인 생계유지를 위한 불가피한 비용은 과세 대상에서 제외해야 한다고 판시했다(헌법재판소, 1999: 609; 김웅희, 2012: 87). 따라서 부모의 소득에 상관없이 자녀를 양육하는 모든 부모의 소득에서 최소자녀양육비가 공제되는 것이 조세평등주의 원칙을 실현하는 것이다.

대한민국 헌법 제36조 제1항은 국가의 가족제도 보호와 복지 증진의 의무를 천명하고 있다. 소득이 같다는 이유로 자녀 있는 자와 자녀 없는 자에게 동일한 세금을 부과한다면 국가의 가족제도 보호와 복지 증진의 의무를 소홀히 하는 것이다. 국가는 사회적 합의에 의해 산출된 최소의 자녀양육비를 과세 대상에서 제외함으로써 가족제도 보호와 복지 증진의 의무를 이행해야 한다. 국회가 제정한 국민기초생활보장법에 규정된 급여 가운데 아동의 몫이 사회적 합의에 의해 산출된 최소자녀양육비일 것이다.

4. 한국의 최소자녀양육비와 보상 수준

앞 절에서는 독일의 기본법과 같이 한국의 헌법도 아동의 존엄함, 자녀를 양육하는 부모를 위한 조세평등주의, 국가의 가족제도 보호와 복지 증진 의무를 천명하고 있기 때문에 최소자녀양육비가 가계소득에서 공제되어야 한다는 점을 이론적으로 주장했다. 이 절에서는 한국의 최소자녀양육비 규모와 산출 방법 그리고 공제되고 있는 자녀양육비의 규모를 분석할 것이다.

1) 최소자녀양육비 규모 및 산출 방법

(1) 국민기초생활보장제도와 최소자녀양육비

헌법 제10조 제1항은 국가는 인간의 존엄함을 보장해야 할 의무를 규정하고 있다. 국회는 이 목적을 실현하기 위해 국민기초생활보장법을 제정해 국민기초생활보장제도를 운영하고 있다. 국민기초생활보장법(법률 제15185호) 제1조는 국민의 최저생활 보장을 이 법의 목적으로 선언하고 있다. 따라서

표 9.4 1년 기준 최소자녀양육비(원)

구분	취학 전 아동	초등학생	중학생	고등학생
국민기초생활보장제도				
생계급여	3,009,792	3,009,792	3,009,792	3,009,792
주거급여	459,000	459,000	459,000	459,000
의료급여	773,659	773,659	773,659	773,659
교육급여		116,000	162,000	1,592,400
교육비 지원사업				
급식비	-	-	-	630,000
방과후학교 자유수강권	-	600,000	600,000	600,000
교육정보화 지원	-	230,000	230,000	230,000
계	4,242,451	5,188,451	5,234,451	7,294,851

국민기초생활보장제도가 보장하는 최저생활은 대한민국 주권자가 승인한 인간의 존엄성을 유지할 수 있는 최소한의 수준을 의미한다. 대한민국에 거주하는 누구나 적어도 국민기초생활보장제도에서 제공하는 급여 수준만큼은 있어야 인간으로서의 존엄함을 최소한이나마 유지할 수 있다는 것이다. '대한민국에 거주하는 누구나'에는 당연히 아동도 포함된다. 그러므로 대한민국에 거주하는 아동들이 그들의 존엄함을 유지하는 데 필요한 최소의 생계비용 규모도 국민기초생활보장제도에 근거해 산출되어야 한다. 이 최소생계비용은 자녀를 양육하는 부모의 입장에서는 최소자녀양육비를 의미한다.

국민기초생활보장제도에서 제공하는 급여는 생계급여, 의료급여, 주거급여, 교육급여, 장제급여, 해산급여, 자활급여가 있다. 이 중에서 아동의 최소생계비용 혹은 부모의 입장에서는 최소자녀양육비용과 관련된 급여는 생계급여, 의료급여, 주거급여, 교육급여다. 생계급여는 먹고 입는 것을 지원하는 급여이고, 의료급여는 의료비를 지원하는 급여이며, 주거급여는 주거비를 지원하는 급여이고, 교육급여는 교육비를 지원하는 급여다. 〈표 9.4〉에서 볼 수 있는 것과 같이 이 급여들 중에서 아동의 몫을 합산한 결과가 최소자녀양육비다.

아동 한 명의 생계급여는 보건복지부(2018: 51)가 발간한 「2018 국민기초생활보장사업안내」를 참고해 계산했다. 이 자료에 따르면 생계급여는 가구 구성원이 2인인 경우에는 1인가구의 생계급여인 50만 1632원에 35만 2497원을 추가하여 지급된다(보건복지부, 2018: 51). 3인 이상부터는 한 명당 25만 816원을 추가하여 생계급여가 지급된다.

독일은 사회부조의 생계급여를 계산할 때 자녀의 생계급여를 별도로 구분하여 계산하고 있으나 한국에서는 가구 규모에 따라 생계급여를 달리 적용할 뿐이고 자녀의 생계급여를 별도로 구분하여 계산하지 않는다. 따라서 여기에서는 3인 이상 가구부터 한 명당 추가 지급되는 액수를 자녀 한 명의 생계급여로 간주했다. 그래서 자녀 한 명의 1년 생계급여는 25만 816원에 12개월을 곱해 산출한 300만 9792원이다. 「2018 국민기초생활보장사업 안내」에서는 자녀의 연령을 구분해 생계급여를 계산하지 않기 때문에 자녀의 연령과 상관없이 자녀 한 명의 생계급여를 계산했다.

국민기초생활보장제도 급여의 하나인 주거급여의 시행은 국토교통부가 주관한다. 아동 한 명의 주거급여는 국토교통부(2018)에서 발간한 「2018 주거급여사업 안내」를 참고했다. 이 자료에 따르면 주거급여는 수급자의 거주 지역을 1급지부터 4급지로 구분하여 차등으로 지급된다.

생계급여와 마찬가지로 한국에서는 독일과 달리 아동 한 명의 주거급여를 별도로 계산하지 않는다. 그래서 아동 한 명의 주거비용은 생계급여에서와 같이 3인 가구를 중심으로 계산했다. 3인 가구가 부모와 아동 한 명인 가구로 가정하고, 2인 가구 주거급여에서 3인 가구 주거급여가 추가된 만큼을 아동 한 명의 주거비용으로 계산했다. 예를 들어, 1급지인 서울에서 2인 가구의 주거급여는 24만 5000원이고 3인 가구의 주거급여는 29만 원이다(국토교통부, 2018: 98). 따라서 1급지인 서울에서 아동 한 명의 주거비용은 월 4만 5000원으로 계산했다. 그런데 중·소도시나 농어촌인 4급지인 경우에 아동 한 명의 주거비용은 월 3만 2000원밖에 안 된다. 따라서 1급지부터 4급지의 아동 한 명당 주거급여를 더해서 4로 나눈 평균값인 3만 8250원을 1개월 기준 아동 한 명당 주거급여로 계산했다. 따라서 1년 기준 아동 한 명의 주거비용은 45만 9000원이다.

국민기초생활보장제도 급여의 하나인 교육급여의 시행은 교육부가 주관한다. 아동 한 명의 교육급여는 교육부(2018a)가 발간한 「2018 국민기초보장사업 교육급여 운영방안 안내」를 참고했다. 교육급여에는 부교재비, 학용품비, 교과서, 입학금 및 수업료가 포함된다. 다만 초·중·고등학생을 구분해 차등 지급된다. 부교재비와 학용품비만 지급되는 초등학생에게는 1년에 11만 6000원의 교육급여가 지급된다. 마찬가지로 부교재비와 학용품비만 지급되는 중학생에게는 1년에 16만 2000원의 교육급여가 지급된다. 고등학교는 아직 의무교육이 아니기 때문에 고등학생에게는 부교재비와 학용품비뿐만 아니라 교과서, 입학금 및 수업료가 지원된다. 고등학생에게는 일 년에 159만 2400원의 교육급여가 지급된다(교육부, 2018a: 124).

의료급여는 아파야 받을 수 있는 급여다. 의료기관을 이용하지 않으면 의료급여는 지급되지 않는다. 즉, 의료기관을 이용해야 의료급여가 지급되는 특성이 있다. 따라서 의료급여는 의료급여를 수급한 자 가운데 0세부터 19세까지 해당하는 아동의 의료급여 비용을 평균하여 산출했다. 2017년 국민건강보험공단(2017: 76)이 발간한 「의료급여 주요 통계」에 따르면, 의료급여 대상자 중 0세부터 19세까지의 아동은 27만 4127명이고, 이들이 사용한 총의료비는 2120억 8096만 3000원이었다. 아동 한 명당 77만 3659원을 사용했다. 이 비용을 1년 기준 아동 한 명의 의료비용으로 계산했다.

(2) 교육비 지원사업과 최소자녀양육비

교육비 지원사업은 초·중등교육법(법률 제14603호) 제60조의 4에 근거해서 교육청 예산과 지방자치단체의 일부 예산으로 저소득층 자녀들의 교육비를 지원하는 사업이다. 사업의 대상자는 국민기초보장수급자 혹은 수급자의 자녀, 한부모가족보호대상자, 차상위대상자 및 보건복지부가 공표하는 기준 중위소득 60% 이하 가구의 자녀다. 교육비 지원사업에서 제공되는 급여 항목은 고교 학비(입학금 및 수업료), 학교급식비, 방과후학교 자유수강권, 교육정보화 지원(컴퓨터 및 인터넷 통신비)이다.

교육비 지원사업의 급여 항목을 최소자녀양육비에 포함하는 이유는 분명하다. 학령기의 자녀를 둔 부모들은 필수적으로 교육비를 지출해야 하기 때문이다. 그런데 지출하는 교육비 규모는 가정마다 상이하다. 따라서 교육비 지원사업처럼 법률로 규정하고 있는 교육비 지원 액수를 최소의 교육비 지출 규모로 보고 이를 최소자녀양육비에 포함했다. 다만 교육비 지원사업의 모든 지출을 최소양육비에 포함하지는 않았다. 교육비 지원사업의 고교 학비(입학금 및 수업료)는 국민기초생활보장제도에서 제공하는 교육급여와 겹치기 때문에 제외했다. 아울러 부산 교육청은 유일하게 수학여행비 및 숙박형 현장체험학습비를 지원하고 있는데, 이런 경우도 제외했다. 또한 교육 정보화 지원 급여 가운데 컴퓨터 지급은 아직 보편적으로 시행되고 있지 않기 때문에 최소자녀양육비에 포함하지 않았다. 2017년 기준으로 중학교까지는 모든 교육청에서 무상급식을 실시하고 있지만, 고등학교의 경우 교육청 17곳 가운데 4곳에서만 무상급식을 실시하고 있다. 나머지 13곳에서는 교육청과 자치단체가 교육비 지원사업 대상자 학생에 한해서 유상급식을 지원하고 있다. 따라서 고등학생에 한해서 급식비를 최소자녀양육비에 포함했다.

2018년 2월 28일 교육부(2018b: 6)가 발표한 보도자료에 따르면, 모든 교육청은 1년 동안 교육 지원사업 대상자인 학생 한 명에게 방과후학교 자유수강권으로 60만 원, 인터넷 통신비로 23만 원, 고등학생 급식비로 63만 원을 지원한다. 이 급여를 〈표 9.4〉에서 최소자녀양육비에 포함했다.

(3) 최소자녀양육비 의미

〈표 9.4〉는 아동의 존엄함을 유지하기 위해 국가가 지출하는 비용의 규모를 보여준다. 바로 이것이 한국의 최소자녀양육비다. 즉, 취학 전 자녀의 경우 일 년 동안 최소한 424만 2451원의 양육비가 필요하다. 그리고 초등학생의 경우 일 년 동안 최소한 518만 8451원의 양육비가 필요하다. 중학생과 고등학생의 경우 각각 일 년 동안 최소한 523만 4451원과 729만 4851원이 필요하다. 이 최소자녀양육비는 아동들이 인간으로서의 존엄함을 최소한도나마 유지하기 위해 반드시 필요한 비용이라는 것을 국가가 공식적으로 인정한 금액이다.

따라서 국가가 인정한 최소자녀양육비는 인간으로서의 존엄함을 유지하기 위한 필수적인 비용이기 때문에 과세 대상이 되어서는 안 된다. 독일 연방헌법재판소와 같이 한국의 헌법재판소(1999: 609)도 자신과 가족의 생계유지를 위해 불가피하게 지출해야 할 비용은 과세 대상에 포함되어서는 안 된다고 판시했다. 그러므로 자녀가 있는 가구의 소득에서 최소자녀양육비를 공제한 소득에만 과세하는 것이 과세의 원칙이다. 만일 자녀가 있는 가구의 소득에서 최소자녀양육비를 공제하지 않았다면 해당 세법 조항은 헌법을 위반한 것이다. 반면에 최소자녀양육비를 소득에서 공제하지 않았더라도 공제로 인해 감세되는 세금 크기만큼 아동수당 같은 제도를 통해 최소자녀양육비가 보장받을 수 있다면 해당 세법 조항은 위헌이 아니다. 소득에서 공제하는 방법이든, 현금으로 보상하는 방법이든 간에 국가는 최소자녀양육비를 아동의 존엄함을 유지하기 위한 최소의 비용으로 인식하고 보장해야 한다는 것이 헌법의 명령이다.

2) 자녀양육비 보상 수준

지금부터는 한국에서 자녀양육비를 얼마나 보상해 주고 있는지를 알아보기 위해 소득세법에 규정된 인적공제와 자녀세액공제 그리고 '아동수당법'에 규정된 아동수당을 분석했다. 이 보상의 크기가 2018년 보상하고 있는 자녀양육비의 규모다. 즉, 부모에게 이 수준으로 보상하면 아동의 존엄함을 유지하기 위한 최소한의 비용을 국가가 지불하고 있다고 할 수 있다. 2018년 6월 기준 소득세법에서는 자녀양육비용 보상과 관련해서 기본공제제도와 자녀세액공제제도가 운영되고 있다. 그리고 2018년 9월부터는 현금으로 지급되는 아동수당제도가 시행되고 있다.

소득세법(법률 제15225호) 제50조 제1항은 종합소득이 있는 자와 그의 배우자, 직계존속, 직계비속에게 각각 1년에 150만 원씩의 기본공제를 규정하고 있다. 따라서 소득이 있는 자의 자녀도 150만 원의 기본공제를 받는다. 자녀에 대한 기본공제는 자녀가 20세가 될 때까지만 제공되고, 한부모자녀에게는 100만 원이 추가로 공제된다. 여기에서는 자녀에 대한 기본공제를 자녀소득공제로 사용했다.

소득세법 제59조의 2에서는 자녀세액공제를 규정하고 있다. 자녀 2명까지는 1년에 각각 15만 원, 3명인 경우에는 셋째부터 30만 원의 세액이 공제된다. 자녀소득공제를 받을 수 있는 자만이 자녀세액공제를 받을 수 있다. 즉, 자녀소득공제와 자녀세액공제를 중복해서 받을 수 있다.

아동수당법(법률 제15539호) 제4조 제1항은 6세 미만의 아동에게 매월 10만 원의 아동수당을 지급한다고 규정하고 있다. 다만 제2항은 보호자의 소득이 상위 10%에 속하는 아동에게는 아동수당이 지급되지 않는다고 규정하고 있다.[2]

〈표 9.5〉는 소득세법(법률 제15225호) 제56조에 규정된 종합소득에 따른

표 9.5 종합소득 과세표준(2018년 기준)

종합소득 과세표준	세율
1200만 원 이하	6%
1200만~4600만 원	72만 원 + (1200만 원 초과 금액의 15%)
4600만~8800만 원	582만 원 + (4600만 원 초과 금액의 24%)
8800만~1억 5000만 원	1590만 원 + (8800만 원 초과 금액의 35%)
1억 5000만~3억 원	3760만 원 + (1억 5000만 원 초과 금액의 38%)
3억~5억 원	9460만 원 + (3억 초과 금액의 40%)
5억 원 초과	1억 7460만 원 + (5억 초과 금액의 42%)

자료: 소득세법(법률 제15225호) 제56조.

세율이다. 국가가 보장하는 자녀양육비 공제액의 크기는 부모의 소득과 그에 따른 세율에 따라 다르다. 따라서 자녀양육비 공제액은 세율에 따라서 별도로 산출했다. 총자녀양육비 공제액은 자녀소득공제액, 자녀세액공제액, 아동수당을 기초해서 산출했다. 특히 자녀세액공제액과 아동수당은 부모의 소득과 세율에 따라 자녀양육비 공제액으로 환산했다.

〈표 9.6〉에서와 같이 자녀의 연령이 6세 미만인 경우에 총자녀양육비 공제액은 자녀소득공제액과 아동수당으로 구성된다. 아동수당이 지급되기 때문에 자녀세액공제는 지급되지 않는다. 자녀가 1명인 경우 자녀소득공제액은 1년에 150만 원이고 아동수당은 120만 원이다. 부모의 소득 구간에 적용된 세율로 120만 원의 아동수당을 나누면 공제받는 소득의 크기가 산출된다. 예를 들면, 24% 세율 구간에서 아동수당 120만 원은 500만 원의 공제액으로 환산된다.

2 2018년 11월 29일 아동수당법이 개정되어 소득에 상관없이 2019년부터 10만 원이 지급된다. 아울러 2019년 9월부터는 7세 이하까지 아동수당의 지급이 확대된다.

표 9.6 2018년 기준 6세 이하 자녀양육비 보상 공제액

세율(%)	자녀소득공제(원)	아동수당환산액(원)	총공제액(원)
6	1,500,000	20,000,000	21,500,000
15	1,500,000	8,000,000	9,500,000
24	1,500,000	5,000,000	6,500,000
35	1,500,000	0	1,500,000
38	1,500,000	0	1,500,000
40	1,500,000	0	1,500,000
42	1,500,000	0	1,500,000

아동수당을 공제액으로 환산한 금액과 자녀소득공제액의 합이 총자녀양육비 공제액이다. 〈표 9.6〉에서 보면, 2018년 기준 세율 24% 구간에서 총자녀양육비 공제액은 650만 원이다. 이 공제액이 국민기초생활보장제도가 보장하는 최소자녀양육비보다 적으면, 국가는 세율 24% 구간에 속하는 부모의 자녀들의 존엄성을 보장하고 있지 않고, 자녀를 양육하는 부모를 세금을 부과하는 과정에서 자녀 없는 자와 비교했을 때 불평등하게 대우하며, 가족제도 보호와 복지 증진의 의무를 수행하고 있지 않은 것이다.

헌법은 국가에게 아동의 존엄함을 보장할 것을 명령한다. 〈표 9.4〉는 헌법의 명령을 이행하기 위해 국가가 운영하는 제도들이 보장하는 최소자녀양육비의 크기를 보여준다. 국가는 저소득층의 취학 전 아동에게 일 년에 적어도 424만 2451원, 초등학생에게 518만 8451원, 중학생에게 523만 4451원, 고등학생에게 729만 4851원을 보장하고 있다. 이 최소자녀양육비는 아동이 최소한의 존엄함을 유지하기 위해 필요한 최소한의 비용을 의미한다.

〈표 9.6〉은 2018년에 6세 이하의 자녀가 있는 부모들에게 국가가 실제로 보상하고 있는 자녀양육비의 규모다. 〈표 9.4〉에서 볼 수 있는 것과 같이 6세 이하 아동들에게는 적어도 일 년에 424만 2451원의 양육비가 필요하다. 〈표 9.6〉에서 볼 수 있는 것과 같이 세율 구간 6%, 15%, 24% 이하에 속하는 가구

표 9.7 2018년 기준 6세 이상 자녀양육비 보상 공제액

세율(%)	자녀소득공제액(원)	자녀세액공제환산액(원)	총공제액(원)
6	1,500,000	2,500,00	4,000,000
15	1,500,000	1,000,000	2,500,000
24	1,500,000	625,000	2,125,000
35	1,500,000	428,571	1,928,571
38	1,500,000	394,736	1,894,736
40	1,500,000	375,000	1,875,000
42	1,500,000	357,142	1,857,142

에게는 424만 2451원 이상의 양육비를 공제하고 있기 때문에 국가는 헌법의 명령을 충실하게 이행하고 있다. 반면에 세율 구간 35% 이상에 속하는 가구에게는 424만 2451원보다 적은 액수를 공제하고 있기 때문에 국가는 헌법의 명령을 충실하게 이행하고 있지 않다고 해석할 수 있다.

아동수당은 소득 하위 90% 가구에게만 지급되는데, 아동 1명을 포함한 3인 가구 월 소득인정액이 1170만 원 이상인 가구는 아동수당 지급 대상자에서 배제된다. 35% 세율 구간 이상이 이 집단에 속한다. 6세 이하 자녀를 둔 소득 상위 10%의 가구는 헌법이 보장한 권리를 국가로부터 보장받지 못하고 있는 것이다. 이 가구들에게도 아동수당을 지급하거나 소득공제를 더 해주어야 국가는 헌법의 명령을 충실히 이행했다고 할 수 있다. 이 집단이 고소득 집단이기 때문에 헌법이 보장하는 평등권을 배제해야 할 합리적 근거는 없다. 고소득 가구도 자녀의 양육비용을 필수적으로 지출해야 하기 때문에 적어도 최소자녀양육비는 소득에서 공제되어야 평등권에 위배되지 않는다. 더욱이 6세 이하 아동에게는 자녀세액공제가 적용되지 않기 때문에 소득 상위 10%의 가구는 아동수당과 자녀세액공제 모두 받지 못하게 된다. 따라서 이와 같은 정책의 근거 법령인 아동수당법 제4조 제2항은 위헌이다.[3]

〈표 9.7〉은 〈표 9.6〉과 같은 방식으로 해석하면 된다. 다만, 아동수당은

6세부터는 지급되지 않기 때문에 아동수당이 자녀세액공제로 바뀌었을 뿐이다. 앞서 〈표 9.4〉에서 볼 수 있는 것과 같이 초등학생은 518만 8451원, 중학생은 523만 4451원, 고등학생은 729만 4851원의 최소자녀양육비가 필요하다. 〈표 9.7〉은 전체 세율 구간에서 총공제액이 최소자녀양육비보다 적기 때문에 최소자녀양육비를 국가가 충분하게 공제해 주고 있지 않다는 것을 보여준다. 〈표 9.6〉은 취학 전 아동의 경우는 아동수당제도의 도입으로 그나마 소득 하위 90% 가구에게는 국가가 최소자녀양육비를 보장한다는 것을 보여준다. 그러나 아동수당 수급 연령이 지난 아동들에게는 국가가 의무를 충실히 이행하고 있지 않다는 것을 알 수 있다. 〈표 9.7〉에서 보면, 국가의 의무 불이행의 정도는 아동의 학년이 올라갈수록, 부모의 소득이 높을수록 크다는 것을 알 수 있다. 국가는 아동의 학년이나 부모의 소득에 상관없이 최소자녀양육비를 보상해야 한다. 그런데 대한민국은 아동이 존엄하게 살 수 있도록 헌법이 보장한 기본권을 위배한 것이다. 아울러 학교에 다니는 자녀를 둔 부모에게 최소자녀양육비조차 공제하지 않음으로써 국가는 세금을 부과하는 과정에서 이들을 자녀 없는 자와 비교할 때 불평등하게 대우하고 있다. 이와 같은 정책은 평등권에 위배된다. 더욱이 국가는 가족제도를 보호하고 복지를 증진해야 할 자신의 의무를 소홀히 하고 있다.

여기에서는 자녀 한 명을 기준으로 최소자녀양육비를 계산했다. 자녀 2명 이상의 최소자녀양육비를 계산하면, 국가가 보상해야 하는 자녀양육비는 더욱 많아진다. 즉, 2명 이상의 자녀를 둔 부모의 자녀 양육을 위한 경제적 부담은 더 커진다. 이런 경제적 부담 요인도 자녀를 2명 이상 낳지 않는 원인으

3 2019년부터 부모의 소득에 관계없이 6세 이하 아동 모두에게 아동수당이 지급되고 있다. 따라서 해당 법 조항의 위헌 논란은 해소되었다.

로 작용하고 있다고 볼 수 있다. 따라서 자녀양육비에 대한 국가의 충분한 보상도 출산율을 높이는 데 필요하다.

또한 여기에서는 최소자녀양육비를 계산할 때 사교육비에 대한 지출을 전혀 고려하지 않았다. 만일 사교육비를 포함한다면 최소양육비 규모는 훨씬 더 커질 것이다. 한국에서는 초·중·고등학생의 70%가 사교육에 참여하고 있기 때문에 부모의 사교육비 지출은 필수적이라고 볼 수 있다. 교육부(2018c)가 발표한 2017년 월 평균 사교육비는 27만 1000원이었다. 즉, 1년 간 사교육비로만 325만 2000원이 지출된다. 이 비용을 최소자녀양육비에 포함했다면 국가가 보상해야 할 금액은 훨씬 더 커졌을 것이다.

5. 결론

헌법은 인간의 존엄성과 평등권과 같은 기본권을 천명할 뿐이지 기본권을 구현하는 수단이나 정책에 대해 언급하지 않는다. 이 과제를 실현할 의무는 입법부나 행정부에 위임된다. 마찬가지로 헌법재판소도 기본권을 구현하는 수단이나 정책에 직접 개입하지 않는다. 헌법재판소의 임무는 국가가 기본권을 구현할 정책을 이행하는가를 판단하는 데 있다.

입법부와 행정부는 헌법이 천명한 인간의 존엄성을 보장하기 위해 공공부조제도를 운영하고 있다. 이 공공부조제도 중에서 대한민국 국민의 존엄성을 보장하는 대표적인 제도는 국민기초생활보장제도다. 국민기초생활보장제도의 급여 수준은 대한민국 사회에서 인간으로서 존엄함을 유지하기 위해 필요한 최소한의 물질적 수준을 의미한다.

이 최소한의 물질적 기반은 대한민국에 거주하는 성인뿐 아니라 아동에게도 필요하다. 아동에게 필요한 최소한의 물질적 기반은 최소자녀양육비다.

최소자녀양육비는 아동의 존엄성을 유지하기 위한 불가피한 지출이기 때문에 과세 대상에서 제외하는 것이 과세 원칙이다. 만일 최소자녀양육비가 과세 대상에서 제외되지 않는다면 입법부나 행정부는 아동의 존엄성을 유지하기 위한 최소한의 조치도 하고 있지 않은 것이다. 즉, 입법부나 행정부는 헌법이 부과한 의무를 수행하고 있지 않다는 것이다. 헌법재판소는 이 지점에서 개입할 권한을 갖는다. 헌법재판소는 최소자녀양육비의 수준을 결정할 권한은 없다. 하지만 헌법재판소는 입법부와 행정부가 결정한 최소자녀양육비가 대한민국에 거주하는 모든 아동에게 보장되고 있는지를 판단할 권한은 있다. 헌법재판소는 입법부나 행정부가 최소자녀양육비를 과세 대상에서 제외하고 있는지, 아니면 이에 상당하는 다른 급여를 아동에게 제공하고 있는지를 판단하여 합헌과 위헌을 판시할 권한을 갖게 된다. 아울러 최소자녀양육비를 과세 대상에서 제외하지 않는 것은 자녀를 양육하는 자와 자녀를 양육하지 않는 자를 과세 과정에서 불평등하게 대우하는 것이기 때문에 평등권을 위배하는 것이다. 이 부분에 대해서도 헌법재판소는 개입할 수 있다.

앞서 표들을 통해 살펴보았듯이 한국은 아직까지 적어도 5세 이상 아동의 최소자녀양육비는 과세 과정에서 충분히 제외되고 있지 않다. 국가가 보상하고 있는 자녀양육비 보상 수준은 최소자녀양육비보다 낮다. 즉, 국가는 아동의 존엄성을 보장하지 못하고 있다. 아울러 자녀를 양육하는 부모를 과세 과정에서 불평등하게 대우하고 있다. 따라서 최소자녀양육비를 보장하고 있지 않는 소득세법 제50조, 제59조의 2, 아동수당법 제4조는 헌법을 위반하고 있다. 헌법에서 보장하는 아동의 기본권을 구현하기 위해서는 자녀소득공제, 자녀세액공제, 아동수당 등 제도에 상관없이 최소자녀양육비를 과세 대상에서 제외하거나 최소자녀양육비를 소득에서 공제할 때 발생하는 감세액만큼을 현금 급여로 보상해야 한다. 이 목적을 달성하기 위해 아동수당법이나 소득세법의 개정이 불가피하다.

원문 출처

각 장은 다음 목록의 문헌을 수정·보완하여 재집필되었다. 목록에 없는 제1장, 제2장, 제3장, 제7장은 새로 집필되었다.

제4장 김윤영. 2018.「1인가구 특성 및 사회복지정책: 인천지역을 중심으로」. ≪사회보장연구≫, 제34권 제3호, 10~39쪽.

제5장 전용호. 2018.「노인 돌봄의 연속성 측면에서 바라본 의료, 보건, 복지 서비스의 이용과 연계」, ≪보건사회연구≫, 제38권 제4호. 10~39쪽. 보건사회연구원 편집부의 승인을 얻어서 실었음을 밝혀둔다.

제6장 손동기 외. 2015.『은퇴전환기 중고령자의 일여가 현황과 여가증진방안 연구』. 한국여성정책연구원.

제8장 이윤진. 2018.「보육정책에서의 근로자와 사용자 개념」. ≪산업관계연구≫, 제28권 제4호, 105~130쪽.

제9장 이신용·이미화. 2018.「최소 자녀 양육비 보상 수준과 기본권: 한국과 독일 비교」. ≪한국공공관리학보≫, 제32권 제4호, 137~154쪽.

제1장 사회적경제와 사회정책

김용득. 2018. 「탈시설과 지역사회중심 복지서비스 구축, 어떻게 할 것인가? 자립과 상호의존을 융합하는 커뮤니티 케어」. ≪보건사회연구≫, 제38권 제3호, 492~520쪽.

김은정. 2015. 「사회적 돌봄체계 구축에서 공동체적 접근에 관한 연구」. ≪사회복지연구≫, 제46권 제2호, 153~176쪽.

김정원·황덕순. 2016. 「한국 사회적기업의 역사와 현실」. 김신양·신명호·김기섭·김정원·황덕순·박승옥·노대명. 『한국 사회적경제의 역사: 이론의 모색과 경험의 성찰』. 145~210쪽. 파주: 한울엠플러스.

노대명. 2016. 「제6장 한국 사회적경제의 진단과 과제」. 김신양·신명호·김기섭·김정원·황덕순·박승옥·노대명. 『한국 사회적경제의 역사: 이론의 모색과 경험의 성찰』, 253~293쪽. 파주: 한울엠플러스.

문혜진. 2018. 「사회복지기관 혁신의 가치와 방향」. 『한국사회복지행정학회 학술대회 자료집』, 3~31쪽.

박종렬. 2004. 「민주화운동 국민대투쟁(1987) 이후의 빈민운동의 전개과정」. 『한국시민사회운동 15년사: 1987~2002』, 333~354쪽. 서울: 시민의 신문.

백학영·김경휘·한경훈. 2018. 「지역자활센터의 사회적협동조합 전환과정과 변화에 대한 연구」. ≪한국사회정책≫, 제25권 제4호, 265~299쪽.

보건복지부. 2002. "'5대 전국표준화자활사업추진반' 발대식 개최"(2002.1). http://www.mohw.go.kr/react/al/sal0301vw.jsp?PAR_MENU_ID=04&MENU_ID=0403&SEARCHKEY=&SEARCHVALUE=&page=1&CONT_SEQ=21834.

_____. 2019. "지역사회 통합 돌봄(커뮤니티 케어) 선도 사업 추진 계획"(2019.1.10). http://www.mohw.go.kr/react/modules/download.jsp?BOARD_ID=140&CONT_SEQ=347345&FILE_SEQ=245026.

보건복지부·행정안전부·국토교통부. 2018. "'지역사회 통합 돌봄 기본계획(1단계: 노인 커뮤니티 케어)' 발표"(2018.11.19). http://www.mohw.go.kr/react/al/sal0301vw.jsp?PAR_MENU_ID=04& MENU_ID=0403&CONT_SEQ=346683&page=1.

보건복지자원연구원. 2015. "일본 노동자협동조합 초청 한일 토론회: 돌봄, 협동노동을 말하다"(2015.8.27). http://ihwr.or.kr/xe/policy/715.

서울특별시. 2018. 「2018년 서울형 주민자치회 시범사업 매뉴얼」.

_____. 2019. "서울시, 사회적경제가 일상에서 체감되는 서울 조성"(2019.3.14). http://sehub.net/archives/2033700.

서울특별시 사회적 경제 지원센터. 2016. "서울시 사회적경제 성과 측정과 정책 평가 연구 결과 공유회"(2016.6.30). http://sehub.net/archives/37653.
일자리위원회. 2017. "사회적 경제 활성화 방안." https://sehub.net/wp-content/plugins/uploadingdownloading-non-latin-filename/download.php?id=2020274.
최영준. 2019.「한국 복지국가의 새로운 DNA: 사회적 자유주의와 자유안정성을 향하여」. ≪한국사회정책≫, 제25권 제4호, 39~67쪽.
최인기. 2012.『가난의 시대: 대한민국 도시빈민은 어떻게 살았는가?』. 파주: 도서출판 동녘.
한국사회적경제연구회. 2018.9.25. [2018 2차 키워드] 커뮤니티 케어(Community Care). https://blog.naver.com/koreasocialeconomy/221365245860.
한국소비자원. 2018.11.27. "사회적경제, 인식률 높지 않지만 이용 소비자는 긍정적 평가: 소비자의 사회적경제기업 이용 확대 지원정책 필요". http://www.kca.go.kr/brd/m_32/view.do? seq=2507.
한국지역자활센터협회. 2014.5.7. "성명서: 새누리당 사회적경제기본법안 발의에 대한 반대". http://ksenet.org/bbs/board.php?bo_table=sub4_2&wr_id=114&sst=wr_hit&sod=desc&sop=and&page=1.
행정안전부·국토교통부·보건복지부. 2018.9.12. "지역사회 회복 위해 행안부·국토부·복지부 손을 맞잡다". https://www.mois.go.kr/cmm/fms/FileDown.do?atchFileId=FILE_00080313GroT5bo&fileSn=0.

Arendt, Hannah. 1998[1958]. *The Human Condition*. Chicago and London: The University of Chicago Press.
Defourny, Jacques. 2014. "From Third Sector to Social Enterprise." Jacques Defourny, Lars Hulgård and Victor Pestoff(eds.). *Social Enterprise and the Third Sector: Changing European Landscapes in a Comparative Perspective*, pp.17~41. London and New York: Routledge.
Defourny, Jacques and Marthe Nyssens. 2014. "The EMES Approach of Social Enterprise in a Comparative Perspective." Jacques Defourny, Lars Hulgård and Victor Pestoff(eds.). *Social Enterprise and the Third Sector: Changing European Landscapes in a Comparative Perspective*, pp.42~65. London and New York: Routledge.
Endo, Chikako. 2018. "Creating a Common World through Action: What Participation in Community Activities Means to Older People." *Ageing and Society*, Vol.40, Iss.6, pp.1~20.
Endo, Chikako and Sang Hun Lim. 2017. "Devolving Public Duties: Can the Social Economy Fulfil Social Rights?" *Policy and Politics*, Vol.45 No.2, pp.287~302.
Evers, Adalbert. 2004. "Mixed Welfare Systems and Hybrid Organisations: Changes in the Governance and Provision of Social Services." Paper presented at the Sixth International Conference of the International Society for Third-Sector Research, Ryerson University and York University, Toronto, Canada, 11-14 July 2004.

Hemerijk, Anton. 2017. "Social Investment and Its Critics." Anton Hemerijk(eds.). *The Uses of Social Investment*. pp.3~39. Oxford: Oxford University Press.

Lim, Sang Hun and Chikako Endo. 2016. "The Development of the Social Economy in the Welfare Mix: Political Dynamics between the State and the Third Sector." *The Social Science Journal*, Vol.53, pp.486~494.

Pestoff, Victor. 1992. "Third-Sector and Co-Operative Services: An Alternative to Privatization." *Journal of Consumer Policy*, Vol.15 No.1, pp.21~45.

Polanyi, Karl. 2001[1957]. *The Great Transformation: The Political and Economic Origins of Our Time*. Boston: Beacon Press.

日本労働者協同組合連合会. 2016.『協同労働の挑戦: 新たな社会の創造』. 東京: 萌文社.

제2장 디지털 경제 발전과 사회 양극화 시대: 증대되는 정부의 역할과 혁신적 변화를 요하는 사회보호체계

강유덕. 2015.「독일의 노동시장 개혁 정책과 경제 변화」. FES Information Series 2015-01. 프리드리히 에버트 재단 한국사무소, 노동포럼 2015년 3월 25일 발표자료. http://www.fes-korea.org.

고덕성. 2016. "플랫폼 비즈니스란 무엇인가." http://blog.naver.com/jameskods/220701527037 (검색일: 2016년 9월 1일).

김도균·김태일·안종순·이주하·최영준. 2017.『자신에게 고용된 사람들』. 후마니타스.

김세움. 2015.「기술 진보에 따른 노동시장 변화와 대응」. 한국노동연구원.

김필규. 2016.3.11. JTBC 팩트체크. JTBC 뉴스룸.

≪뉴스토마토≫. 2016.5.11. "(창간1년 기획) 한국산업, 제조업 프레임만 고집 … 플랫폼이 미래산업 지배한다".

≪뉴시스≫. 2020.1.21. "미국-프랑스-관세분쟁 중단 합의... 디지털세 연말까지 유예".

≪매일경제≫. 2020.10.12. "EU, 구글에 '24억유로' 역대최대 과징금". https://www.mk.co.kr/news/world/view/2017/06/431189/

≪서울신문≫. 2019.7.10. "'출퇴근 카풀 허용', '사납금 없는 택시월급제' 국토위 소위 통과". https://www.seoul.co.kr/news/newsView.php?id=20190710500177&wlog_tag3=daum#csidx413d71f2cd400e1bfe190e2f353bbfe.

신한슬. 2016.3. "심심한 사람들을 위한 10초 레시피." ≪시사IN≫, 제445호.

안종순. 2020. "The politics of social pacts on income security in digital economies: Is government's role significant?" ≪한국사회과학연구≫, Vol.39, No.1, pp.233~267.

≪연합뉴스≫. 2016.8.19. "'무인 택시' 시대 성큼 … 우버의 실험, 100만 명 일자리 위태".

≪연합뉴스≫. 2019.10.28. "검찰"타다' 운행 불법 결론… 이재웅 쏘카 대표 불구속 기소".

≪이데일리≫. 2019.12.31. "'댓글조작 타다 사법농단' … 해 넘긴 주요 재판 줄줄이".

장지연 외. 2017.「디지털 기술 발전에 따른 새로운 일자리 유형과 정책적 대응」. 노동연구원.
전명산. 2016. "문제는 기계가 아니라 인간이다." ≪시사IN≫, 제445호.
정대. 2015.11.10. "핀테크 산업 시대의 창업생태계 활성화를 위하여." ≪택스매거진≫, 465. http://www.intax.co.kr/month/e_mall_content.asp?read=2663&block=0&page=5
≪한국경제≫. 2020.4.10. "타다 서비스 종료…막 내린 유니콘의 꿈" 한경닷컴. https://www.hankyung.com/it/article/2020041020411(검색일: 2020년 12월 8일).
≪헤럴드경제≫. 2020.10.12. "'구글세' 부과 최종안 내년 중순 확정된다". http://news.heraldcorp.com/view.php?ud=20201012001147(검색일: 2020년 12월 8일).
티스타일. 2016. "요즘 뜨거운 '핀테크(Fintech)'란 무엇일까요?" 네이버 블로그(검색일: 2016년 3월 20일).
AFP BB News. 2016.2.25. "프랑스 구글에 16억 유로 세금 부과".
KISTEP(한국과학기술기획평가원). 2017. "2017년 유럽혁신지수 분석." ≪K-브리프≫, 제12호. https://www.kistep.re.kr/c3/sub6.jsp?.
_____. 2018a. 2018년 세계 혁신지수 분석. ≪K-브리프≫, 제14호. https://www.kistep.re.kr/c3/sub6.jsp?
_____. 2018b. "2018년 유럽혁신지수 분석과 시사점." ≪K-브리프≫, 제12호. https://www.kistep.re.kr/c3/sub6.jsp?.
Knuth, Matthias. 2016.「독일의 노동시장 개혁: 성과와 평가」, ≪국제노동브리프≫ 2016년 1월 호, 한국노동연구원.
OECD. 2006. "네덜란드 폴더 모델과 노동사회개혁 추진의 시사점." 주 OECD 한국대표부.
Seifert, Hartmut. 2015. "독일의 노동시장과 유연성." FES Information Series 2015-01. 프리드리히 에버트 재단 한국사무소. 2015. 노동포럼 2015년 3월 25일 발표자료 한글요약본. http://fes-korea.org/pages/d55cad6dc5b4/home.php

Bogliacino, F., M. Piva and M. Vivarelli. 2011. "R&D and Employment: Some Evidence from European Microdata." IZA discussion papers, 5908. https://www.econstor.eu/bitstream/10419/51704/1/670009628.pdf(검색일: 2018년 11월 2일).
Coad, A. and R. Rao. 2007. "The Employment Effects of Innovations in High-Tech Industries." The Papers on Economics and Evolution, Max Planck Institute of Economics. http://citeseerx.ist.psu.edu/viewdoc/download?doi=10.1.1.722.488&rep=rep1&type=pdf(검색일: 2018년 12월 7일).
Frey, C. B. and M. A. Osborne. 2013. "The Future of Employment: How Susceptible Are Jobs to Computerisation?" Oxford Martin School Working Paper.
Hemerijck, A. and M. Vail. 2006. "The Forgotten Center: The State as Dynamic Actor in Corporatist Political Economies," in Jonah D. Levy(ed.). *The State after Statism: New State*

Activities in the Age of Liberalization. Cambridge, MA: Harvard University Press.

Mokyr, J., C. Vickers and N. L. Ziebarth. 2015. "The History of Technological Anxiety and the Future of Economic Growth: Is This Time Different?" *Journal of Economic Perspectives*, Vol.29, No.3, pp.31~50.

OECD. 2014. "Relative Income Poverty." OECD Statistics, http://stats.oecd.org/.

_____. 2015. "In It Together: Why Less Inequality Benefits All." OECD Publishing. http://dx.doi.org/10.1787/9789264235120-en.

_____. 2018. OECD Statistics. https://stats.oecd.org/(검색일: 2018년 12월 20일).

Soentken, M., and Weishaupt, J. T. 2015. "When Social Partners Unite: Explaining Continuity and Change in Austrian and Dutch Labour Market Governance." *Social Policy & Administration*, Vol.49, No.5, pp.593~611.

US Government Accountability Office. 2015. "Contingent Workforce: Size, Characteristics, Earnings, and Benefits." GAO. http://www.gao.gov/assets/670/669766.pdf.

Visser, J. 2016. "ICTWSS Data Base Version 5.1. Amsterdam: Amsterdam Institute for Advanced Labour Studies(AIAS)." *University of Amsterdam*, September 2016. http://uva-aias.net/en/ictwss.

제3장 정책 도구로서 최저임금제에 대한 고찰: OECD 복지국가의 경험을 중심으로

김대일. 2012.「최저임금의 저임금 근로자의 신규 채용 억제효과」. ≪노동경제논집≫, 제35권, 3호, 29~50쪽.

김유선. 2014.「최저임금의 고용효과」. ≪산업노동연구≫, 제20권 제3호, 229~259쪽.

김태일. 2018.「소득주도 성장의 평가와 향후 방향」. ≪사회정책학≫, 제25권 제3호, 175~208쪽.

이정민·황승진. 2018.「최저임금 인상이 임금분포에 미치는 영향」. ≪한국경제의 분석≫, 제24권 제2호, 1~42쪽.

이정아. 2015.「최저임금과 임금」. ≪사회경제평론≫, 제28권 제46호, 217~251쪽.

이정아. 2017.7.「최저임금과 가계소비」. ≪고용동향브리프≫.

최경수. 2018.6.4.「최저임금 인상이 고용에 미치는 영향」. *KDI FOCUS*, 통권 제90호.

홍현기. 2018.「최저임금이 고용에 미치는 영향」. 전북대학교 경제학과 석사학위논문.

Afonso, A. 2019. "State-led wage devaluation in Southern Europe in the wake of the Eurozone crisis." *European Journal of Political Research*, Vol.58, No.3, pp.938~959.

Belman, D. and P. J. Wolfson, 2014. *What does the minimum wage do?* WE Upjohn Institute.

Dolado, J., F. Kramarz, S. Machin, A. Manning, D. Margolis and C. Teulings. 1996. "The economic impact of minimum wages in Europe." *Economic policy*, Vol.11, No.23, pp.317~

372.
Fernandez-Macias, E., and C. Vacas-Soriano. 2016. "A coordinated European Union minimum wage policy?" *European Journal of Industrial Relations*, Vol.22, No.2, pp.97~113.
Garnero, A., S. Kampelmann, and F. Rycx. 2015. "Minimum wage systems and earnings inequalities: Does institutional diversity matter?" *European Journal of Industrial Relations*, Vol.21, No.2, pp.115~130.
Kwon, S. M. and I. Hong. 2019. "Is South Korea as Leftist as It Gets? Labour Market Policy Reforms under the Moon Presidency." *The Political Quarterly*, Vol.90, No,1, pp.81~88.
Marimpi, M., and P. Koning. 2018. "Youth minimum wages and youth employment." *IZA Journal of Labor Policy*, Vol.7, No.1, pp.5. http://www.minimumwage.go.kr/stat/statMiniStat.jsp
Neumark, D., J. I. Salas and W. Wascher. 2014. "Revisiting the minimum wage—Employment debate: Throwing out the baby with the bathwater?" *ILR Review*, Vol.67, pp.608~648.
OECD. 2018. OECD Employment Outlook 2018. Paris: OECD Publishing, https://read.oecd-ilibrary.org/employment/oecd-employment-outlook-2018_empl_outlook-2018-en#page4.
Schmitt, J. 2013. "Why does the minimum wage have no discernible effect on employment?" (Vol.4). Washington, DC: Center for Economic and Policy Research.
Schulten, T. 2012. "European minimum wage policy: A concept for wage-led growth and fair wages in Europe." *International Journal of Labour Research*, Vol.4, No.1, p.85.
Schulten, T. 2008. "Towards a European minimum wage policy? Fair wages and social Europe." *European Journal of Industrial Relations*, Vol.14, No.4, pp.421~439.
Stockhammer, E. and O. Onaran. 2013. "Wage-led growth: theory, evidence, policy." *Review of Keynesian Economics*, Vol.1, No.1, pp.61~78.
You, J. S. 2019. "State Intervention Can Cut Inequality, But the Current Approach Is Wrong." https://www.globalasia.org/v14no1/debate/state-intervention-can-cut-inequality-but-the-current-approach-is-wrong_jong-sung-you?fbclid=IwAR1C2Vx-1N6-TK3RBNxDq-zFqLn2dP9goX_DPlV5md8TiflJKQ_RdTAgtBs.
https://stats.oecd.org/Index.aspx?DataSetCode=RMW.

제4장 1인가구 특성 및 사회복지정책 연구: 인천광역시를 중심으로

강은나·이민홍. 2016. 「우리나라 세대별 1인가구 현황과 정책과제」. ≪보건복지포럼≫, 제234권, 47~56쪽.
고대식·권중돈. 2014. 「차세대 독거노인 돌봄 시스템의 설계」. ≪한국정보기술학회논문지≫, 제12권 제7호, 1~7쪽.

≪국제뉴스≫, 2016.3.30. "서울시, '범죄예방 우수건물 인증제' 도입·운영."
김고은. 2012. 「독거노인 종합지원대책에 따른 경남의 대응방안」. ≪경남발전연구원 경남정책 Brief≫, 제116권, 1~8쪽.
김근용·김혜승·강미나·김태환·조경은·전성제·이재영. 2009. 「2008년도 주거실태조사」. 국토해양부·국토연구원.
김기태·박봉길. 2000. 「독거노인의 생활만족도와 사회지지망: 지역복지관의 서비스를 제공받고 있는 노인을 중심으로」. ≪한국노년학≫, 제20권 제1호, 153~168쪽.
김문길·김태완·오미애·박형존·신재동·정희선·이주미·이병재·박나영·이봉주·김태성·안상훈·박정민·이상록·정원오·이서윤·김화선·함선유. 2016. 「2016년 한국복지패널 기초분석보고서」. 한국보건사회연구원.
김상훈·한혜련. 2014. 「CPTED 도입을 통한 여성 1인가구 주거환경개선 방안: 신림동 고시촌을 중심으로」. 『한국실내디자인학회 학술대회논문집』, 135~139쪽.
김승전·신일선·신희영·김재민·김성완·윤진상. 2015. 「독거노인과 배우자 동거노인의 우울증 비교」. ≪생물치료정신의학≫, 제21권 제3호, 192~198쪽.
김윤영·문진영·김미숙. 2018. "한국인의 음주요인에 대한 변화추이와 패널분석: 2005~2016년 한국노동패널자료를 중심으로." 미간행 연구논문.
김윤영·윤혜영. 2018. "커뮤니티 케어 국내외 사례와 함의 그리고 구상." 2018 비판사회복지학회 춘계학술대회 발표문.
김은경·박숙경. 2016. 「우리나라 여성 1인가구와 다인가구 여성의 건강행태 및 질병이환율 비교: 2013년 지역사회 건강조사를 중심으로」. ≪한국보건간호학회지≫, 제30권 제3호, 483~494쪽.
김재민·배경자·남상오·한진영. 2012. 「여성이 안전한 공공원룸주택 연구」. 서울시여성가족재단.
김진영. 2013. 「여성 1인가구 소형임대주택계획을 위한 주거의식과 주거요구: 서울특별시를 중심으로」. ≪한국주거학회 논문집≫, 제24권 제4호, 109~120쪽.
김혜정. 2015. 「비혼 여성 1인가구의 사회적 배제에 관한 연구」. ≪여성학연구≫, 제25권 제2호, 7~40쪽.
남기민·정은경. 2011. 「여성독거노인들이 인지한 사회활동과 사회적 지지가 삶의 질에 미치는 영향: 우울과 죽음불안의 매개효과를 중심으로」. ≪노인복지연구≫, 제52권, 325~348쪽.
남원석·박은철. 2015. 「1인가구시대 맞춤형 주거해법 사회임대형 공동체주택 활성화」. 서울연구원.
노재철·고준기. 2013. 「독거노인에 대한 지원정책의 현황과 문제점과 법제도적 개선방안」. ≪한국콘텐츠학회논문지≫, 제13권 제1호, 257~268쪽.
문화체육관광부. 2016. 「2016 국민생활체육 참여실태 조사」. 문화체육관광부.
박경숙·김미선. 2016. 「노인 가구형태의 변화가 노인 빈곤율 변화에 미친 영향」. ≪한국사회학≫, 제50권 제1호, 221~253쪽.
박보림·김준형·최막중. 2013. 「1인가구의 주택점유형태: 연령 및 소득요인을 중심으로」. ≪대한국토·도시계획학회지≫, 제48권 제1호, 149~163.

박보영·권호장·하미나·범은애. 2016.「부부가구와 1인가구 노인의 정신건강 비교」. ≪한국보건간호학회지≫, 제30권 제2호, 195~205쪽.
박영주·최세정. 2013.「1인 가구 종합지원 정책방안」. 대구여성가족재단.
배화옥. 1993.「우리나라의 단독가구실태에 관한 소고」. ≪한국인구학회지≫, 제16권 제2호, 125~139쪽.
변미리. 2009.「서울의 1인가구 현황과 도시 정책 수요」.『한국행정학회 학술발표논문집』, 제2009권 제12호, 185~200쪽.
변미리·최정원·박민진·이혁준·김진아. 2015.「서울특별시 1인가구 대책 정책연구」. 서울특별시의회.
보건복지부. 2016.「2017년 기준 중위소득 및 생계의료급여 선정기준과 최저보장기준」. 보건복지부.
석재은. 2007.「독거노인의 실태와 정책 과제」. ≪월간 복지동향≫, 제102권, 37~40쪽.
손창균. 2008.「한국복지패널의 가중치 조정과 향후 과제」. ≪보건복지포럼≫, 제145권, 6~23쪽.
송영신. 2015.「여성 노인 1인 가구의 실태 및 정책적 개선방안」. ≪이화젠더법학≫, 제7권 제2호, 33~72쪽.
여윤경·양세정. 2001.「가구유형에 따른 소비지출패턴 비교 분석」. ≪소비자학연구≫, 제12권 제4호, 65~81쪽.
우소연·남경숙. 2012.「1인 가구 특성을 반영한 도시형 생활주택 발전 방향에 관한 연구」.『한국실내디자인학회 학술대회논문집』, 제14권 제3호, 65~68쪽.
이경애·조주현. 2013.「서울시 1인가구의 거주지 분포 변화에 관한 연구: 연령별 성별 분포 변화를 중심으로」. ≪부동산·도시연구≫, 제6권 제1호, 23~50쪽.
이동훈. 2012.「1인가구를 위한 소형임대주택 공급확대 방안」. ≪SDI 정책리포트≫, 제109호, 1~24쪽.
이민홍·전용호·김영선·강은나. 2015.『1인가구 증가에 따른 신사회적 위험 대응전략』. 보건복지부 & 동의대학교.
이석환·최조순. 2015.「경기도 1인 가구 특성 분석 연구」. 경기복지재단.
이유영·이명기. 2014.「1인 가구의 공동주거문화를 위한 셰어하우스 디자인 방향 연구: 주방시스템디자인을 중심으로」. ≪디지털디자인학 연구≫, 제14권 제2호, 461~471쪽.
이정관·김준현. 2013.「서울특별시 독거노인 실태에 관한 연구」. ≪서울도시연구≫, 제14권 제3호, 191~211쪽.
이준우·장민선. 2014.「1인 가구 급증에 따른 법제변화 연구」. 한국법제연구원.
이지숙. 2009.「지방도시 독거노인의 거주환경에 대한 개조요구」. ≪디자인지식저널≫, 제11권, 70~77쪽.
이진숙·이윤석. 2014.「비혼 1인가구의 사회적 관계: 여성과 남성의 교제활동 시간 비교를 중심으로」. ≪한국인구학≫, 제37권 제4호, 1~24쪽.

이희연·노승철·최은영. 2011.「1인 가구의 인구·경제·사회학적 특성에 따른 성장패턴과 공간분포」. ≪대한지리학회지≫, 제46권 제4호, 480~500쪽.
인천광역시. 2009.「2009~2018 인천광역시 주택종합계획」. 인천광역시.
장민선. 2015.「여성 1인 가구 증가에 따른 법제적 대응방안」. ≪이화젠더법학≫, 제7권 제2호, 1~32쪽.
정소이·박준영·김홍주·한지희·김인기·김진철. 2012.「1인가구의 수요특성을 고려한 주택유형 개발 연구」. 한국토지주택공사.
정희순. 2011.「한일 양국 1인가구의 사회구조적 특징 연구」.『한국일본어문학회 학술발표대회논문집』, 제2011권 제6호, 496~501쪽.
조주현·김주원. 2010.「1인 가구의 주택수요 특성에 관한 연구: 서울시를 중심으로」. ≪부동산학연구≫, 제16권 제4호, 33~52쪽.
조태경·손창균. 2015.「한국복지패널조사 자료를 이용한 패널자료의 대표성 평가」.『Journal of the Korean Data Analysis Society』, 제17권 제5호, 2461~2471쪽.
≪중부일보≫, 2016.5.6. "경기도 고령 취업자 32만 5천 명 … 고용률 최고 '안성시'."
최영. 2008.「독거노인의 경제수준, 건강상태, 사회적 지지가 우울에 미치는 영향」. ≪사회과학연구≫, 제24권 제4호, 103~123쪽.
통계청. 2011.「2010 인구주택총조사」. 통계청.
_____. 2016.「2015 인구주택총조사」. 통계청.
_____. 2017a.「장래가구추계: 2015~2045년」. 통계청.
_____. 2017b.「장래가구추계 시도편: 2015~2045년」. 통계청.
하정화·김현희·박진아. 2014.「부산지역 1인가구 생활실태 및 지원방안 연구」. 부산여성가족개발원.
한지희·윤정숙. 2011.「대학생 1인 가구의 생활패턴 및 주거요구에 따른 대학생 전용 임대주택 평면계획방안」. ≪한국주거학회 논문집≫, 제22권 제4호, 93~102쪽.
TBS. 2017.4.18. "함께 만들어 나눠 먹어요, 은평구 '공유부엌'".

Bennett, J. and M. Dixon. 2006. *Single Person Households and Social Policy: Looking forwards*. Joseph Rowntree Foundation.
Chandler, J., M. Williams, M. Maconachie, T. Collett and B. Dodgeon. 2004. "Living Alone: Its Place in Household Formation and Change." *Sociological Research Online*, Vol.9 No.3, pp.1~13.
Communities and Local Government. 2010. Household Projections, Housing Statistical Release.
Lewis, M. 2005. "Home Alone? The 2005 Unilever Family Report." London: Institute for Public Policy Research.
MINTel. 2003. "Selling to and Profiting from Single Households." London: MINTel.

Smith, A., F. Wasoff and L. Jamieson. 2005. "CRFR Briefing 20: Solo Living across the Adult Lifecourse." Edinburgh: Centre for Research on Families 47 and Relationships.

Vespa, J., J. M. Lewis and R. M. Kreider. 2013. "America's Families and Living Arrangement: 2012." United State Census Bureau.

경기도의회, http://www.ggc.go.kr/.

≪아사히 신문≫, http://ajw.asahi.com/article/behind_news/social_affairs/AJ201301190046.

영국 통계청, Office for National Statistics http://webarchive.nationalarchives.gov.uk/.

일본 센서스 인구편, http://stats-japan.com/t/kiji/11902.

자치법규정보시스템, http://www.elis.go.kr/.

통계지리정보서비스, https://sgis.kostat.go.kr/.

통계청 통계설명DB, http://meta.narastat.kr/.

프랑스 통계청 Insee, https://www.insee.fr/fr.

한국복지패널, https://www.koweps.re.kr/.

Citylab, https://www.citylab.com/equity/2014/09/singles-now-make-up-more-than-half-the-us-adult-population-heres-where-they-all-live/380137/.

e-나라 지표, http://www.index.go.kr/potal/main/EachDtlPageDetail.do?idx_cd=2760.

OECD Family Database, http://www.oecd.org/els/family/database.htm.

제5장 커뮤니티 케어 도입으로 노인 돌봄 연속성 측면에서 바라본 의료·보건·복지 서비스의 이용과 연계

강새봄·김홍수. 2014. 「장기요양방문간호이용과 의료이용의 관계」. ≪보건행정학회지≫, 제24권 제3호, 283~290쪽.

강창현. 2013. 『지역 보건복지 통합접근의 연계수단: 영국 커미셔닝을 중심으로』, 제33권 제1호, 417~450쪽.

건강보험심사평가원. 2014. 「2013 요양급여 적절성 평가결과 종합보고서」.

국민건강보험. 2016. 『2015 노인장기요양보험통계연보』.

국회입법조사처. 2017. 「2017 국정감사 정책자료 III」.

권금주·박태정·이서영. 2015. 「노인요양병원 운영 실태는 어떠한가?: 가족 및 종사자의 경험을 중심으로」. ≪한국케어매니지먼트연구≫, 제16권, 101~122쪽.

김남순·박은자·전진아·서제희 외. 2017. 「고령사회 진입에 따른 노인건강 현황과 보건의료 복지 서비스 제공 모형」. 보건사회연구원.

김동진. 2017. 「제4차 국민건강증진종합계획 추진을 위한 정책 방향과 과제」. ≪보건복지포럼≫, 제246권, 6~21쪽.

김미혜·전용호·조문기·전성남 외. 2015.「단기보호급여 기능 재정립 방안연구」. 보건복지부.
김윤. 2013.「비급성기 의료제공체계의 구축 방향: 의료체계의 지속성 보장을 위한 핵심과제」. ≪HIRA 정책동향≫, 제7권 제4호, 3~5쪽.
김은희·이은주. 2015.「요양병원 간호인력 확보수준에 따른 입원환자의 간호결과」. ≪한국데이터정보과학회지≫, 제26권 제3호, 715~727쪽.
김주경. 2017. "노인 의료서비스 제공체계 현황과 과제." 고령사회 대응 노인의료복지 제공체계 개선방안 공청회 발표문(4월 13일). 국회의원회관.
김주경·김은표·이만우. 2015.「요양병원 관리 감독 강화 및 제도 개선」. 국회입법조사처.
김홍수. 2014.「한국 요양병원과 요양시설: 서비스 니즈와 제공 실태」. 2014년 한국보건행정학회 후기 학술대회 발표자료집.
노길희·김창기. 2008.「농촌지역 노인 보건·복지서비스 연계 실태와 개선방안에 관한 연구」. ≪한국지역사회복지학≫, 제27권, 235~258쪽.
박세경·강은나·황주희·김정현·하태정 외. 2015.「돌봄보건의료 연합서비스(Joined-up Services) 공급모형에 관한 전망과 과제」. 한국보건사회연구원.
박영란·박경순. 2015.『사람중심 고령사회 패러다임: Aging in Place』, ≪한국장기요양학회≫, 제3권 제1호, 134~155쪽.
보건복지부. 2017. "2017년 노인돌봄서비스 사업안내."
_____. 2018. "'재가 지역사회 중심으로 사회 서비스 제공' 커뮤니티케어(Community care) 본격 추진." 보도자료.
보건복지부·한국건강증진개발원. 2017a. "2017년 지역사회 통합건강증진사업 안내: 총괄."
_____. 2017b. "2017년 지역사회 통합건강증진사업 안내: 방문건강관리."
석재은·임정기·전용호·김욱·최선희·이기주·장은진. 2015.「장기요양보험 공공성 강화 방안」. 보건복지부·한국노인복지학회.
선우덕. 2016.「노인 건강 및 장기요양정책의 현황과 과제」. ≪보건복지포럼≫, 제239권.
_____. 2017. "노인장기요양보험제도 도입 후 운영평가와 개선방향." 한국장기요양학회 춘계학술대회 발표문.
선우덕·강은나·이윤경·김지미 외. 2015.「노인돌봄(케어) 서비스의 제공주체 간 역할정립과 연계체계 구축」. 한국보건사회연구원.
선우덕·강은나·황주희·이윤경 외. 2016.「노인장기요양보험의 운영성과 평가 및 제도모형 재설계 방안」. 한국보건사회연구원.
선우덕·정순둘·양찬미. 2012.「노인장기요양서비스 전달체계의 평가 및 개선방안: 재가서비스를 중심으로」. 한국보건사회연구원.
손덕현. 2017. "노인장기요양보장 출범 10년 그리고 앞으로의 10년 대토론회." 한국장기요양학회 춘계학술대회 토론문.
오유미. 2017.「기대수명 90.8세의 정책적 함의와 대응방향」. 한국건강증진개발원.

오의금·이현주·김유경·성지현·박영수·유재용 등. 2015.「재가간호서비스 제공자의 업무 수행 현황과 장애요인」. ≪대한간호학회지≫, 제45권 제5호, 742~751쪽.

우국희. 2017.「섬 지역 고령자의 장소경험과 의미: Aging in place는 가능한가?」. ≪비판사회정책≫, 제54권, 260~304쪽.

유호신·Arita, K. 2015.「한국 장기요양 방문간호의 정책적 함의와 일본 방문간호의 시사점」. ≪한국보건간호학회지≫, 제29권 제3호, 403~411쪽.

윤영호·권용진·장숙랑·임정기·오수경. 2014.「공공보건의료기관의 건강복지서비스 연계방안」. 보건복지부·서울대학교.

이규식. 2017.「지역사회중심의 통합서비스체계」. ≪건정연 이슈페이퍼≫, 제27권, 1~34쪽.

이상영·이주열·조소영·이수형 외. 2012.「건강증진서비스 전달체계 확충방안 연구」. 한국보건사회연구원.

이승희·임지영. 2012.「델파이 기법을 이용한 우리나라 재가간호서비스 연계방안」. ≪한국콘텐츠학회논문지≫, 12(12), 282~290쪽.

이윤경. 2018.「노인장기요양보험의 재가보호 현황과 저해요인 분석」. ≪보건복지포럼≫, 제259권, 77~89쪽.

이윤경·강은나·김세진·변재관. 2017a.「노인의 지역사회 계속 거주(Aging in place)를 위한 장기요양제도 개편 방안」. 한국보건사회연구원.

이윤경·정형선·석재은·송현종·서동민 외. 2017b.「제2차 장기요양기본계획 수립 연구」. 한국보건사회연구원.

이윤환. 2015.「초고령 사회와 보건의료대응」. ≪보건복지포럼≫, 제225권, 2~4쪽.

_____. 2017. 고령사회 대응 노인의료복지 제공체계 개선방안 공청회 토론문(4월 13일). 국회의원회관.

이진용. 2012.「일차의료 활성화를 위한 의료자원공급의 개편 방향」. ≪의료정책포럼≫, 제10권 제3호, 32~37쪽.

_____. 2014.「의료전달체계의 분절화로 인한 사회안전망기능의 약화」.『2014사회정책연합공동학술대회』, 124~130쪽.

전용호. 2012.「영국케어매니지먼트 시스템의 운영과 발전에 관한 연구」. ≪한국케어매니지먼트연구≫, 제7권, 1~24쪽.

_____. 2015.「노인 돌봄서비스의 전달체계에 관한 연구: 공공부문 인력과 공급자의 관점을 중심으로」. ≪보건사회연구≫, 제35권 제2호, 347~397쪽.

전용호·엄기욱·이민홍·김세미. 2015.「요양예방 필요노인을 위한 돌봄서비스 기능개편에 따른 지침(안) 연구」. 보건복지부.

정경희 외. 2014a.「2014년도 노인실태조사」. 보건복지부·한국보건사회연구원.

정경희 외. 2014b.「노인장기요양보험 치매특별등급 도입에 따른 노인돌봄서비스 개편방안 연구」. 한국보건사회연구원.

정경희·강은나·이윤경·황남희·양찬미. 2016.「노인복지정책 진단과 발전 전략 모색」. 한국보건사회연구원.

정형준. 2014.「요양병원의 실태와 개선방안」. ≪복지동향≫, 189, 12~15쪽.

최권호. 2015.「보건사회복지 개념과 역할 재구성」. ≪비판사회정책≫, 제49권 제3호, 368~403쪽.

통계청. 2016.「생명표: 1970~2015」.

황도경·신영석·이윤경·최병호·김찬우·박금령 외. 2016.「노인 의료와 요양서비스 수요 분석 및 공급체계 다양화 연구: 공급의 통합적 연계 체계 구축」. 한국보건사회연구원.

Eurodiaconia. 2015. *Guidelines on Homecare Service*. Brussels-Belgium.

Genet, N., W. Boerma, D. Kringos, A. Bouman, A. Francke and C. Fagerström et al. 2011. "Home Care in Europe: A Systematic Literature Review." *BMC Health Services Research*, Vol.11 No.207, pp.1~14.

Hooyman, N. R. and H. S. Kiyak. 2011. *Social Gerontology: A Multidisciplinary Perspective*. Ally & Bacon.

Kerber, K., J. Graft-Johnson, Zulfiqar A. Bhutta, Pius Okong, Ann Starrs and Joy E. Lawn. 2007. "Continuum of Care for Maternal, Newborn, and Child Birth from Slogan to Service Delivery. *The Lancet*, pp.1358~1369.

Liebowitz, B. and E. M. Brody. 1970. "Integration of Research and Practice in Creating a Continuum of Care for the Elderly." *Gerontology*, Vol.10, pp.11~17.

Vasunilashorn, S., B. Steinman, P. Liebig and J. Pyno. 2012. "Aging in Place: Evolution of a Research Topic Whose Time Has Come." *Journal of Aging Research*, pp.1~6. doi: 10.1155/2012/120952.

WHO. 2016.

Wiles, J. L., A. Leibing and N. Guberman. 2012. "The Meaning of Aging in Place to Older People." *The Gerontologist*, Vol.52, Iss.3, pp.357~366.

제6장 문화복지 쟁점에서 본 문화적 취약계층과 경제적 취약계층

강내희. 2000.『신자유주의와 문화: 노동사회에서 문화사회로』. 문학과학사.

강신욱. 2006.「사회적 배제 개념의 정책적 적용을 위한 이론적 검토」. ≪동향과 전망≫, 66, 9~31쪽.

고명석. 2011.『인권과 사회복지』. 대왕사.

김경혜·김준현·박은철. 2010.「다차원적 빈곤 관점에서의 서울시 빈곤실태와 정책과제」. 서울시정개발연구원.

김기곤. 2011.「한국사회의 문화권 구성과 제도화」. ≪민주주의와 인권≫, 제11권 제2호, 207~238쪽.

김남국. 2010.「문화적 권리와 보편적 인권: 세계인권선언에서 문화다양성 협약까지」. ≪국제정치논총≫, 제50권 제1호, 261~284쪽.
김욱. 2012.「탈물질주의와 한국의 정치변동」. 강수택·박재홍 엮음.『한국의 사회변동과 탈물질주의』. 도서출판 오름.
김효정. 2014.「문화시설 배치 및 기능조정 모형개발을 위한 기초연구」. 한국문화관광연구원.
노명우. 2006.「문화헌장 제정과 문화정책의 과제」. ≪문화과학≫, 제46호, 220~236쪽.
서우석·김정은. 2010.「문화격차 해소에 대한 평가와 전망」. ≪문화경제연구≫, 제13권 제2호, 3~26쪽.
서우석·양효석. 2013.「문화적 박탈감을 통해 살펴본 문화복지 대상 범위 연구」. ≪문화정책논총≫, 제27권 제1호, 165~197쪽.
손동기. 2018.「프랑스 지방분권 이후 생활 밀착형 문화 정책」. ≪공공정책≫, Vol.152, 75~78쪽.
심광현. 2003.『문화사회와 문화정치』. 문화과학사.
심창학. 2013.「문화복지 쟁점을 통해서 본 한국의 문화복지정책: 특징 및 한계 그리고 대안」. ≪비판사회정책≫, 제40호, 149~184쪽.
양혜원. 2013.「문화재정과 삶의 질 간의 관계 연구: OECD 국가를 중심으로」. ≪문화정책논총≫, 제27집 1호, 8~29쪽.
염신구 외. 2018.「대국민 향유 증진을 위한 소외계층 문화순회사업 개선방안 연구」. 한국문화예술위원회.
용호성. 2012.「문화바우처 정책의 쟁점과 방향」. ≪문화정책논총≫, 제26권 제1호, 99~124쪽.
우주희. 2009.「서민문화정책 추진 전략」. 한국문화관광연구원.
유원희. 2011.「문화정책의 변화와 직면문제에 관한 연구」. ≪디자인융복합학회≫, 제10권 6호, 3~14쪽.
이동연. 2008.「4부 문화다양성과 문화적 권리를 위한 문화운동」,『유네스코와 문화다양성』(2008, 유네스코한국위원회).
이동연. 2018. “문화의 가치와 기본권으로서의 문화권 중요성.” 2018년 문화분야 헌법개정 토론회 발표문. 한국문화관광연구원·한국헌법학회.
정갑영. 2005.「우리나라 문화복지 정책의 흐름과 전망」. ≪문화정책논총≫, 제17권 5호, 225~243쪽.
정갑영·장현섭. 1995. “21세기 우리나라 문화복지 증진방안.” 2018년 문화분야 헌법개정 토론회 발표문. 한국문화정책개발원.
정헌일 외. 2015.「2015년 복권기금 문화나눔사업 성과연구」. 한국문화예술위원회.
최종혁 외. 2009.「문화복지 개념 정립을 위한 질적 연구: 휴먼서비스 실천가들의 인식을 중심으로」. ≪사회복지연구≫, 제40권 제2호, 145~182쪽.
한국문화예술위원회. 2012.「복권기금 문화나눔사업 수혜대상 수요조사 연구」.
현택수. 2006.「문화복지와 문화복지정책의 개념에 관한 연구」. ≪사회복지정책≫, 제26권, 101~122쪽.

Allport, G. W. 1961. *Pattern and Growth in Personality*. Oxford, England: Holt, Reinhart & Winston.

Bourdieu, P. 1979. *La Distinction, Critique Sociale du Jugement*. Minuit.

Caune, Jean. 2006. *La Démocratisation Culturelle, une Médiation à Bout de Souffle*. Grenoble: Presses universitaires de Grenoble.

Deci, Edward L. and Richard Ryan. 2000. "Self-determination Theory and the Facilitation of Intrinsic Motivation, Social Development, and Well-being." *American Psychologist*, Vol.55(1), p.68, https://selfdeterminationtheory.org/SDT/documents/2000_RyanDeci_SDT.pdf(검색일: 2006년 3월 1일).

Donnat, Olivier. 2009. *Les Partiques Culturelles des Français à l'ère Numérique*. La dé couverte/Ministère de la culture et de la communication.

Girard, Augustin. 1996. "Les Politiques Culturelles d'André Malraux à Jack Lang." *C.N.R.S.*, pp.27~41.

Greffe, Xavier and Sylvie Pflieger. 2009. *La Politique Culturelle en Frnace*. La Documentation française.

Inglehart, R, F. 2008. "Changing Values among Western Publics from 1970 to 2006." *West European Politics*, Vol.31, No.1-2, pp.130~146. DOI: 10.1080/01402380701834747.

Marie CORNU. 2001. "Droit de la culture." in E. de Waresquiel(ed.). *Dictionnaire des Politiques Culturelles*. Larousse, CNRS.

Martel, Marie-Claire. 2017. *Vers la Démocratie Culturelle* . Cese.

Ministère de la culture et de la communication. 1992. Patrimoine. La Documentation française.

Niec, Halina(ed.). *2001 Cultural Rights and Wrongs*. Paris: UNESCO.

Paul, Tolila and Olivier Donnat. 2003. *Le(s) Public(s) de la Culture*. Paris: Presses de Science Po.

Poirrier, Philippe(dir.). 2011. *Pour une Histoire des Politiques Culturelles dans le Monde 1945~2011*. La Documentation française.

Renan, Ernest. 1947. *Qu'est-ce qu'une Nation?* Paris: Calman-Lévy.

Tylor, E. B. 1871. *Primitive Culture: Researches into the Development of Mythology, Philosophy, Religion, Art, and Custom*, 2 vols. London: John Murray.

Williams, R. 1976. *Keywords: A Vocabulary of Culture and Society*. New York: Oxford University Press.

제7장 이민자정책 패러다임의 수렴에 관한 탐색적 연구: 스웨덴, 프랑스, 캐나다를 중심으로

김민정. 2007.「프랑스 이민자 정책: 공화주의적 동화정책의 성공과 실패」. ≪세계지역연구논총≫, 제25권 제3호, 5~34쪽.

김상호·강욱모·심창학. 2016. 『외국인 고용제도 개선과 인권』(아산재단연구총서 제404집). 서울: 집문당.

김진수. 2011. 「캐나다 연방의 공용어」. *Asian Journal of Canadian Studies*, 제17권 제2호, 95~116쪽.

박단. 2007. 「프랑스의 이민자 정책과 공화국 통합 모델」. ≪이화사학연구≫, 제35집, 29~58쪽.

박선희. 2010. 「프랑스 이민정책과 사르코지」(2002~2008년). ≪국제정치논총≫, 제50권 제2호, 193~211쪽.

박영순. 2007. 『다문화사회의 언어문화 교육론』. 한국문화사.

설동훈·이병하. 2013. 「다문화주의에서 시민통합으로: 네덜란드의 이민자 통합정책」. ≪한국정치외교사논총≫, 35(1), 207~238쪽.

신정완. 2013. 「스웨덴 거주 이주민의 노동시장 통합 부진 요인과 해결방안」. ≪산업노동연구≫, 제19권 제1호, 216~293쪽.

장석인 외. 2013. 「서유럽 국가의 다문화사회와 사회통합정책에 관한 연구: 영국·프랑스·독일·스웨덴」. ≪경영컨설팅 리뷰≫, 제4권 제2호, 69~88쪽.

정해조·이정욱. 2011. 「민족의 개념이 이주민 사회통합정책에 끼치는 영향 연구: 독일, 프랑스, 영국을 중심으로」. ≪프랑스문화연구≫, 제22집, 87~118쪽.

Banting, K. 2014. "Transatlantic Convergence? The Archeology of Immigrant Integration in Canada and Europe." *International Journal: Canada's Journal of Global Policy Analysis*, Vol.69 No.1, pp.66~94.

Bigea, G. 2016. "France: The French Republican Model of Integration: A Potential Driver of Extremism." *Conflict Studies Quarterly*, Issue 16, pp.17~45.

Bloemraad, I. 2012. "Understanding 'Canadian Exceptionalism' in Immigration and Pluralism Policy." Washington, DC: Migration Policy Institute.

Brochmann, G. 2014. J. F. Scandinavia, J. Hollifield, P. L. Martin and P. M. Orrenius(eds.). *Controlling Immigration: A Global Perspective*, 3rd Edition. Stanford: Stanford Univ. Press, pp.281~301.

Brochmann, G. and A. Hagellund. 2011. "Migrants in the Scandinavian Welfare State: The Emergence of Social Policy Problem." *Nordic Journal of Migration Research*, Vol.1 No.1, pp.13~24.

Brubaker, W. R. 1990. "Immigration, Citizenship, and the Nation-State in France and Germany: A Comparative Historical Analysis." *International Sociology*, Vol.5 No.4, pp.379~407.

Castles, S. 1995. "How Nation-States Respond to Immigration and Ethnic Diversity." *New Community*, Vol.21 No.3, pp.293~308.

Castles, S. H. de. Haas and M. J. Miller. 2014. *The Age of Migration: International Population Movements in the Modern World*. New York: Guilford.

CIC(Citizenship and Immigration Canada). 2010. Evaluation of the Language Instruction for Newcomers to Canada(LINC) Program. Evaluation Division.

_____. 2011. Evaluation of the Immigrant Settlement and Adaptation Program(ISAP). Evaluation Division.

_____. 2012. Evaluation of the Multiculturalism Program. Evaluation Division.

de Jong, S. 2016. "Converging Logics?: Management Migration and Managing Diversity." *Journal of Ethnic and Migration Studies*, Vol.42 No.3, pp.341~358.

Escafré-Dublet, A. 2014. "Mainstreaming Immigrant Integration Policy in France: Education, Employment and Social Cohesion Initiative." Brussels: Migration Policy Institute Europe.

Evans, B. and J. Shields. 2014. "Nonprofit Engagement with Provincial Policy Officials: The Case of NGO Policy Voice in Canadian Immigrant Settlement Services. *Policy and Society*, Vol.33, pp.117~127.

Goodhart, D. 2004. "Too diverse?" *Prospect Magazine*(February 20).

Goodman, S. W. 2010. "Integration Requirements for Integration's Sake?: Identifying, Categorising and Comparing Civic Integration Policies." *Journal of Ethnic and Migration Studies*, Vol.36 No.5, pp.753~772.

Goodman, S. W. and M. Wright. 2015. "Does Mandatory Integration Matter? Effects of Civic Requirements on Immigrant Socio-Economic and Political Outcomes. *Journal of Ethnic and Migration Studies*, Vol.41 No.12, pp.1885~1908.

IRCC(Immigration, Refugees and Citizenship Canada). 2017. Evaluation of the Settlement Program. Evaluation Division.

Joppke, C. 2007. "Beyond National Models: Civic Integration Policies for Immigrants in West Europe." *West European Politics*, Vol.30 No.1, 1~22.

Kallen, E. 2004. "Multiculturalism: Ideology, Policy and Reality." in E. Cameron(ed.). *Multiculturalism and Immigration in Canada: An Introductory Reader*. pp.75~96. Canadian Scholar's Press.

Koopmans, R. et al.. 2012. "Citizenship Rights for Immigrants : National Political Processes and Cross National Convergence in Western Europe, 1980~2008." *American Journal of Sociology*, Vol.117 No.4, pp.1202~1245.

Kymlicka, W. 2012. "Multiculturalism: Success, Failure, and the Future." Washington, DC: Migration Policy Institute.

Ministry of Integration and Gender Equality. 2010. New Policy for the Introduction of Newly Arrived Immigrants in Sweden. fact sheet(December), pp.1~4.

OCDE. 2011. "La naturalisation: un passeport pour une meilleure intégration des immigrés?" Editions OCDE.

OECD. 2014. "Finding the Way: A Discussion of the Swedish Migrant Integration System." International Migration Division.

_____. 2017. "International Migration Outlook 2017." Paris: OECD Publishing.

Reitz, J. G. 2012. "The Meaning of Canadian Immigration Experience for Europe." http://munkschool.utoronto.ca/wp-content/uploads/2012/07/Reitz_MeaningOfCanadianImmigration_2012.pdf.

Soininen, M. 1999. "The 'Swedish Model' as an Institutional Framework for Immigrant Membership Rights. *Journal of Ethnic and Migration Studies*, Vol.25 No.4, pp.685~702.

Soysal, Y. N. 1994. *Limits of Citizenships: Migrants and Postnational Membership in Europe*. Chicago: University of Chicago Press.

Tolley, E. 2016. "Multiculturalism Policy Index: Immigrant Minority Policies." School of Policy Studies of Policy Studies, Queen's University.

Westin, C. 2006. "Sweden: Restrictive Immigration Policy and Multiculturalism." https://www.migrationpolicy.org/article/sweden-restrictive-immigration-policy-and-multiculturalism.

Wiesbrock, A. 2011. "The Integration of Immigrants in Sweden: A Model for European Union." *International Migration*, Vol.49 No.4, pp.48~66.

Wright, M. and Bloemraad, I. 2012. "Is There a Trade-off Between Multiculturalism and Socio-Political Integration? Policy Regimes and Immigrant Incorporation in Comprarative Perspective." *Perspectives on Politics*, Vol.10 No.1, pp.77~95.

https://www.universityresearch.ca/projects/find-projects/multiculturalism-policy-index/(다문화주의정책지표, MCPs).

http://www.mipex.eu/(이민자 통합정책지표, Mipex).

제8장 한국 보육정책에서의 쟁점 연구: 근로자와 사용자 개념에 대한 고찰을 중심으로

더불어민주당. 2017. 「대통령 선거 정책공약집: 나라를 나라답게」. 더불어민주당.

보건복지부. 2015. 「보육실태조사」.

_____. 2018a. 「보육사업 안내」.

_____. 2018b. 「보육통계」.

신동윤. 2015. 「민간위탁계약과 사회복지사의 근로형태에 관한 연구」. ≪사회법연구≫, 제25호, 47~74쪽.

여성가족부. 2018. 「아이돌봄 지원사업 안내」.

≪연합뉴스≫. 2018.1.25. "직장갑질119, '국공립 어린이집 확충 앞서 민간위탁 개선해야'." http://www.yonhapnews.co.kr/bulletin/2018/01/25/0200000000AKR20180125085700004.

HTML?input=1195m.
윤건향·조은희·이태화. 2011. 「자유주제 발표: 노인요양시설 요양보호사의 서비스 질에 영향을 미치는 요인」. 『한국노년학회 학술발표논문집』, 111~125쪽.
이윤진. 2017. 「사회보험의 '근로자 개념'에 대한 연구: 고용보험 재심사 사례를 중심으로」. ≪사회보장연구≫, 제33권 제3호, 139~267쪽.
이윤진. 2018a. 「돌봄서비스 종사자 고용안정성 강화」. ≪경기논총≫, 제20권 제1호, 149~178쪽.
_____. 2018b. 「아이돌보미의 근로자성에 대한 탐색적 연구」. ≪사회복지정책≫, 제45권 제3호, 213~238쪽.
임우현·정성일·채현탁. 2009. 「노인요양시설 사회복지사의 직업적 정체성이 직무만족 및 서비스 질에 미치는 영향: 요양업무를 수행하는 사회복지사를 중심으로」. ≪노인복지연구≫, 제46권, 263~285쪽.
정무성·구자연. 2011. 「장애인생활시설의 인적자원관리가 서비스 품질에 미치는 영향에 관한 연구」. ≪한국비영리연구≫, 제10권 제1호. 141~160쪽.

국가법령정보, http://www.law.go.kr.
통계청 홈페이지. http://www.kostat.go.kr(검색일: 2018년 9월 21일).

제9장 최소자녀양육비 보상 수준과 기본권: 한국과 독일 비교

교육부. 2018a. 「2018년 국민기초보장사업 교육급여 운영방안 안내」, http://www.korea.kr/archive/expDocView.do?docId=37932&group=S(2018.11.30.).
_____. 2018b. 보도자료(2018.2.28), http://moe.go.kr/boardCnts/view.do?boardID=294&boardSeq=73414&lev=0&searchType=null&statusYN=W&page=1&s=moe&m=0503&opType=N(2018년 6월 25일 접속).
_____. 2018c. 보도자료(2018.3.18), http://kostat.go.kr/portal/korea/kor_nw/2/1/index.board?bmode=read&aSeq=366658(2018년 11월 6일 접속).
국민건강보험공단. 2017. 「2016 의료급여 주요 통계」. 서울: 지성프린팅.
국토교통부. 2018. 「2018 주거급여사업 안내」, https://www.myhome.go.kr/hws/portal/bbs/selectBoardNoticeDetailView.do?bbsId=BBST01&nttId=89(2018.11.30).
권영성. 2009. 『헌법학원론』. 파주: 법문사.
김웅희. 2012. 「조세법의 응능과세원칙에 대한 쟁점 연구」. ≪조세법연구≫, 18(3), 51~96쪽.
보건복지부. 2018. 「2018 국민기초생활보장사업 안내」, https://www.129.go.kr/info/info04_view.jsp?n=1341(2018년 11월 30일 접속).
이신용. 2018. 「독일 연방헌법재판소에 의한 자녀 양육비 보상 기준의 변화」. ≪한국사회정책≫, 제25권 제2호, 165~189쪽.

헌법재판소. 1999.「금융실명거래 및 비밀보장에 관한 법률 부칙 제12조 위헌 확인(헌재 1999.11.25. 선고 98헌마55)」. ≪판례집≫, 제11권 제2호, 611~612쪽.
_____. 2004.「2002년도 국민기초생활보장최저생계비 위헌 확인(2002헌마328)」. ≪공보≫, 제98호, 1187~1194쪽.

Bundesministerim der Finanzen. 2016. Existenzminimumbericht, https://www.bundesfinanzministerium.de/Content/DE/Standardartikel/Themen/Steuern/2016-11-02-11-Existenzminimumbericht.html(검색일: 2018년 6월 5일).
Bundesverfassungsgericht. 1957. Steuersplitting. BverfGE, Vol.6, pp.55~84.
Bundesverfassungsgericht. 1961. Ehegatten-Arbeitsverhltnisse. BverfGE, Vol.13, pp.290~318.
Bundesverfassungsgericht. 1964. Zusammenveranlagung. BverfGE, Vol.18, pp.97~112.
Bundesverfassungsgericht. 1976. Kinderfreibeträge. BverfGE, Vol.43, pp.108~130.
Bundesverfassungsgericht. 1982. Ehegattensplitting. BverfGE,Vol.61, p.319.
Bundesverfassungsgericht. 1984. Zwangsläufige Unterhaltsaufwendungen. BverfGE, Vol.66, p.214.
Bundesverfassungsgericht. 1990. Steuerfreies Existenzminimum. BverfGE, Vol.82, pp.60~90.
Bundesverfassungsgericht. 1991. Kindergeld für Besserverdienende. BverfGE, Vol.84, pp.1~10.
Bundesverfassungsgericht. 1992. Grundfreibetrag. BverfGE, Vol.87, p.153.
Bundesverfassungsgericht. 1994. Kindergeld. BverfGE, Vol.91, p.93.
Bundesverfassungsgericht. 1998a. Kinderexistenzminimu I. BverfGE, Vol.99, p.246.
Bundesverfassungsgericht. 1998b. Familienlastenausgleich II. BverfGE, Vol.99, p.246.

법령

교육부. 2018. 초·중등교육법(법률 제14603호).
기획예산처. 2018. 소득세법(법률 제15225호).
보건복지부. 2018. 국민기초생활보장법(법률 제15185호).
보건복지부. 2018. 아동수당법(법률 제15539호).

찾아보기

엮은이

/

사회정책연구회

사회정책연구회는 복지, 노동, 교육, 주택, 환경 등 사회정책의 다양한 분야를 공부하는 연구자들의 모임으로, 사회정책이라는 학문 성격상 행정학·사회학·사회복지학·정치학·경제학 등 다양한 분야의 대학 및 연구소의 연구자들은 물론 관련 부처 실무자들이 모여 의사소통과 공동연구를 하면서 사회정책 분야의 지식네트워크 형성을 지향합니다. 본 연구회는 회원 상호 간의 진지하고 개방적인 토론을 통해 우리 사회의 주요 사회문제들과 관련된 사회정책 이슈들을 학문적으로 토론·분석하고 실천적인 대안을 제시하여 우리나라의 사회정책을 발전시키고, 궁극적으로는 한국 사회의 발전에 기여하고자 합니다.

지은이

/

임상헌

영국 옥스퍼드대학교(University of Oxford)에서 사회정책학 박사학위를 취득했고, 현재 경희대학교 공공대학원에 조교수로 재직 중이다. 주요 관심 분야는 사회적경제와 사회정책이다. 최근 연구 실적으로 「정치와 경제의 분열과 화해: 칼 폴라니와 사회민주주의」(2019), "New Labour's Joined-Up Government and Social Service Reform"(2018), "Devolving Public Duties: Can the Social Economy Fulfil Social Rights?"(2017), "The Development of the Welfare Mix: Political Dynamics Between the State and the Third Sector"(2016) 등이 있다.

limsanghun@khu.ac.kr

안종순

영국 서섹스대학교(University of Sussex)에서 사회학 박사학위를 취득했고, 현재 충북여성재단 정책연구팀 연구위원으로 활동 중이다. 주요 관심 분야는 노동시장정책, 사회보험정책, 여성고용 및 근로복지 등이다. 최근 연구 실적으로 "The Politics of Social Pacts on Income Security in Digital Economies: Is Government's Role Significant?"(2020), 「자신에게 고용된 사람들: 한국자영업자 보고서」(2017), "Social Risks of Self-employed Women in Korea and the Legacy of East Asian Welfare Model Policy Logic"(2017) 등이 있다.

jsahn016@naver.com

홍이진

이탈리아 로마1대학교(Università degli studi di Roma "La Sapienza")에서 박사학위를 취득했고, 현재 중국 광저우 중산대학교(中山大學) 정부학과 부교수로 재직 중이다. 주요 관심 분야는 복지국가, 비교연구, 일가족 양립정책, 사회서비스, 의료정책 등이다. 최근 연구 실적으로 "Measuring Social Policy Change in Comparative Research: Survey Data Evidence from South Korea"(2019), "Is South Korea as leftist as it gets? Labour Market Reforms under the Moon Presidency"(2019), "Immigration and the Boundaries of Social Citizenship in East Asia. Theoretical Considerations in a Comparative Perspective"(2018) 등이 있다. hongyzh5@mail.sysu.edu.cn

김윤영

영국 브리스틀대학교(university of bristol)에서 사회정책학 박사학위를 취득했고 전북대학교 사회복지학과 조교수로 재직 중이다. 이전에 한국보건사회연구원 사회서비스정책연구실 부연구위원으로 근무했다. 주 연구 분야는 비교사회정책, 사회서비스, 계량분석 등이다. 주요 연구로는 「커뮤니티케어 해외사례와 함의 그리고 구상」(2018), "Towards a Green State: A Comparative Study on OECD Countries through Fuzzy-Set Analysis"(2018) 등이 있다. i180cm70kg@gmail.com

전용호

영국 요크대학교(University of York)에서 사회정책학 박사학위를 취득했고, 현재 인천대학교 사회복지학과 부교수로 재직 중이다. 주요 관심 분야는 노인 장기요양, 사회서비스의 시장화와 전달 체계, 커뮤니티 케어 등이다. 최근 연구 실적으로 "The effects of marketization of long-term care services for older adults in Korea"(2018), "The expansion of the Korean welfare state and its results: Focusing on long-term care insurance for the elderly"(2014) 등이 있다. chamgil@inu.ac.kr

손동기

프랑스 파리5대학교(Université Paris Descartes)에서 사회학 박사 학위를 취득했고, 현재 호남대학교 교양대학 조교수로 재직 중이다. 주요 관심 분야는 문화복지정책, 프랑스 사회복지정책, 소외계층 등이다. 주요 연구 실적으로 「프랑스 공공문화정책과 '노후 잘 가꾸기(Bien Viieillir)'를 위한 여가활동: Paris시를 중심으로」(2015), 「국민여가활성화를 위한 문화서비스 개선 연구」(2018), 「예술향유정책 현황 및 개발방안 연구」(2018) 등이 있다. pariscoree@gmail.com.

심창학

프랑스 파리4대학교(Université de Paris-Sorbonne)에서 박사학위를 취득했고, 현재 경상대학교 사회복지학과 교수로 재직 중이다. 주요 관심 분야는 비교사회정책, 빈곤 및 사회적 배제, 활성화(activation), 이민레짐 국제비교 및 이민자의 사회권이다. 최근 연구 실적으로 『사회보호 활성화 레짐과 복지국가의 재편』(2014), 「캐나다 고용보험제도와 이민자의 사회권: 지역적 차등을 중심으로」(2016), 「청년실업에 대한 프랑스 국가의 대응양식: 청년고용정책의 정체성은 존재하는가?」(2017) 등이 있다. chshim@gnu.ac.kr

이윤진

연세대학교 사회복지대학원에서 사회복지학 박사학위를 취득했고, 현재 국무총리 산하 육아정책연구소에서 부연구위원으로 근무하고 있다. 주요 관심 분야는 보육 및 돌봄, 저출산, 일가정 양립, 고용보험, 통일사회복지 등이다. 2018년 연구 실적으로 「영유아 보육교육기관 아동학대 대응 매뉴얼 개발 및 조기발견체계 구축」이 있고 현재 2040년의 육아지원정책과 지역사회 초등 돌봄과 관련한 연구를 수행 중이다. leeyj@kicce.re.kr

이신용

독일 브레멘대학교(Bremen University)에서 사회정책학 박사학위를 취득했고, 현재 경상대학교 사회복지학과 부교수로 재직 중이다. 주요 관심 분야는 사회복지정책, 동아시아 복지국가론, 사회보장법 등이다. 주요 연구 실적으로 「민주주의가 사회복지정책에 미치는 영향」(2007), 「민주주의, 법치국가, 복지국가의 친화성: 사회보장법에 의회유보원칙의 적용과 사회보장제도 발달과의 관계」(2010), 「독일 연방헌법재판소에 의한 자녀 양육비 보상 기준의 변화」(2018) 등이 있다. sybremen@gnu.ac.kr

이미화

독일 브레멘대학교(Bremen University)에서 사회학 박사학위를 취득했고, 현재 고려대학교 세종캠퍼스 공공사회학 전공 조교수로 재직 중이다. 주요 관심 분야는 일·가정 양립정책, 여성정책, 일자리정책, 비교사회복지정책, 복지행정 등이다. 최근 연구 실적으로 「위임입법에 의한 사회정책 통제: 성남시 공공산후조리 지원정책 사례를 중심으로」(2018), 「독일보육정책 및 양육휴가정책의 변화와 함의: 남성 생계부양자 모델 및 이인소득자 모델과 관련하여」(2018) 등이 있다. mihwalee@korea.ac.kr

한울아카데미 2209

복지국가 쟁점 2 사회보장 분야별 과제

엮은이 | 사회정책연구회
지은이 | 임상헌·안종순·홍이진·김윤영·전용호·손동기·심창학·이윤진·이신용·이미화
펴낸이 | 김종수 펴낸곳 | 한울엠플러스(주) 편집책임 | 최진희
초판 1쇄 인쇄 | 2020년 12월 15일 초판 1쇄 발행 | 2020년 12월 28일

주소 | 10881 경기도 파주시 광인사길 153 한울시소빌딩 3층 전화 | 031-955-0655
팩스 | 031-955-0656 홈페이지 | www.hanulmplus.kr 등록번호 | 제406-2015-000143호

Printed in Korea.
ISBN 978-89-460-7209-1 94300(양장) 978-89-460-6644-1 94300 (양장 세트)
978-89-460-6853-7 94300(무선) 978-89-460-6645-8 94300 (무선 세트)